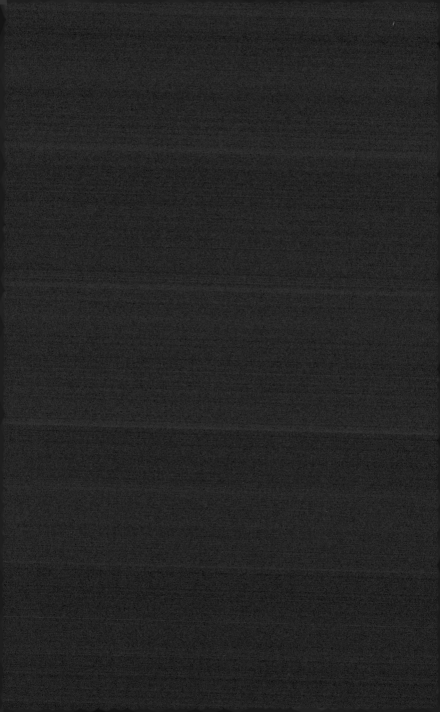

SCIENCE DENIAL

Why It Happens
and
What to Do About It

科学を否定する人たち

ゲイル・M. シナトラ／バーバラ・K. ホファー
榊原 良太［訳］

ちとせプレス

SCIENCE DENIAL: WHY IT HAPPENS AND WHAT TO DO ABOUT IT, FIRST EDITION
by Gale M. Sinatra and Barbara K. Hofer

科学者である甥のニックへ

ゲイル・M・シナトラ

科学的思考が芽生え始めた、
孫のフォックスとレオへ

バーバラ・K・ホファー

序　文

科学に対する否定、疑い、抵抗は、他国と同様、アメリカにおいても根強く、そして拡大し続けている問題である。しかし、世界的なパンデミックに見舞われた二〇二〇年ほど、致命的な事態を招いた年はない。多数の犠牲者を出した新型コロナウイルス（以下新型コロナ）は、制限を緩和させると瞬く間に感染を拡大させ、さらにその致死性や予防措置が否定されたことにより、事態はいっそう悪化した。同時に、気候変動の影響は衰えることなく、地球上の生命を脅かし続けている。これほどまでに、科学否定に関して、その心理学的な説明を理解し、対策を知ってもらいたいと強く感じたことはない。いままさに、本書のような本が必要なのである。

本書の草稿を提出した二〇二〇年二月二五日、アメリカ疾病予防管理センター（US Centers for Disease Control and Prevention: 以下ＣＤＣ）は、新型コロナの市中感染の可能性を全米に警告した。その時点では、国内で確認された感染者数はわずか一四例であり、アメリカで最初の症例が確認されたのはその一カ月以上前の一月二〇日であった。[1] この序文を執筆した二〇二〇年六月中旬には、世界の感染者数は八〇〇万人を超えており、その（そして死者についても）四分の一は世界の人口の四％にすぎないアメリカで発生している。二二の州において過去最多の陽性者数が報告されているが、これはデータに基づく科学的な見解を無視して、レストランやスポーツジムなどが営業を再開した結果であろう。

それからわずか九カ月後の二〇二一年三月、世界では感染者数が一億二〇〇〇万人に上るなか、アメリカではワクチン接種者が増えているにもかかわらず、国内の感染状況の悪さは世界でも突出しており、すでに五〇万人以上が死亡している。しかし、選挙で選出された議員の中には、ソーシャル・ディスタンスやマスク着用といった、CDCが推奨する最も基本的な予防行動に倣わない者もいる。パンデミックの数カ月間で、科学否定はまさに致命的なものとなってしまった。

科学界や医学界は、この新たなウイルスが危険なものであり、壊滅的な影響を回避するためにも、ただちに前例のない措置が必要であると警告していた。しかしアメリカは、検査、接触者追跡、渡航制限、自宅待機命令といった対策に取り組むのが遅かった。パンデミック初期の頃、疫学モデルの構築や予防法のアドバイスは、どうしても不確定な部分が少なくなかった。また、ワクチンや治療法の完成時期についても明確な予測は存在しなかった。それでも科学者たちは、新型コロナとそれが引き起こす病状の理解に向けて、すぐに行動を起こした。しかし、科学的な理解が深まった後であっても、それが国家レベルの政策に反映されることはなかった。新たなウイルスが発生してから数週間も経たないうちに、混乱や誤解を招く不正確な情報が次々と現れ、ウイルスよりも早く広がっていった。誤った情報は、政治家、ニュース番組、ソーシャルメディア、検索にはかからないダークウェブ上の陰謀論者、そしてホワイトハウスの記者会見室に至るまで、あらゆるところからもたらされた。一人ひとりが科学的な研究とは何かを理解し、自分が読んだもの、聞いたことを十分に精査できるスキルをもっておくことが、これほどまでに不可欠な時代はない。また、政策立案者が科学者の意見に耳を傾け、地域社会や州、国を守るための意思決定の指針として科学的データを活用することが、かつてないほど重要になっている。最初のワクチンは二〇二〇年一二月中旬に緊急承認を受け、他のワクチンもこれに続き、接種率は増加している。とはいえ、多くの国民がワクチンを接種するかについては懸念が残っており、もしそうした選択が自分だけでなく、他者の命にも影響を与えるのであれば、これは非常に憂慮すべき問題である。

ウイルスが猛威を振るうにつれ、黒人、ヒスパニック／ラテン系、先住民に対する差別的で、深刻な被害がいっそう顕在化した。質の高い医療を受ける機会の格差の存在や、「エッセンシャルワーカー」の割合の高さは、制度的人種差別の影響をあらためて露呈した。人種間の格差はすべての年齢層で明白であり、中年期が最も顕著で、黒人とヒスパニック／ラテン系の死亡率は白人の六倍以上であった[2]（同様の差はアラスカ先住民やネイティブ・アメリカンのグループでも白人と比較して存在するが、データが不完全なため同じレベルでの分析はできない）。あまりに長い間、科学は専門分野や実践における構造的人種主義の問題に目を向けてこなかった。こうした不平等を検証する、社会的に公正な科学が必要とされているのである。

新たなウイルスが世界を大混乱に陥れる一方、そのウイルスの存在を否定したり、予防策を忌避したりする個人がいるいま、科学に対する否定、疑い、抵抗がどのように生じるのかを探究し、理解することの必要性を強く認識するようになっている。本書では、認知バイアス、科学的主張の評価、科学的知識、動機づけられた推論、社会的アイデンティティ、知識と科学についての信念、態度や感情の影響など、長年にわたって私たちが独自に、あるいは共同で研究してきた、重要な心理学的要因に光をあてる。また、一般社会における科学の理解をサポートするために、個人、教育者、科学コミュニケーター、政策立案者が取り組むべき活動についても提案する。

本書の構想は、私たちの二〇年以上にわたる個人研究・共同研究から生まれている。一般社会における科学の理解や誤解について、学会やミーティングなどで幾度となく、長時間の話し合いを重ねた。科学に関する思考と学習をめぐる心理学において、互いの研究課題が相補的であったことも相まって、「一般社会における科学の理解――政策および教育への示唆」と題する論文を *Policy Insights from the Behavioral and Brain Sciences* という雑誌向けに共同で執筆した。[3] その論文や他の論文、そしてその後の多くの会話から、私たちは心理学の専門家だけでなく、もっと幅広い読者に伝えたいと望むようになった。

本書の執筆を支援してくださった方々、関連研究で協力してくださった方々、その他多くの形で協力してくださった方々に感謝の意を表する。各章の執筆にアイディアをもたらしてくれた共同研究者たち、とくに、ジャッキー・コルドヴァ、ロバート・ダニエルソン、ベン・ヘディ、マーカス・ジョンソン、スザンヌ・ブロートン・ジョーンズ、ダグ・ロンバルディ、ルイス・ナデルソン、またミドルベリーのバーバラの学部生研究助手たち、とくにアレックス・デリージ、ローレン・ゴールドスタイン、ケイティ・グライス、アンバー・ハリス、チェルシー・ジェローム、チャク・フー・ラム、ジョナス・シェーンフェルド、ヘイリー・トレトーに感謝する。また、一般社会における科学の理解というテーマに取り組んでいる研究者たち、イヴァー・ブローテン、レイナー・ブロム、クラーク・チン、スーザン・フィスク、ハイディ・グラスウィック、ジェフ・グリーン、スーザン・ゴールドマン、ミシェル・マッコーリ、クリスタ・ムイス、ミシェル・ラニー、ヴィヴィアン・セイラニアン、アンドリュー・シュトルマンとの数多くのやりとりにも感謝している。草稿を読み、コメントをくださった方々、ティム・ケイス、ドナ・デッカー、マイク・ゴレル、ジェニファー・グリッベン、ジョアン・シナトラ・ハザウェイ、イモゲン・ヘリック、ニール・ジェイコブソン、アラナ・ケネディ、アン・キム、アナンヤ・マテオス、ビヴァリー・マッケイ、キャサリン・ニカストロ、イアン・タッカーに感謝する。本書全体へのフィードバックを与えてくれただけでなく、メリーランド大学の彼のコースで実際に活用してくれたダグ・ロンバルディには、とくに感謝している。本書の提案段階と最終原稿の両方でいただいた助言、また匿名の査読者の方々が与えてくれた時間、注意、批判的なチェックとコメントには大変感謝している。ザック、エリン、セレーネ・ホーファー＝ショール、ヘレン・ヤング、キルスティン・ホーヴィング、キャロル・キャヴァナーなど、家族や友人も快くサポートや議論をしてくれた。

科学の理解の重要性に関する私たちの研究や理論構築は、エリック・コンウェイ、サラ・ゴーマン、ジャック・ゴーマン、ナオミ・クライン、ステファン・ルワンドウスキー、マイケル・マン、リー・マッキンタイア、ビル・マッキベン、クリス・ムーニー、ナオミ・オレスケス、ショーン・オットー、プリティ・シャー、ペール・エスペン・ストクネス、ニール・ドグラース・タイソンなど、多くの人々の著作や研究からインスピレーションを得てきた。本書で扱われている幅広いトピックについてのアイディアや考えは、ダン・アリエリー、フィリップ・ファーンバック、マイケル・パトリック・リンチ、トム・ニコルズ、マイケル・ヌスバウム、イーライ・パリサー、ジェニファー・ライヒ、スティーブン・スローマン、キース・スタノヴィッチ、サム・ワインバーグなどからも影響を受けている。もちろん、間違いや誤った表現があれば私たち自身の責任であり、訂正や改善に向けた指摘は喜んで受け入れる。

著者のゲイルはロスイヤー教育学校、南カリフォルニア大学から、バーバラはミドルベリー大学、アメリカ国立科学財団、バーモント州ＥＰＳＣｏＲから資金援助を受けた。心より感謝している。オックスフォード大学出版局のチーム、とくに編集者のジョーン・ボサートとアビー・グロス、編集助手のフィル・ヴェリノフとケイティ・プラットに感謝する。最後に、最も大事なことであるが、ゲイルよりフランクへ、いつも支えてくれてありがとう。バーバラからティムへ、気候変動と科学否定に関する取り組みや努力、これらのトピックについての尽きることのない会話、そしていつも愛のある素敵なユーモアをありがとう。

目次

第Ⅰ部

科学に対する否定、疑い、抵抗

第1章 何が問題なのか？ なぜ問題であるのか？

経験的な事柄、つまり事実に関する事柄の絶対的な権威は科学であるべきだという考えは、啓蒙主義以来、西洋諸国に広まってきたが、もはや論を俟たずに成り立つ考えではなくなっている。

ナオミ・オレスケス『なぜ科学を信じるのか？』[1]（*Why Trust Science?*）

小児疾患のワクチンを子どもに接種させるか、パンデミック時にマスクを着用するか、遺伝子組み換え食品を口にするかどうかを、個人はどのように判断するのだろうか？ 水圧破砕〔訳注：石油や天然ガスの採掘において岩盤を破砕する手法〕や気候変動がもたらす環境や公衆衛生上のリスクを、どうすれば公正に評価できるだろうか？ 民主主義国家においては、教育を受けた一般市民が、科学的な問題について十分な情報に基づく判断を下さなければならない。しかし、ネット上にあるニュースや情報を目にしたり、友人や家族のソーシャルメディアのアカウントに目を通したりすると、科学に関する複雑で、時に相反するような情報に直面することがある。自身の健康や幸福のみならず、地域社会や国家、さらには地球にも影響が及ぶような重大な決断を下すうえで、こうした情報の見極めが必要不可欠となっている。しかし、重要な問題に関する科学的なコンセンサスを疑ったり、否定したりする人、また科学的な発見に関するメディアの報道を吟味するスキルをもち合わせていない人は多い。また、科学的知見を生み出すプロセスを知らない、もしくは誤解している人も多く、それがメディアで報じられる研究成果の理解、評価を難しくしている。科学者が理論を発展させ、精緻で明快な説明を提供することで、科学の進歩が生み出されるということを、適切に理解・評価できない人は少なくないのかもしれない。

科学的知識と、一般社会で理解、受容されている科学の間にはギャップがある。九八％以上の気候科学者は、気候変動の原因は人間にあると結論づけているが、一般のアメリカ国民で、人間の活動に多くの原因があると考えているのは、たったの五七％である。[2] ほとんどの養育者は子どもにワクチンを接種させるが、接種させない、接種を遅らせる、選択的に接種させる養育者も多く、子どもや周囲の人たちをリスクにさらしている。インフルエンザや新型コロナのワクチン接種そのものに疑問をもつ人たちもいる。科学に基づいた確かな理由もなく、地域社会は水道水へのフッ化物添加に反対の票を投じる。消費者は、オーガニック、グルテンフリー、非遺伝子組み換え食品を、多くはそれが何を意味するのか、明確に理解せずに購入している。科学に対する否定や疑いは、特定の層や政治グループのみに見られるわけではない。科学の誤解は、人種、性別、年齢、政治的な立場の違いにかかわらず、明確に見られるのである。

優れた科学教育により、科学に対する否定、疑い、誤解をめぐる問題に、ある程度対処することはおそらく可能である。しかし、それは問題解決のために、たんに人々の知識不足の解消が必要であるということや、知識不足が問題の根源であるということを意味するものではない。[34] 私たち自身の研究や、心理学や教育学における数多くの研究を通じて、複雑な科学的トピックに関する意思決定を行うには、ただ事実についての知識を有するだけでは不十分であることがわかってきた。必要なのは、証拠《エビデンス》や説明を批判的に評価し、情報のソースに注意し、科学的な方法がどのように特定の結論を導くかを理解する能力なのである。信頼できる情報をどこに求めればよいのか、科学をめぐる問題に関して誰を信頼すればよいのか、なぜ科学を重視するのか、そして意見の対立をどのように解決すればよいのか。こうした点について、私たちは知っておく必要がある。

個人の取り組みだけでは、現代の喫緊の問題を解決することはできないだろう。しかし、科学に対する個人の抵抗や誤解について理解し、対処することにより、集団での取り組みの可能性を広げることができる。気候変動の人為的な原因を認識し、パンデミック時に医学の専門家のアドバイスに耳を傾け、銃による暴力に関するデータを解釈できる。このような人物が、地球という惑星を、またそこに住む人々やコミュニティの健康・幸福を、よりよい状態へと導く活動に尽力していくのだろう。

なぜ科学を重視するのか？

人類が自分たちの存在について考え始めて以来、人類は自然界とその中で自分たちがいる場所について思いめぐらせてきた。太陽はなぜ空を横切って見えるのか？　季節はなぜ変わるのか？　何が病気を引き起こすのか？　科学革命以前、人類は自然界に翻弄されていた。あらゆる種類の病気は謎に包まれており、希望と迷信以外に治療法はなかった。

科学は、かつて何百万もの命を奪った病気の根絶、ヒトゲノムの解読、多くのがんやＨＩＶ／エイズに対する効果的な治療法など、驚くべき発見をもたらしてきた。宇宙の起源や、脳と多くの精神疾患の関係についての化学、地球に衝突した小惑星がいかにして恐竜を絶滅させたか、二酸化炭素の急増が近年の気候変動とどのように対応しているかなど、科学は、こうした問いに対する洞察を提供してくれる。

これらを含めた何千もの発見が、何世代にもわたる人類の健康と幸福に寄与してきた。認知心理学者のスティーブン・ピンカーによると、科学は「成功事例やイノベーションの基盤を説明、予測、提供してきたという点で、豊富な実績がある」と、客観的にその功績を評することができるという。[5]『21世紀の啓蒙』（草思社）においてピンカーは、科学の「畏敬の念を抱かせるほどの功績」を通して、「宇宙の歴史、私たちを動かしている力、私たちを形作っているもの、生命の起源、精神生活を含む生命の仕組みについて、たくさんのことを説明することができる」と述べている。[6]

科学はいかにして、これほどまでに優れた説明力を有すると評価されるに至ったのか？　科学は人間の好奇心から自然に生まれたものである。私たちの祖先は、ある植物が食べても安全なのかどうか、なぜ水が人を病気にするのか、いかなる素材によって風雨から身を守れるのかなど、自然界について数多くの疑問を抱いていただろう。科学とは、人々が自然界に対して共同して疑問を投げかけ、答えを求めるための体系的かつ信頼できる方法である。その力は、仮説が支持されるか否かにかかわらず、膨大な検証結果、すなわち科学的コンセンサスの蓄積を、科学者たちが信頼しようとする姿勢に由来する。科学のほとんどは、目に見えるものでも、また肉眼で見えるものでもない。顕微鏡による観察が行われるまで、細菌は病気の原因であるとは理解されていなかった。科学者は重大な間違いを犯してきたが、科学のもつ体系性と社会的性質は、時間の経過に伴う自己修正を可能とする。失敗、誤った推論、うまくいかなかった実験、さらには不正行為でさえもやがて明るみとなり、自然界をよりよく説明する考えに取って代わられるのである。

科学哲学者のリー・マッキンタイアは、科学の真の価値が、**科学的態度**によっていかに生み出されるかを説いている。科学的態度とは、新たな証拠を求めることへの開かれた態度であり、証拠に照らして自分の考えを変えようとする姿勢である。[7] 科学史研究者のナオミ・オレスケスは、著書『なぜ科学を信用するのか?』(*Why Trust Science?*)において、経験的証拠は科学の土台であるものの、「科学が信頼を築くためには、それだけでは不十分である」と説明する。[8] 一般の人々が科学を信頼すべき理由は、科学者個人の貢献や、神業的ともいえる「科学的方法」、さらには(変わりうる)具体的な証拠などにはなく、むしろ科学が集団的な営みであり、社会的活動であるという事実にこそある。科学者は誤りを犯しがちな不完全な人間であり、客観的な真実につながる唯一の方法も存在しない。むしろ、信頼は「科学の社会的な性質と、それが何らかの主張を厳しく吟味する際に果たす役割」から生まれる。[9] そうした社会的な営みの中での共同作業により、はじめて科学的なコンセンサスが得られるのである。

科学に真の価値を与える社会システムの例として、科学論文や助成金の査読、全米科学アカデミーのような政府組織の存在が挙げられる。新たな証拠が得られるにつれ、誤った見解はより正確なものへと取って代わられる。科学の集団的な営みの例としては、気候変動に関する政府間パネル（IPCC）が挙げられる。IPCCは、多様な背景、複数の国、異なる専門分野の科学者チームが共同で証拠を吟味する作業を通じて結論を導き出す[10]。この共同作業を通じて、IPCCは気候変動に関する最善の証拠を精査し、公開することに成功している。

科学がこれほど目覚ましい成果を上げ、また積み上げられた膨大な証拠にこれほどの説得力があるならば、それに対する抵抗の根底には何があるのだろうか。気候科学者のマイケル・マンは、「科学システムには、利用されやすい弱点がある。その弱点とは、一般の科学理解に関するものであり、科学を公共政策に反映させるうえで問題となりうる」[11]と警告している。科学に対する世間一般の誤解は、懐疑論や陰謀論、あるいはたんなるあまのじゃく的な見方の誘惑と相まって、有害な心理的陥穽をつくり出していく。環境心理学者のペール・エスペン・ストクネスは、「私たちは、疑念の需要面、つまりなぜ科学への不信に惹かれるのかについて、もっと目を向ける必要がある。真実などほとんどなく、大言壮語ばかりで、科学的な知力ももち合わせていない科学否定派が、なぜこうも残念なまでに勝利を収め続けているのか[12]」。ストクネスは、今日、科学に対する否定、疑い、抵抗が顕著であることを説明する「心理学的なレベルでの答え」を求めている。この先の章では、まさにその答えを導き出すつもりである。

科学が完全無欠ではないわけ

本書において私たちは、より質の高い包括的な科学教育、科学への資金援助、そして科学的なコンセンサスを考慮した個人や政策上の意思決定について訴えていく。しかし、科学がいかなる問題にも利く万能薬であるとは思っていない。また、かりにそうした提案をするとしたらじつに愚かなことであるが、科学が完全無欠であるとも考えていない。科学者も人間であり、間違いを犯すこともある。科学者という人間の特徴として、聡明さ、創造力、想像力、人類の健康や福祉、さらには地球という惑星への関心などが時に挙げられる。しかし、個人としての科学者は、嫉妬、不誠実さ、貪欲さ、自分本位、そしてバイアスといった、仕事に悪影響を及ぼしかねないものに左右される存在でもある。これが、科学者個人や個別の科学的研究と、科学コミュニティが長い時間をかけて厳格な評価に基づき積み重ねてきた集団的な業績に対して、同等の信頼をおくべきではない理由である。個人や教育・政策の分野の問題解決および意思決定において、もっと広く理解され、真剣に検討されるべきなのは、こうした共通認識である。これが、科学の多様化がきわめて重要である理由の一つである。医療従事者に占めるアフリカ系アメリカ人女性の割合は著しく低く、また彼女たちは白人女性と比べて三倍から四倍ほど、出産時にトラブルを経験しやすい[13]。この問題の解決は、医療と科学の両分野において、彼女らの割合が増えることにかかっているのである。

私たちが科学に対する深い理解を求めているとはいえ、科学の歴史が、失敗や誤り、性差別、人種差別に満ちた営みであったことは認識している。科学は、科学的主張の受け入れに慎重な個人や集団を助けてきた一方で、傷つけてもきた。また、最近の科学的な営みにはもっともな懸念もある。心理学の知見を再現することの難しさや、公的資金が投入された研究を高価なファイアウォールで囲い込み、アクセスを拒むジャーナル出版という研究情報発信システムなどである。研究に対する公的資金が減少すると、研究者は既得権益をもつ団体のために活動するようになり、研究結果の客観性が疑われることにもなりかねない。こうした問題は、多くの科学批評家によって詳細に論じられてきたわけであるが、科学や科学者側の責任を問うてきた彼ら取り組みは、評価されるべきであろう。[14] 現在に至るまでの科学の課題を考えると、科学がどのように機能するのか（そして場合によっては、科学がどのように失敗するのか）について理解することが、ますます重要になっている。

他方で、科学によって推し進められてきた人種差別的な思想は、認識しておかなければならない最大の誤りである。[15] 過去から現在に至るまで、科学はヨーロッパ系白人が優れているという主張を正当化するために、人類や文化に関する誤った分類法を広め、またアメリカにおける人種の不平等性を正当化するために、知能の測定に欠陥のある理論を用いてきた。[16] もし科学が人種差別的な考えを排除し、公益に資するものであろうとするならば、その恩恵を受ける一般社会の実態を反映していなければならない。これは、あらゆる科学分野において人口を反映した数になるよう、女性や有色人種、とくにアフリカ系アメリカ人に向けた機会の支援を通じて、科学を多様化させることでのみ可能である。科学を多様化させる試みは行われてきたが、まだ人口を反映する水準には至っていない。[17] このような失敗が、科学への不信感を助長するだけでなく、創造的かつ効果的な問題解決であらゆる人々の力になることができるという、科学のポテンシャルが最大限発揮されることを妨げているのである。

なぜ一般の人々が科学を理解することが重要なのか？

科学革命は、病気との闘い、自然界の深い理解、技術的な課題の解決を通じて、広く健康と幸福という恩恵を文明にもたらした。[18]科学は今後も、切迫した問題の解決に貢献し続けるのだろうか？世界的なパンデミックの真っ只中、世界中の人々は希望を抱きながらも、見聞きしたものへの戸惑いを感じている。科学に関する誤・偽情報の蔓延は、対立的な政治体制やメディアバブルによって拡大され、科学への懐疑や不信を生み出している。「インターネット上で読んだものは、すべて信用できるわけではない」というおなじみの言葉は、「いかなる場所で読んだものであっても、信用できるものは何もない」という言葉へと拡張されてしまった。

科学から目を背けても、気候変動、新型コロナの世界的流行、安全な水の確保、食糧難、代替エネルギーの創出、パーキンソン病やアルツハイマー病などの病気の治療法といった、複雑な課題を解決することはできない。大量絶滅や食物アレルギー、不妊症の増加といった困難な問題を理解するためには、科学的な研究が必要なのである。科学は、現代の大小さまざまな問題への対処を手助けする役割を担うが、人々が科学を理解し、信頼することができれば、その役割はいっそう大きくなっていく。また、人々の生活に関わる決定を下すために、政策立案者が科学者の意見に耳を傾け、データや証拠を活用するようにならなければ、科学はそのような役割を全うすることができない。

さらに、**科学的態度**をとることは、実験室や研究のフィールドだけでなく、日常生活でも役に立つ。マッキンタイアが述べるように、科学的態度を身につけている人は、証拠を重視し、また新たな証拠に照らし合わせて自身の考えを変えることを厭わない。科学的態度をとることは、今日の科学的トピックに関する曖昧模糊とした議論を深く掘り下げていくことよりも、重要であるとさえいえるかもしれない。多くのトピックにおいて、中核的なコンセンサスは長期にわたって安定しているが、最先端の知見は新たな証拠に基づいてつねに更新・改定されている。科学的態度は、今日の科学だけでなく、明日の科学を理解する助けともなるのである。

科学的態度を維持することで、問題の解決、分析スキルの向上、健康や幸福の増進に役立つ。科学とは、自分の知っていることを体系的に疑い、新たな情報に基づいて思考を修正し、時代遅れの思考様式を捨て去り、偏見を克服し、そして証拠を使って疑いや偏見に反論するプロセスである。[19]

科学に対する否定、懐疑、疑い、そして抵抗——これらが意味するものとは？

「科学否定」という言葉は、気候変動をめぐる科学的コンセンサスを受け入れない、子どもにワクチンを接種させない、ウイルスの大流行をデマと見なす、地球は平らであると主張するなど、じつにさまざまな個人の考え方を特徴づけるものとして使われてきた。科学を否定する人たちは、みずからの主張を裏づける科学的な証拠を探したり、評価したりするよりも、みずからの信念に基づいた態度をとりがちである。[20]ストクネスは、気候変動を否定する人たちについて書くなかで、こうした否定は、都合の悪いやっかいごとから目を背ける必要性から生じると、社会学的な定義を援用しつつ述べている。[21] 気候変動という問題に真正面から向き合うと、脅威を感じてしまう。そこで、気候変動そのものを否定することで、深刻な問題を抱えた地球という惑星の破局的な行く末から、目を背けることができる。地球温暖化は起こっていない、あるいは人類は温暖化に関与していないのだと決め込んでしまえば、眠れぬ夜を減らすことにはなるかもしれない。しかし、そのようなスタンスをとる人たちを公職や政治的なポジションに据えることにより、世界中に取り返しのつかない事態を招いてしまうおそれがある。新型コロナの場合、パンデミックはデマであると決めつけられたり、インフルエンザほど問題ではないと見なされたりした。そうした誤った信念が、国民を守ることができない政策へとつながったとき、多くの命が奪われることになってしまった。

しかし、こうした人々は、本当に科学を否定しているのだろうか？　それとも、ただ受け入れたくない主張だけを選択的に否定しているのだろうか？　多くの人は、必要に応じて抗生物質を受け入れ、（たとえ飛行のメカニズムを適切に説明できなかったとしても）自分が乗っている飛行機が墜落する可能性は低いことを受け入れながらも、フッ化物添加に抵抗したり、子どもへのワクチン接種を拒否したりしている。マッキンタイアはこのプロセスについて、「科学を完全に否定する人はほとんどいないため、いわばカフェテリアのような否定」であると述べている[22]〔訳注：カフェテリアで好きなものを選ぶように、科学を部分的に受け入れたり、否定したりすること〕。しかし近年、科学的な知見に納得できない場合や、自分の利益に反すると判断した場合に、科学を無視する人が増えているのではないかという懸念がある（たとえば、二〇二〇年の春から夏にかけての経済活動再開に伴い、新型コロナの感染者数と死亡者数が増加するという予測を、選挙で選出された議員が経済改善を優先して無視した）。

科学否定は、科学の重要な要素である「科学的懐疑主義」とは異なる。[23] 懐疑主義は科学的プロセスの中核であり、研究者に深く疑問を抱かせ、代替的な説明を検討させ、査読を通じて他者の研究を積極的に精査させ、そしてデータから有力な証拠が得られた場合には理論を修正・更新させる。水晶を使ったがんの治療や、単一の食品を摂取するダイエット法、漂白剤を注射することによる新型コロナ感染症の治療など、疑わしい情報源からの主張に対しては、誰もが懐疑的になる必要がある。しかし、このような「機能的懐疑主義」は、「機能不全的懐疑主義」とはまったく異なるものである。機能不全的懐疑主義とは、事前に有していた信念を科学が支持しない場合にのみ懐疑的になる、いわば科学に対する動機づけられた拒絶反応である。[24]

「科学に対する疑い」は深刻な問題であり、しばしば既得権益によってでっち上げられた科学に対する疑いを表すものとして用いられる。オレスケスとコンウェイは『世界を騙しつづける科学者たち』（楽工社）の中で、科学的な事実が解明された後でも、企業が資金提供をすることで、人々が疑いをもち続けるよう働きかけてきた歴史について記している。[25] これには、タバコの発がん性、酸性雨の重大な影響、ＤＤＴ〔訳注：有機塩素系の殺虫剤〕が生態系や個人に与える影響、そして気候変動が含まれる。

科学に対する否定、疑い、懐疑主義の歴史

科学に対する抵抗はいまに始まったことではない。しかし、現在は正しい情報もデマもインターネットで手に入り、また企業の儲けや政治的利益のために、故意に証拠が改ざん、無視されることから、過去のいかなる時代とも状況は異なるかもしれない。現在のこうした状況は、科学的知識に対する抵抗と否定の長い歴史の流れの中にある。

過去数百年にわたり、常識を打ち砕くような大胆かつ斬新なアイディアの多くは、定着し受け入れられるまでに時間を要した。新たな科学的発見は、常識を覆すものが少なくなく、人々はその発見を受け入れるまでに時間がかかる。価値観や信念が脅かされることで、データに基づかず、新たなアイディアに異議を唱える既得権益者が存在することもある。一六一〇年、地動説を提唱し、地球は宇宙の中心ではないというコペルニクスの主張を実証した、ガリレオの苦境を考えてみよう。望遠鏡によるガリレオの観測は、ローマ・カトリック教会から聖書に反するとして強く非難された。彼は一六三三年に起訴され、地動説を撤回するよう強制された後、軟禁状態でその生涯を終えた。[26]こうした科学的知見と宗教的信念の対立は、他の時代にも展開された。おそらく最も顕著な例は、一八五九年に『種の起源』（岩波書店）でチャールズ・ダーウィンが提唱した、自然淘汰に基づいた進化論をめぐる対立であろう。進化論に対する反発は、自然界に存在するものは一定不変であるという本質主義的な考え方や、自然は目的をもったものであるという考え方によっても突き動かされてきた。[27]「自然界のあらゆる事象は必然によって制御されている」と考える人々にとって、偶然に役割をもたせたダーウィンのアイディアは、受け入れがたいものであった。[28]

科学者もまた、現在でははっきりと実証されたように見える問題について、コンセンサスの形成が遅れることがあった。[29] 数十年の間、多くの学者がダーウィンの理論に公然と反発していた。一九一二年に地球物理学者のアルフレッド・ウェゲナーによって提唱された大陸移動説は、五〇年後にプレートテクトニクスが提案されてはじめて受け入れられた。[30] 細菌が感染症や病気をもたらすという理論には長らく反発があり、医師が手を洗うと感染が激減するという単純な発見は無視されてきた。しかし、一九五四年にジェームズ・ワトソンとフランシス・クリック、そして彼らの同僚のロザリンド・フランクリンによって提案された、DNA構造などの多くの発見は、すぐに科学的な支持を集めた。注目すべきは、こうした発見は態度や行動の変化を必要とせず、またアイデンティティや信念を脅かすものでもなかったということである。

現代における科学に対する疑いと否定

喫煙とがんの関連は、科学に対する否定が助長された、現代における代表的例であるが、この関連はタバコ企業の独自の研究により明らかになったものである。一九五〇年代初頭に、これらの企業は研究を隠蔽し、発見を否定し、さらには専門家を雇い、研究の信憑性が欠如していることを証言させた。何もないところに疑いと曖昧さを植えつけ、数十年にわたって続いた偽情報キャンペーンを巧妙に首謀した。[31] オレスケスとコンウェイが『世界を騙しつづける科学者たち』（楽工社）の中で述べているように、この動きに他の企業も注目した。[32] タバコ企業の狡猾さや、責任（そして被害者への賠償）を逃れ続ける能力――それも何十年にもわたって巨額の利益を得続けながら――に感心した複数の大企業とそのコンサルタントたちは、この戦略を自分たちのモデルとしたのである。さまざまな殺虫剤の製造業者であったモンサント社は、アメリカの環境運動の草分け的存在で、ＤＤＴの影響を暴露した、『沈黙の春』（新潮社）の著者であるレイチェル・カーソンの信用を傷つけ、中傷しようとした。

酸性雨の一因とされたことに対する産業界の反論（火山などの自然要因のせいだと主張[33]）と、フロンガスによるオゾン層の破壊をデュポン社が黙殺したことは、いずれも気候変動を否定するための土台をつくってしまった。いかなるケースにおいても、科学側の結論は明確に立証されていたが、タバコやエアロゾルスプレーといった製品、そして環境汚染の悪影響を緩和するための措置は、コストがかかると見なされた。また、一般の人々や政策立案者の心には、容易に疑念を植えつけられるということに、企業側が気づいた。高位の学位をもつ否定論者が、企業に買収されてしまうことすらある。[34][35]彼らは、知見の不確実性に関する主張に薄っぺらで見せかけの信憑性を与え、端から存在しない論争に「賛否両論」であるかのような幻想を抱かせるためのスピーカーとして仕立てられる。金銭的な利益のために、確立された科学的知見に混乱をもたらす行為は、倫理的に重大な意味をもつ。そして誰が得をし、誰が損をするのかは、火を見るより明らかである。

科学否定に関わる問題の中で、気候変動ほど長期にわたる環境破壊につながるものはない。また、気候変動に対する否定は、入念に画策されたものでもある。石油会社は、確実なものを求める大衆心理を煽るだけでなく、自社の内部調査を隠蔽し、科学的知見に対する疑いを助長するための大規模な取り組みを行った。一九七七年の時点でエクソン社の幹部は、上級研究者の一人から、化石燃料の燃焼による気候への影響について説明を受けていた。一九八二年、さらに同社の研究者らは、取り返しのつかない壊滅的な影響が生じる可能性について報告している。[36] シェル社も同様の情報を有していたことを示す文書が公開されたのは、二〇一八年になってからであった。環境保護活動家のビル・マッキベンが指摘するように、もしこれらの企業が内部で共有している情報を公に認め、「将来のエネルギー経済の構築を早くからリードしてくれれば[37]」、結果は劇的に変わっていたかもしれない。

代わりに何が起こったかといえば、エクソン社の広報部が、気候変動をめぐる科学的知見の不確かさを強調するよう、同社に訴えかけたのである。一九八八年にNASAの科学者であるジェームズ・ハンセンがアメリカ上院公聴会で証言し、地球温暖化が社会問題となったわずか一カ月後のことであった。石油企業は地球気候連合を結成し、かつてタバコの有害性について行われたキャンペーンと同様の戦略をとった。企業に雇われた広報コンサルタントらは、かつてタバコの悪影響についての疑いを捏造し、また多くの殺虫剤を売るためにレイチェル・カーソンへの攻撃を画策した者たちであった。[38] それから数十年にわたり、科学的知見の不確かさを助長する取り組みは、オイルマネーに支えられた政治キャンペーンの一部となり、効果を挙げてきた。気候変動の存在を認めるアメリカ人の数は増加しているが、それが人為的なものであることに科学界からはほぼ異論が出ていないことを知る人の割合は、依然としてかなり少ない。イェール大学の二〇一八年の調査によると、七三%のアメリカ人が地球温暖化は起きていると思うと回答した一方で、科学者のほとんどが同意していることを理解している人は、わずか二〇%しかいなかった。[39] あたかも論争中であるかのように思わせる周到綿密な取り組みは、石油企業に利益をもたらし、地球の未来を変えられるはずだった行動を遅らせてきた。環境規制が後退するなか、こうした慣行はさまざまな分野で続いている。科学に対する否定、疑い、抵抗についての理解は、最優先課題であるといえよう。こうした計略にはまらないようにするには、どうすればよいのだろうか？

今日の科学に対する否定と疑い

気候危機の例が示すように、私たちはいま、証拠に基づく科学的研究——文書化され、出版され、そして専門家のコンセンサスにより裏づけられた——によって実証された事実に関する主張が、多くの人々から疑われる時代に生きている。さらに、新型コロナが急速に世界中に蔓延し、疫学者たちが感染の拡大とそれに伴う死者数を予測していたとき、アメリカの対応は遅々として進まず、政治的なリーダーシップをとる者たちは、科学の声に耳を傾けないどころか、逆に疑いを助長したのであった。進化論ですら依然として抵抗を受けており、事実をめぐる二つの立場として、不実にも宗教と科学が同等に扱われ、進化論と並行して創造論や「インテリジェント・デザイン」〔訳注：これほど複雑で精巧な世界は「知性ある何者か」がつくったのでなければ実現しえないという主張〕を教えようとする試みが幾度となく繰り返されてきた。パンデミックの進行を遅らせ、最終的には収束に向けた集団免疫の獲得が必要であるなか、ワクチン接種を躊躇する人たちが増加していることは、じつに憂慮される事態である。また多くの人が、気づけば偽の健康法に従ってしまっている。これほどまでに事態が広く悪化してしまっているのは、なぜなのであろうか？

一つの明らかな要因は、もちろんインターネットであり、またスマートフォンやコンピュータで誰でも入手可能な情報の多さである。膨大な情報量に対して、それを確認し、精査するためのスキルを人々が十分に有していないなか、フィクションを事実として描写したい者たちの巧妙さは増すばかりである。ソーシャルメディアは既存の信念を増幅させ、同時に人々はメディア利用時にエコーチェンバーをつくることで、すでに信じていることをより多く見聞きするようになる。「疑惑の商人」たる企業は増え続け、潤沢な資金をもとに、自分たちの利益にならない科学的知見を故意に無視、拒絶し、さらには貶めようとしている。科学否定が政治的な性質を帯びているように、いわゆる「ポスト真実《トゥルース》」（post-truth）の時代[40]では、真実が軽視されるのである。（アル・ゴアが気候変動についてほのめかしたように）「不都合な真実」という考え方はいまや広く浸透し、政治家が市民に信じてほしくない、あらゆるものに適用される。加えて、科学教育者たちは、科学の基礎をしっかりと教えるという努力を怠っているのかもしれない。科学の基礎を学ぶことで、科学的なコンセンサスを不当に貶めようとする策略に、つねに注意を向け続けることができるのである。

そのために必要なのは、一部の人々に対する注意と警戒であり、またいい加減な思考、偽りの主張、証拠の拒絶に対して異を唱える姿勢である。私たち一人ひとりが、自分自身や他者の心がいかにして、科学に対する否定や疑い、抵抗に陥りやすいように機能してしまうのか、もっと理解する必要がある。ポスト真実の時代において、認知の落とし穴に気づき、反科学的なバイアスへの抵抗を実践していくことで、一人ひとりのよりよい心構えへとつながるのである。

なぜ否定するのか？　科学に対する否定、疑い、抵抗、そして科学をめぐる混乱の心理学的説明

いまの時代、表面的には説得力があり、受け入れられていそうなものに意識を向け、注意、警戒することが、かつてないほど重要になっている。本書の目的は、科学に対する否定や疑いがなぜ生じるのか、心理学的な研究の幅広い活用を通じて、その説明を試みることである。[41] また、同僚、友人、親、教師、科学コミュニケーターなど、さまざまな立場におかれた人たちが、（自分自身や他者の）誤った考えやバイアスを省み、議論や情報提供をより効果的に行えるようになることも目標としている。

第2章「ネット上の科学否定をどのように理解すればよいのか？」では、世間一般の科学理解に関する問題が、デジタル社会においていかに大きくなっているのかについて述べる。批判的思考は、相反する主張や偏った情報を吟味するとき、また組織や企業によって歪められ、一方的に提示された情報を見極めるときに役立つ。こうした批判的思考の力が、ほとんどの人には十分に備わっていないことを説明する。また、こうした問題に対する関心の高まりから、著者らや他の研究者によって行われた研究をレビューし、他の章でくわしく解説する主要な概念をいくつか紹介する。また、それらがインターネットでの検索とどのように関連するのかを例示していく。

第3章「科学教育が果たす役割とは？」では、アメリカにおける科学的知識をめぐる現況と、科学的な主張を効果的に評価できるようになるうえで、科学教育が果たす役割を探っていく。教育基準の

改定を目指す現在の取り組みが、科学カリキュラムと教育実践の強化に向けていかに発展してきたかを説明し、また教室だけでなく、動物園や博物館といった教室外の学習環境における、基準に動機づけられた（standards-motivated）科学の教育法に関する著者たちの研究例を示す。また、科学的なトピックについて批判的に考え、競合する理論を証拠に基づいて検討し、情報のソースに疑問を向けられるようになるために、幼稚園から高等教育までにいかなる指導が可能であるかを示す。また、世間一般の科学の理解を深めるうえで、科学的知識を増やすだけでは限界があることも説明する。

第Ⅱ部では、科学の理解と受け入れに関する基本的な問題を、心理学的な視点から体系的に論じる。科学に対する疑いや抵抗を助長し、科学の理解を困難にしてしまうような、心理的問題の根幹部分に関わる研究について解説する。こうした心理的問題は、教育者、メディアの専門家、政策立案者にとっては、科学的リテラシーの向上に向けて理解しておくことが重要であり、また個人にとっても、日々接する情報を的確に解釈する能力を高めるために、知っておくべきであろう。

第4章「認知バイアスは推論にどのように影響するのか?」では、社会心理学と認知心理学が教えてくれる典型的な心の落とし穴と、それを防ぐ方法について概観する。人は、自分自身を合理的な行為者で、思慮深く慎重に思考し、理知的で信頼に足る判断ができる人物であると考えがちである。しかし、実際には、誰もが労力を費やして批判的思考をするわけではなく、むしろ自動的で反射的な思考をしてしまう傾向がある。科学的な視点と自分自身の直観的な思考が相反するということは何を意味するのか[42]、そしてなぜ、思慮深く慎重な心を呼び起こすことが重要であるのかについて説明する。さらに、気候変動などのトピックについて、私たちがいかに自分自身の理解度を誤って判断してしまうのか、またそうならないためには何ができるのかについて探っていく。数多くある認知バイアスは、既存の信念と一致する情報を探したり、解釈したり、思い出したりするときに、「確証バイアス」などのような形で、熟慮的で批判的な思考を妨害したり、無効にしたりしてしまうことがある。こうしたバイアスの影響を防ぎながら、新たな視点に対してオープンな態度を保ち、自分が知っている、また真実だと信じたいことに反する情報を精査するためには、十分な警戒を必要とする。複雑な科学的トピックを解釈する際には、こうした意識的に労力を払う取り組みについて学び、自分自身や他者のバイアスに気づくことが重要である。

第5章「人は知識や知るということをどのように考えるのか？」では、日常で新しい情報、相反する考え、他者の主張などに遭遇したとき、誰を、何を信じるかを決める方法について見ていく。意識しているか否かにかかわらず、誰もが、知識とは何か、何かを知るとはどういうことなのかについての信念をもっている。科学者の言うことは信用できるのか？　最良の情報源とは何か？　読んでいるものを本当に理解しているのか、またどこかで読んだ、誰かが言ったという理由で、それが真実だと素直に受け入れていいのだろうか？　これらは、知識についての思考や推論、あるいは心理学者が「認識的認知」と呼ぶものに関わる問題である。科学的な主張に対する世間一般の無理解が、科学という営みそのものに対する誤解と、どのように結びついているかを説明する。科学について知ることは、体系的《システマティック》な探究の要となる性質を含め、科学の前提や実践について理解することである。

第6章「何が科学への疑念を生じさせるのか？」では、科学的なトピックに対する個々人の立場が、当該のトピックに対するなじみのなさよりも、心理学者が「動機づけられた科学観」と呼ぶ、個人の中核的な信念や世界観をいかに反映するものであるかを説明する。たとえ個人が合理的であろうとし、証拠に基づいた決定を下そうとしても、いかなる情報に注目し、それをどの程度信用するか、またその情報を評価するうえでいかなる戦略をとるかによって、バイアスが生じる。加えて、社会的な生き物である人間は、誰かと何かを共有するとき、その他者を同一視する傾向がある。つまり、科学に対する見方は、社会的集団というレンズを通して形成される可能性がある。科学的な主張それ自体の利点を評価するのではなく、それに賛同する社会集団への不特定多数に向けた業務委託《クラウドソーシング》によって自身の科学的な視点を形成する場合、必ずしも科学的に妥当な決定を下せるとは限らない。

第7章「感情と態度は科学の理解にどのように影響するのか？」では、科学は冷静で、冷徹な営みであるという考えに異を唱え、科学について学ぶことがいかに喜怒哀楽に満ちたものであるのかを示す。冥王星が準惑星に降格されたとき、多くの人々が猛反発したことについて考えてみよう。感情は科学に対する態度と結びついている。遺伝子組み換え食品や幹細胞研究のようなトピックに触れると、恐怖や不安が喚起され、遺伝子組み換え食品の消費や治療目的での幹細胞の使用に対する、ネガティブな態度の形成につながるかもしれない。しかし、畏敬の念や感動といったポジティブな感情や態度は、科学のよりよい理解を促すことに寄与する。人のあらゆる経験と同様に、科学についての思考や推論に、感情や態度が深く関わっていることを示す研究をレビューしよう。

第8章「科学に対する否定、疑い、抵抗に私たちができることは？」では、世間一般における科学的知識の理解や受け入れの促進に向けた、著者らの提言についてまとめる。いずれの提言も、それまでの章で得られた知見に基づいており、各章の結論にある提言を要約し、さらにくわしく述べたものである。個人に対しては、科学について批判的に考え、認知バイアスに自覚的になり、科学的な情報をよりよく精査するためにはどうすればよいのかについて述べる。教育者に対しては、著者らが数十年にわたって行ってきた、批判的思考と論理的思考の教授に関する研究を総動員し、幼稚園から高等学校、そして大学などの高等教育機関の教員が、科学に精通した――証拠を精査し、十分な情報に基づいた決定ができる――生徒を育てるために導入できる、実践的な提言を行う。また、メディアにおいて、よりわかりやすく情報を提示・発信するための提案を、科学コミュニケーションに関する幅広い研究成果に基づいて行う。さらに、教育と科学の分野で政策立案者ができることにも焦点をあて、科学教育はその内容だけでなく、科学の本質、科学の方法、学問の基本原則といった点の理解にも関心を払う必要があることを認識してもらう。こうした着眼点は、科学に対する否定、疑い、誤解と闘うために不可欠である。加えて、より厳格な教員養成の基準を設定すること、そして科学の価値と限界について、教師と生徒が何を知る必要があるのかを、教育に関わるすべての政策立案者が検討することを勧める。

誰が本書を読むべきか？

もしあなたが本書を読むことにしたのであれば、筋金入りの科学否定論者ではないだろう。しかし、子どもにワクチンを接種させるべきか、あるいは自分自身も接種すべきかといった問いについては、科学的なトピックとはいえ、同じ考えをもつ仲間の意見を信頼するのではないだろうか。

もしかすると、あなたは「進化論と創造論」の両方を学校で教えるべきだと考える隣人に悩まされ、実のある会話をするための方法を知りたいと思っているかもしれない。あるいは、友人や親戚（はたまた国会議員）に、科学に対する考え方が自分とはあまりにかけ離れた人がいて、彼らの考えを理解したいと思っているかもしれない。

アメリカは二酸化炭素の排出削減に向けて原子力に投資すべきか、コラーゲン入りの水を飲むことに効果はあるのか、インフルエンザの予防接種は本当に必要なのか、疑問をもっている人もいるだろう。科学を理解したい、そして地球規模から個人的なものまで、大小さまざまな問題をめぐる意見や主張を検証したいと思っている人もいるかもしれない。しかし、いったいどこから手をつければよいのか。疑問を感じ続けてきたこと、また自分や他者の心の働きについて、もっと知りたいし、理解したいだろう。あなたを科学的根拠から引き離そうとする既得権益の策略から、自分を守りたいという人もいるかもしれない。

本書は、科学を教える**教育者**にとっても役立つものである。小学校の教員は、特別に科学の訓練を受けた経験がないことに不安を感じているかもしれないが、生徒が科学を理解するための土台づくりをしたいとも考えているだろう。高校や大学の科学教員は、学生に科学を教えても、科学的な問題に対する彼らの考え方に、必ずしも期待どおりの影響が見られないことに不満を感じているかもしれない。私たちは、あらゆる教育者が、科学に対する疑いや抵抗の源泉がどこにあるのかを理解し、科学の本質をめぐる深い理解や認識に向けて、いかなる教え方がよいのかを考えられるよう、手助けをしたい。学生が可能な範囲でみずから質問し、また回答することによって、科学的な主張を評価できるようになるために、教育者を支援していきたい。たとえ科学的な証拠を直接評価することが難しい場合であっても、学生には科学的なコンセンサスや主張の信憑性を評価できるようになってほしい。気候危機の解決やエネルギー分野の革新、さらには病気の新たな治療法の開発に貢献できる次世代の科学者を、教育者が育てるための手助けをしたい。そして何より、教育者がすべての学生の**科学的態度**を育成する手助けをしたいのである。

科学コミュニケーター（ジャーナリスト、サイエンスライター、科学者）にとっても、本書を読む意義はあるだろう。科学ジャーナリストは、論争が繰り広げられている科学トピックについて、公正かつ説得力のある情報を定期的に発信しなければならない。予防接種の義務化、電子タバコの吸引、注射針の交換といったトピックに関する政策をどのように考えるか。遺伝子組み換え作物の表示や水圧破砕の禁止といった、地域コミュニティにおける潜在的な問題にどのような意思表明をするか。さらには、自分が票を投じた議員とともに、これらの問題にどのように対処するか。科学コミュニケーターは、こうした複雑な科学的問題を世間一般に伝える最前線にいる。科学ジャーナリストにとって、本書で取り上げた心理学的問題を理解することが、彼ら自身のコミュニケーション活動の向上につながると信じている。

科学者は、世間に自分の研究を伝える方法を学びたいと思い始めている。彼らもまた、科学に懐疑的な人々に訴えが届くよう努めてはいるが、効果的な科学コミュニケーションを阻む心理的な障壁を十分には認識していない。科学者の中には、自分は研究をしていればよく、あとは誰かがその成果を世間に共有してくれると思い込んでいる者がいる。しかしそれでは、研究が見向きもされなかったり、誤解・誤用されたりする危険性もある。科学者もまた、効果的なコミュニケーションを行う必要があり、そして科学に対する世間一般の理解を深めるための取り組みに、不可欠な存在でなければならない。本書は、こうした彼らの取り組みの一助となるだろう。

政策立案者は、本書で議論されている研究を利用することで、生産的なイノベーションに対して起こりうる抵抗のポイントを理解できるだけでなく、地球工学によって気候危機を脱することができるかなど、科学技術の影響に対する人々のもっともな懸念を理解することができる。科学への理解と認識を深めた政策立案者は、科学研究への補助金や科学政策のイニシアチブの強化、健全な科学に基づいた健全な政策の立案ができるようになる。また、健康増進に向けた積極的な行動（禁煙、ワクチン接種など）をとらせるための、より効果的な方法を学ぶこともできるだろう。私たちの提案は、そうした積極的な行動をためらいながらも、行動するよう説得が可能である「動かせる中間層」にとくに適用できるものである。

みなさんもそうであると思うが、私たちもまた、科学に対する抵抗にしばしば困惑してきた。科学をめぐる言説の多くが政治的な問題の枠にはめられてしまい、科学の政策への反映が制限され、進歩や技術革新、そして人々の健康の増進と繁栄が妨げられてしまっている。科学は、適切に実施され、正当に評価されれば、個人や社会に多大な利益をもたらす。しかし、人々がどれほど科学という営みを支援するか次第で、科学が制限されることもありうる。気候変動に立ち向かい、環境を保護し、病気と闘っている科学という存在は、依然として私たちの最大の希望である（あらゆる問題は低所得者や有色人種への影響の違いを考慮して対処する必要があるが）。本書は、個人、教育者、科学コミュニケーター、科学者、政策立案者、世間一般の科学の理解に思いをめぐらせている人、なぜ科学否定が存在するのかを疑問に思い、それに対して何をすべきかを知りたい人、すべての人のためのリソースとして役立つだろう。

第2章

ネット上の科学否定をどのように理解すればよいのか？

新米ママのハンナは、決断に迫られていること、生まれたばかりの息子のか弱さ、そして彼を守らなければならない重責に圧倒されている。生後二カ月が近づき、小児科医が定期的なワクチン接種を推奨してくることを、ハンナはわかっていた。前回の診察のときに小児科医から受け取ったリストによると、CDCは六歳までに九種類のワクチンについてのべ二九回接種することを推奨しており、さらにインフルエンザのワクチン接種をも勧めている。先週、母乳育児のアドバイスをもらうために参加した母親同士の集まりで、予防接種を受けさせるかを決めかねているのは自分だけではないと知り、ほっとした。中には、予防接種を遅らせたり、選択的に接種させたり、さらにはまったく接種させないという選択をしたりする母親もいた。この集まりはフェイスブックのページをもっており、子育てについて何でも気軽に聞くことができ、しかもすぐにたくさんの返事をもらうことができる。ハンナの新しい友人たちは、彼女と同様に大卒で、たしかな情報に基づいた選択をしたいと考えている。友人たちは、ネットで読んだ情報のリンクをハンナに送り、予防接種に踏み切る前に、慎重に考えるよう彼女に促した。ハンナは自分自身でもっと調べることにした。

ハンナが「子どもに予防接種を受けさせるべきか?」とネットで検索してみると、相反する意見が掲載されたページが目に入る。「予防接種を受けさせるべき、五つの重要な理由」は、vaccines.govというサイトのものである。それに対して、「カート医師——私がけっして子どもに予防接種を受けさせない理由」という医師の証言が続く。ハンナはProCon.orgというサイトにたどりつき、「論争中の問題の賛否をめぐる優れた情報源」であることを知った。興味をもった彼女は「このサイトについて」というページを見て、批判的思考と教育を支援する団体であることを知る。予防接種のページでは、一〇個の賛成意見と九個の反対意見があり、ページ上部によくまとめられた要約が掲載されている。賛成派は、予防接種は安全で、病気を予防でき、何百人もの命を救ってきたうえに、副反応もまれであると主張する。反対派は、子どもの免疫システムはほとんどの感染症に自然に対処でき、またワクチン成分の中には発作、麻痺、死にもつながる副反応を引き起こすものがあると主張する。さらに、このサイトによると、ワクチンによって自閉症、ADHD、糖尿病が引き起こされうることが、多くの研究によって証明されていると、反対派は述べているという。

ハンナは二つのコラムを交互に読み、両者のバランスを確認した後、まだ結論は出ていないに違いないと判断した。彼女は、引用されている情報のソースのいくつかをたどってみたが、その中には反対派のリストに最初に挙げられている国立ワクチン情報センター(National Center for Vaccination Information)も含まれている。この機関は信頼できそうで、「あなたの健康、あなたの家族、あなたの決断」というスローガンにも訴えかけられるものがあった。彼らの情報には、素直に従い警戒すべき点があるように感じ、また親としての選択を慎重に進めなければならないと、納得させられるものであった。リストの二つ目の情報元である vaxtruth.org に飛んだとき、なぜ専門家たちがこれほどまでに自分の正しさに自信をもっているのか、疑問をもち始めた。サイトに書かれているように、彼らは、専門家であるという理由だけで、また専門家が言うからという理由だけで、自分たちのことを信じてほしいようである。

ハンナはいつも、権威に疑いをもち、批判的に考え、自分で決断するように教えられてきた。もし彼女が、科学の専門家や医療現場が支持するサイトにたどりついていたら、自分の子どもに予防接種を受けさせることが、家族にとっても地域社会にとっても正しいことであるのだと、心から安心できただろう。世界保健機関（WHO）、アメリカ疾病予防管理センター（CDC）、アメリカ小児科学会（American Academy of Pediatrics）のサイトはすべて、先の小児科医が説明してくれた、予防接種の安全性、信頼性、価値、重要性について、確信をもって説明している。いったい、彼女は何を誤ってしまったのだろうか？

ハンナは科学否定論者ではないが、一連の過程の中で、科学が生み出すものへの懐疑心が強まっていった。彼女は教養があり、思慮深い人物である。しかし、ネットで読んだ情報を、正しく評価することができない。反対派による説得力のある証言があるのに、どうして主治医がそこまで自信をもっているのか、疑問に思う。最も尊敬している友人たちが、どうして確信をもって予防接種を受けさせているのか、釈然としない。つまり、彼女はネットの沼にハマり込んでしまったのだ。彼女はいかにして決断をすればよいのか？　何に信頼をおけばよいのか？　ネット検索の結果をどのように解釈すればよいのか？　メディアの「バランスをとる」という試みを、どのように解釈すればよいのか？　偏った情報、アルゴリズムによる操作、ゆがめられたランキング、誤った等価関係〔訳注：科学的な裏づけのある主張や理論を、それを欠いたものと同程度の重みで扱うことで、あたかも両者が同じだけの信憑性や妥当性をもつかのように見せかけること〕といった危険を回避し、専門知識を適切に評価できるようになるには、どのように自身のデジタル・科学的リテラシーを高めればよいのだろうか？　この時代、何を信じられるかを知るということが、とても難しいことのように思えてしまうだろう。

デジタル世界での情報探索

読者も同じような混乱を何度か経験していると思うが、情報の探索とその評価に困難を感じているのは、何もハンナだけではない。二〇一九年のピュー・リサーチセンターの調査によると、アメリカ人の九〇％がインターネットを利用し、[1] 八一％がスマートフォンを所有し、[2] 七二％がソーシャルメディアを利用しているという。[3] インターネットは、科学を含め、ほとんどすべてのトピックに関する情報源である。とくに青少年は、科学に関する知識の最も重要な情報源を、ネットの情報であると報告している。[4]

二〇二〇年に行われた世界のデジタル接続に関する調査では、対象となった三四カ国において、平均して人口の七七％がインターネットを利用していた。[5] この数字は、グーグルでの検索数――二〇一九年は**一分間に**平均三八〇万回――と同様に増加し続けている。また、アップルのSiriのような、スマートフォンのパーソナル・アシスタント機能、Amazon EcoやGoogle Homeなどの、キッチンやリビングにおかれるデバイスも急増している。これにより、まるで小さな子どもが学ぶときのように、いかなる質問であっても声に出して聞くだけで、スマートフォンなどを通じてどこでも答えが得られるようになった。質問の内容はありふれたもの（今日は雨が降るのか、鶏肉はどうやって焼けばいいのか）から複雑なものまで多岐にわたるが、その多くは科学的知識に基づくものである。たとえば「遺伝子組み換え作物を食べてもよいのか？」「電気自動車を買うべきか？」「どうすればもっと眠れるのか？」「わが家のリンゴの木に授粉してくれていたミツバチはどうなったのか？」「うちの子どもには多動症の薬が必要か？」「手術後に医師から処方されたオキシコドンを飲んだら、依存症になるか？」「地元の学校は進化論と並行してインテリジェント・デザインを教えるべきか？」「テレビやスマートフォンの画面をどれくらいの時間なら子どもたちに見せてもよいのか？」「気候変動の原因は何か、本当に起こっているのか？」などである。二〇二〇年には、新型コロナ禍でマスクを使うべきか、ソーシャル・ディスタンスは効果的か、新型コロナはどのように感染するのか、また空気中やさまざまな物の表面でどれくらいの期間生存するのか、といったことが検索されただろう。多くの人にとって、何かを知るということの重要性は、疑いのないものとなっていった。

以前は想像もできなかった種々雑多な情報が、簡単な指先の操作や音声コマンドですぐに手に入るようになったが、そうした世界にすっかり適応したことで、情報に圧倒されるという感覚は、多くの人にとって過去のものとなった。人々は、もはやいまある生活以外を想像できないし、即座に情報にアクセスできることをいっそう評価するようになっている。何かに興味をもったとき、友人や同僚と言い争いをしたとき、何かを楽しみたいとき、世界で何が起こっているかを知りたいとき、複雑な問題について決断するために情報が必要なとき、人々はインターネットを利用する。さらに、個人は膨大な情報のみならず、誰かが誤りと知らずに共有した可能性のある「誤報」、個人の利益や政治的な利得のために意図的に広められた「偽情報」にも直面する。[6] 何を信じるべきか、何が真実であるのかを、どうすれば知ることができるのか？ 友人や家族、専門家の知識や経験と、自分が得た情報をどのように天秤にかければよいのか？

限られた科学の理解

一個人としても、また一市民としても、決断を求められる多くの場面で、科学的な結論の正しい理解は必要不可欠である。しかし、ほとんどの人は、心理学者が言うところの「限られた理解」[7] に留まってしまう。査読つきの科学ジャーナルに掲載される論文は、（バーバラの研究[8]が示すように）科学コミュニティに向けて書かれたものであるため、みずからそれを探し、アクセスするような人はほとんどいない。また、ある分野でどれほど高度な教育を受けていたとしても、論文は一般向けには書かれていないことが普通であるため、別の分野の論文について内容を完全に理解するのは難しいだろう。ある分野の知識を深めることに強くコミットしている場合（大気中の二酸化炭素の影響について理解を深めようとする環境保護論者や、新たなウイルスの感染経路を疫学的に理解しようとする医師など）を除き、ほとんどの人は読めるもの、理解できるものが制限されるという限界に直面する。その結果、科学的な主張の中核となる理論、証拠、知見を完全には理解しないまま、その主張を評価しなければならなくなる。このプロセスに関して、世間一般の科学理解を対象とした研究の一環として、認知心理学者や教育心理学者が検証に取り組んできた。

ネット上の科学情報を精査する

何らかのトピックをグーグルで検索すると、膨大な数の結果が返ってくる。そのため、何かをする必要があって検索をする場合、何に注目し、何を読んでくわしく調べ、そして何を受け入れるのかを判断したうえで、最終的に行動を起こすことが求められる。最も基本的なレベルでは、何が自分の興味に関連し、何を無視すべきかを、誤情報や偽情報のリスクがあるなかで、一人ひとりが判断しなければならない。この一連のプロセスは、きわめて迅速に、しばしば無意識的に行われる。ノーベル賞を受賞した心理学者のダニエル・カーネマンが[9]「システム1」と呼んだ、速くて直感的な反応である。よりゆっくりで、慎重かつ分析的な思考である「システム2」は、ネットで何かを検索するときのように、多くの場面で働いてくれない。新しい街でおすすめのタイ料理屋をすぐに知りたいときや、野球の統計データに関する友人との口論を解決したいとき、情報のソースが最も信頼できるものなのか、わざわざ時間を割いて吟味しないだろう。しかし、もっと重要な情報の信憑性を評価したり、複数のサイトの対立する主張を吟味したりするようなとき、システム1が活性化すると、まるで導かれるかのように、使い慣れた思考の近道（いわゆる「ヒューリスティック」として知られている）を使ってしまう。こうした思考の近道は、必ずしも完全なものではないし、つねに役立つとも限らない（例：検索でヒットした最初のページに出てきた情報は、最も正確で役立つものに違いない）。より分析的になるよう心がけることにより、情報の関連性やソースを評価し、信憑性を吟味できるようになるだろう。また、ある主張が証拠によって支持されているか否かや、その証拠の強さや裏づけをも調べるようになるかもしれない。

　こうした情報の評価を行う際には、科学に関する個々人の特定の信念がもち込まれる。多くの人は、かりに新たな研究が新説の正しさを実証すれば、きわめて基本的な科学的知見や説明すらも修正される、それくらいのレベルの確実性を科学的な主張に期待している。こうした強い期待は、いかなる主張（たとえば、進化論）が十分に実証されているのかを、正しく判断する力を弱めてしまう。新たな知識が進化の理解を困難にするようなことがあれば（たとえば、現生の鳥類は古代の恐竜の子孫であるなど）、理論そのものに疑問を抱くようになる人もいる。二〇二〇年のはじめ、CDCは新型コロナの感染予防にマスク着用を推奨していなかった。しかしその後、多くの研究結果が出揃い[10]、マスク着用が強く推奨され始めると、人々は困惑した。科学の理念への造詣がなければ、科学者が不確実性を受け入れることに、また新たな証拠が別の主張を強く支持するならば意見を変えてしまうことにも、不信感を抱くかもしれない。科学という営みの前提を理解することは、科学教育の一環としてあまり行われないことが多いが、本来は必要なことなのである。

個人がネット上で情報を探すとき、ウェブサイトそのものや、引用されている著者、また彼らの主張に対して、多面的・多層的な評価が行われる。こうした一連のプロセスの多くは、無意識的に行われる。コミュニケーション媒体と情報のソースは、どちらも人々からの信頼という点に関しては、もはや瀕死状態であるといわれてきた。[11] にもかかわらず、多くの人は、上位の「検索結果」がおそらく最良で、最も正確で、有用なものであると思い込み、[12] 読んだものをそのまま受け入れてしまう。ある研究者らによると、個人がネット上の情報源を評価する際、信憑性の判断には、**専門性**、**親切さ**、**誠実さ**の三つの要素が考慮されるという。[13] これらは、専門家が当該のトピックに精通しているか、また専門性に対する疑いを払拭するような何らかの資格や証明をもっているのか、専門家が社会のために偏見をもたずに活動しているか、提供する情報について専門的に受け入れられたプロセスで確認をしているか、こうした点を意味するものである。著者のゲイルらの研究によると、本来は主張の**もっともらしさ**（plausibility）、つまり真実であることの相対的な蓋然性を判断、評価すべきだという。たとえば、気候変動を題材に、科学的な証拠とアイディアの関係を科学者がいかに検討するかを学んだミドルスクールの学生は、気候変動の原因が人間にあるという主張のもっともらしさに、より目を向ける傾向があった。[14]

ネットの科学情報を利用する人たちは、ある問題の科学的な側面と非科学的な側面を区別できるようになる必要がある。[15] たとえば、遺伝子組み換え食品の安全性に関する問題は、遺伝子組み換え種子の開発が大規模農業経営による独占へとつながり、小規模農家の立場が弱まるという問題とは別物である。しかし、こうした問題は、しばしば人々の頭の中で混同される。消費者の理性をかき乱す科学的な問題の多くは、複雑な社会的、政治的、経済的、倫理的な文脈に組み込まれている。こうした複雑さがあることから、個人が何かを理解する際にもち込まれる知識だけでなく、その根底にある信念や態度、そして何を、いかなる理由で専門的であると見なすのかについて、明らかにすることが重要なのである。

専門知識の価値とその衰退

科学の大部分が、専門家以外は理解できないほど複雑なのであれば、科学情報の伝達は専門家に強く依存することになる。そのときは、科学者、科学的知識を解釈する訓練を受けたジャーナリスト、信頼に足る資格を有する教育者が頼られることになるだろう。あるいは、専門家に知識を求める代わりに、当該の問題と根気強く向き合う友人や、自分と同じ主張を異なる問題において展開しているコメンテーター、自分と意見を一にするフェイスブック上の個人を頼るかもしれない。人は専門知識の価値をいかに評価し、またそれが適切であるかをいかに判断するのか？　誰が専門家であるかをどのように判断するのか？　専門家をどの程度信用しているのか？　そして科学的なコンセンサスに価値を認めているのか？

数年前に出版された『専門知は、もういらないのか』（みすず書房）という本の副題が示すように、最近は専門知識の価値が低下しているだけでなく、「確立された知識への反対運動」が行われているという話をよく聞く。[16]著者のトム・ニコルズは、無知であることが美徳となり、専門知識というきわめて理想的な存在の死に社会が直面していると主張している。こうした事態は、グーグルやウィキペディアの存在、そして専門家による社会との対話（パブリック・エンゲージメント）が不十分であることに一部起因するという。彼が懸念しているのは、確立された知識への無関心さではなく、専門知識への敵意の高まりと、こうした態度が民主主義にとって脅威となりうる点である。「専門知識の死は、既存の知識を排除することに留まらない。それは科学そのものを根本から排除することを意味する」[17]のである。本章の冒頭のエピソードのように、反ワクチンのウェブサイトの中には、自分たちの立場を主張するために、医学の専門家が示す根拠に異を唱えるものがある。まさにニコルズが嘆いている事態である。

世界的なパンデミックが急速に拡大したとき、科学・医学の専門知識の価値は顕著に低下した。こうした専門知識の苦境は、効果的な行動規範（マスク着用やソーシャル・ディスタンスなど）や、人々を守るための政策（不要不急の事業を閉鎖、再開する時期など）をめぐる混乱を助長した。二〇二〇年のパンデミック初期の数カ月間を通じて、国や地方自治体のリーダーたちは、専門知識やデータを意思決定に活用しているかどうかに言及していたが、多くは悲劇的な結果を招いていた[18]。

専門知識の価値の全般的な低下が報告されているにもかかわらず、アメリカ国民の科学者への信頼は、比較的高いことが示されている。これは、報道機関、政治家、ビジネスリーダーへの信頼とは対照的である。二〇一六年のピュー・リサーチセンターによる調査では、医学系の科学者に対して「かなり信頼できる」または「とても信頼できる」と回答したのは八四％であり、科学者全般に対しては七六％であった[19]。また、回答者の教育水準が高いほど信頼は高かった。同センターの二〇二〇年初頭の調査でも、全般的に高い信頼が確認されたが、政治的立場による大きな違いが見られた。政治的左派の回答者は、科学者が正しい行いをすることについて、強く信頼していると回答したのは六二％であったが、右派の回答者ではわずか二〇％であった。全般的に世間から高い信頼を得ているにもかかわらず、重要な科学的問題への態度については、科学者と一般の人々の間に大きな隔たりがある。親が子どもに予防接種を受けさせるか否かについては一八％、気候変動が人為的要因によるものであるかについては三七％、そして強固に実証された科学理論である人類の進化については三三％もの差がある。二〇一六年の報告では、「このような隔たりは偶然起こるようなものではない。多くの場合、反ワクチン運動家から創造論者、気候変動否定論者に至るまで、科学に対する世間一般の理解を損なわせようとする、強い意志をもったロビー活動が存在する」と結論づけられている。そのため、科学への全般的な信頼は高く見えるものの、特定の問題の解決をめぐっては、誤解に基づく疑念を向けられることも少なくない。そうした疑念は、ネット上でつくり上げられ、そして強化されていくのである。

科学が完全には信頼されない理由、また健全な懐疑主義や批判的思考が不可欠である理由も存在する。専門性の基準、客観性の主張、査読プロセスの存在があるとはいえ、科学という営みは不完全であり、バイアスがかかっている可能性もある。専門家はみな同じではないし、誰もが自身の研究を同じ審査にかけるわけでもない。また、資金源を知っておくことが、科学的な主張を評価するうえでとくに重要となる場合もある。たとえば、一九六〇年代後半に食事脂肪の問題について主張し、砂糖が健康問題の元凶であるという認識から国民の目をそらしたハーバード大学の研究者たちは、砂糖研究財団を通じて、砂糖業界から資金の一部を提供されていた。彼らの論文は *New England Journal of Medicine* に掲載されたが、資金源を明かすことはしなかった。その影響力のある論文は、砂糖の使用を促す食事パターンへと時代的な変化をもたらし、現在では肥満や糖尿病増加の発端として見なされている。[20] こうしたエピソードは疑念を強めるが、科学的なプロセスにおいてさらなる安全策を講じることにもつながる。資金源の開示は、五〇年前には求められていなかったが、いまでは義務化されている。これは、たとえばソーダ、キャンディ、タバコ、製薬の業界が研究資金を提供しなくなったという意味ではなく、結果の公表に際して情報開示が必要になったというだけのことである。重要なのは、個人がそうした資金源を見つけられるようになること、そして限られた知見に基づく公共政策の決定に、政策立案者は慎重になることである。

さらに、個人は専門知識を評価し、バイアスを探り出す術を学ぶ必要があるだろう。教育者は、情報提供者の資格や訓練歴、職業経験、所属、その他の専門性に関する指標について調べられるよう、また大人もこうした内容に関する教育を継続的に受けられる方法を見つけられるよう、サポートをしていく必要がある。個人としては、情報が掲載されているサイトを調べる方法、「概要」セクションの読み方、資金源の調べ方、著者に特定の意図があるかを調べる方法、さまざまな検索結果からスポンサーとなる組織についてくわしく調べる方法、その組織がどの程度の権威をもち、支援を行っているかを調べる方法などを学ぶ必要がある。たとえば、ニュースでも物議を醸している、天然ガスを抽出するために地表のはるか下にあるシェール層を爆破する「水圧破砕」と呼ばれるプロセスについて、ネットで検索してみてほしい。たんにそれが何なのかをくわしく知りたければ、すぐに〝Energy in

Depth〟（地下深くのエネルギー）というサイトに導かれる。〝Just the Facts〟（真実）というトップページ〔訳注：現在は閲覧不可〕は、水圧破砕の安全性を主張、仮定するところから始まる。〝about〟（サイトについて）のページでは、このサイトがアメリカ独立系石油協会によって立ち上げられたものであることに気づく。さまざまな主張を吟味するのと同様に、バイアスのない水圧破砕の安全性に関する研究を探すのは、かなり骨の折れる作業なのである。

専門知識 vs. 経験・個人の証言

個人が参考にする情報源は、ネット上の専門知識だけではない。社会心理学者が示してきたように、自分と同じような経験をした人の個人的な証言には、思わず心を惹かれ、説得力を感じてしまうものである。そして、そうした証言は、友人や同僚のみならず、ネット上でも豊富に得られてしまう。一六歳のサマンサについて考えてみよう。彼女はオーラル・セックスでヘルペスに感染したのではないかと心配している。他の健康問題と同じように、彼女はこの心配事をときどき友人に相談し、そして多くの時間をネット検索に割いている。ネット上には、自分や友人よりも経験豊富な人たちがいて、きっと解決策を見つけ出してくれるはずだからだ。他の人の経験や、その人がどのように問題を解決したのかを読むのが好きであり、そこから得られる共同体意識も好きである。そして、彼女はときどき他の人の質問に回答をすることで、お返しをするのである。同じく一六歳のブラッドについても考えてみよう。彼は週末のパーティで大酒を飲み、自分がアルコール依存症ではないかと心配している。

アルコール依存症でリハビリ施設にいる叔父の体験を目の当たりにしてきて、怯えているのである。これは遺伝するものなのか？　もしそうであるのなら、まだ飲酒を続けても大丈夫なのか？　答えを知るために、彼はネットにアクセスする。同じ問題に直面したであろう連中が、他にもいることを知っているからだ。科学者はすべての問いに答えているわけではない、と彼の父は言っていた。彼は実体験をもつ人からの話を聞きたいのである。

個人的な疑問を抱える多くの若者と同様に、サマンサとブラッドもまた、ネットに助けを求めている。親や医師、教師に悩みを打ち明けるよりも、同じ境遇の仲間の投稿から証言を得る方が、簡単だと考えるのだろう。大人もまた、似たような問題に直面した人たちが実体験を語る場に集まる。こうした機会は、同じ時間でも医師より多くの助けや慰めをもたらしてくれるし、知識の寄せ集めのようなものも得られる。もし皮膚がんの可能性があり、その治療が必要であるなら、実際に皮膚がんを経験した人から話を聞くのが有用であり、予後についてもくわしい情報が得られるかもしれない。息子の頻繁なかんしゃくが正常かどうか心配な場合、発達関連の本やサイトをすっ飛ばして、まわりの親が何を見てきたか、どのように対処してきたかを調べることもできる。そしておそらく、いつも嬉しそうに意見をくれる、フェイスブック上の友人に質問することになるのだろう。

人間は、生々しい個人の情報を好む。心理学者のリチャード・ニスベットとリー・ロスは、推論に関する研究の中で、人の思考は抽象的な情報や統計的なデータよりも、直接的な経験や事例、他者から聞く逸話からいかに影響を受けやすいかを示した。[21] こうした認知的傾向を乗り越えるトレーニングをすることがきわめて重要なのであり、さもなくば、心惹かれる物語や他者の証言に翻弄されたり、自分の経験が広く一般化可能であると思い込んだりしてしまう。たとえば、心理学を教えるうえでより難しいことの一つは、学部生が自分の身近な経験や他者の経験から得た知識を斥け、データに現れるパターンをより優れた証拠と見なせるようにすることである。「でも、私の姉妹は摂食障害でしたが、すぐに治りましましたよ」と言っても、すでに知られた摂食障害の深刻さや治療の難しさが軽減されることはない。

見たいものを見て、信じたいものをググる

誰もが思考の近道をしているが、これはネットで情報を探すときにとくに顕著である。最近グーグルで何かを検索したときのことを、そしてどの段階で検索をやめたのかを思い出してみよう。どれくらい検索を続けたか？　またその理由は？　自分の偏った考えや信念の正しさが確かめられたときであったか？　それとも、自分の意見とは異なる情報を目にし、対立をいかに解消するかを考え、問いの理解に向けて新たな見解にオープンな態度をとったときであったか？　哲学者のマイケル・リンチが述べているように、私たちは見たいものを見るだけではなく、ググりたいものをググるのである。[22]人為的な気候変動を捏造だと主張する政治家を支持している場合、同じように彼を支持する意見をネットで見つけることも、そこにたどりつくような検索語を入力することも難しくはない。新型コロナ流行初期のアメリカもまったく同じ状況で、すでに中国やヨーロッパで致命的な感染拡大を見せていたにもかかわらず、新型コロナはデマだと言われていた。子どもへのワクチン接種が自閉症を引き起

こすと心配している人は、科学的根拠を示した唯一の論文は不正を非難され、ジャーナルによって撤回されたことも、著者のアンドリュー・ウェイクフィールドが医師資格を剝奪されたことも、けっして知らないだろう。残念なことに、反ワクチンのウェブサイトでは、彼がいまだに英雄として讃えられている様を容易に見つけることができる。ウェイクフィールドは医学界から迫害されたのだとパートナーから聞かされ、もっとくわしく調べてみたいと思ったら、『真実』（*The Truth*）とタイトルにつく本にたどりつくだろう。この本は、ウェイクフィールドと、テレビ司会者から反ワクチン活動家に転身したジェニー・マッカーシーという人物の共著である。さらに、赤ワインの効果を知りたいだけだったらどうだろう？　誰でも簡単に、自分の願望や信念を支持するサイトを見つけられるだろう。検索語が自分の好みを伝えるようなものになっていれば、なおさらである。

既存の信念や先入観に沿う情報を探したり、理解したりしようとする人間の傾向は、心理学用語で「確証バイアス」と呼ばれる。確証バイアスを防ぐには、新たな視点にオープンな態度を保ちつつ、自分が知っていること、または真実だと信じたいことに疑問を呈する情報にも、しかと目を向けることが求められる。ただし、こうした人間の傾向は、インターネット検索の仕組みと目に見えないアルゴリズムによって、さらに増幅されるのである。

アルゴリズム、エコーチェンバー、フィルター・バブル
——ネット検索の隠れた構造

二〇一六年の大統領選挙では、エコーチェンバーという考えが話題になった。思い返してみると、これは選挙の候補者、日々のニュース、他者の主張について、誰もが同じ情報に晒されているわけではないということを、多くの人が理解し始めたからである。そして二〇二〇年の選挙までに、この問題はさらに大きくなっていった。科学的問題、とくに気候変動といった政治的な影響があるものについても、この問題はあてはまる。個人が情報を探すとき、多くは同じ考えをもつ人が集う、身近な情報源にアクセスする。『ニューヨーク・タイムズ』を読んでいれば、時事問題について『ウォール・ストリート・ジャーナル』や『USAトゥデイ』とは異なる視点が得られるし、NPR〔訳注：アメリカ公共ラジオ放送〕を聞けば、Foxニュースを見るのとはまるで異なる見解が得られるかもしれない。こうした「従来型のメディア」のあり方とは異なり、私たち一人ひとりがネット上で見ているものは、他の人たちが見ているものと同じではない。アルゴリズムによる情報の選別が行われ、しばしば「フィルター・バブル」[23]〔訳注：ユーザーが望む・望まない情報をアルゴリズムが選別する機能により、まるで泡に包まれるように、自分が見たい情報以外は目に入らなくなる状態〕と呼ばれる状態がつくり出される。ソーシャルメディアの時代、私たちはそれぞれが、自分と世界観を共有する友人の投稿やツイートを見ながら、時にそうでない人のフィードを削除したりする。これにより、すでに自分が信じてい

る ことばかりを見聞きする「エコーチェンバー」〔訳注：反響室〕が形成される。当該の問題に対する自身の立場は強化され、異なる視点から異議を唱えられることもほとんどなくなる。いかなる立場であれ、自分とは異なる立場の人たちが、これほどまでに明々白々たる情報に対して、なぜ悲惨なまでに盲目で無知なのかと、不思議に思うかもしれない。たとえば、二〇二〇年の州ごとの新型コロナ感染者数の増加や、ウイルスの致死率に関するデータは、誰でも簡単に入手することができたが、経済再開を望む情報源からニュースを得ていた人たちからすれば、特段注意を引くものではなかっただろう。[24]

一人ひとりが、検索に必要な能力やスキルを向上させるだけでなく、検索エンジンを動かすアルゴリズムのプロセスや、ネットで目にするものが製作・整理され、巧みに操作される仕組みを知っておく必要がある。アルゴリズムは、レシピや数式、コンピュータ・コードのような、問題解決のための一連のルールにすぎない。デジタル生活におけるこの基本的な組織化の原理は、ユーザーには見えず、たとえ知りたくてもアクセスできるものではない。検索結果の並びはコンピュータによってプログラムされたものであるが、その方法と理由は企業秘密となっている。ソーシャルメディアのフィードに現れる内容は、何が規範的であり、真実であるのか、そして何が受け入れられているのかについて、人々の信念を形成しうる。進化を続け、いっそう複雑に張りめぐらされたプロセスの中で、私たちがネットで目にするものは、アルゴリズムによってコントロールされているのである。しかし、多くの人は、こうしたプロセスが公平かつ客観的に遂行されていると素朴にイメージし、先頭に表示されるものこそが、最も正確な情報源であると思っているおそれがある。

オンライン検索の最も基本的なレベルとして、グーグルは検索結果を生成するアルゴリズム内で複数の要素を使用し、そのデータから関連度スコアを作成して、ユーザーが特定のページを閲覧する可能性を決定する。ここでの数式には、当該ページの存在期間、他のページからのリンク数、キーワードの頻度や位置といった要素が含まれる。また、検索エンジンによって運用される「スパイダー」は、インデックス〔訳注：検索エンジンに登録されたページ〕を増やし続けるために、ウェブ・コンテンツを巡回している。少なくとも現時点において、正確度、権威、信憑性は、機械によって容易には検証することができず、検索結果の上位に位置づけられるための要因には含まれていないことに留意されたい。気候変動に関する情報を探している学生や、予防接種の要否を決めようとする高学歴の親は、何が真実であるかをめぐって困惑しかねない。そしてそれが、科学や特定分野における確立した知見への疑いを助長することにつながってしまう。オンライン検索における機械的なプロセス、不透明性、そして操作されることへの脆弱性は、真実をめぐる人々の混乱を説明するうえで有用である。

多くの有識者が懸念しているのは、フェイスブックが使用しているような手法は、個人が何を見るかについて、当人の自覚なしにフィルターをかけているという点であり、またそれによって、態度、信念、そして行動が形成されてしまうという点である。政治であれ、科学の情報であれ、あるいは猫の動画であれ、個人が好んでいる、賛同していると見なされるものが、自身のフィードに表示されるようになっている。気候変動をデマと見なしている友人がフェイスブック上にいて、彼らの投稿に「いいね！」を押したとする。すると、気候変動はデマだとする投稿を目にする機会が増え、多くの情報を読めるようになる。一方で、反対の情報、つまり気候変動が実際に起きているという情報は、目にしないようになる。こうした状況は、底なし沼にはまっていくかのようである。こうして、誤情報は増殖していき、それをユーザーが時間とともにますます消費していくことで、自分の信念を強めていく。科学否定は、このプロセスの中で増大していくのである。

フェイスブックでは、ユーザーは特定の項目を読む前であっても「いいね！」をすることができるが、それは読んだ後に「いいね！」をする場合と比べて、弱い感情の指標と見なされる[25]（そう、フェイスブックはそんなことまで把握しているのだ）。個々のユーザーが何を目にするかを決めるのが、アルゴリズムの役目である。アメリカの一〇一〇万人のフェイスブック・ユーザーのやりとりを調査した研究によると、それでも個人の選択はやはり重要であり、結局のところ、ユーザーは自分の信念と一致するストーリーを好んで読んでいることがわかった。他の章で説明するように、人はたいてい自分が思っているほど合理的でも客観的でもなく、自分の中ですでに出ている結論に合致する情報を探すことが多いのである。

アルゴリズムは、グーグル検索、ソーシャルメディアのフィード、商品購入の提案などを個人にとって最適化するだけに留まらず、現代の生活全般にわたってますます強力な役割を担うようになっている。すでに意思決定を伴うあらゆるタスクで、機械学習がそのプロセスをシミュレーションしている様子をイメージしてもらえばわかるだろう。人工知能のエンジニアの目標は、さまざまな状況において、人工知能が人間に代わって合理的な判断を下すことだけでなく、その能力を最大限向上させることにある。運転手のいない車や医師の診断ツールに使われる指標は、より多くのデータや情報源が活用されることで、間違いなく、一個人よりも優れた働きをする。こうした機能により、膨大な問題に対する意思決定ルールを作成したり、応答時間を短縮したりすることが可能となり、どちらも人命救助につながるポテンシャルを秘めている。とはいえ、人間の介入が必要となるならば、それはいかなるときか？　もし医師がそうしたツールに過度に依存し、患者とのやりとりで得られる他の情報を無視するようになれば、何が起こるのか？

アルゴリズムの影響が生活の多様な側面へ及ぶなか、インターネット、科学、テクノロジーに関して、ピュー・リサーチセンターはデジタル・リテラシーだけでなく、アルゴリズム・リテラシーが必要であると提言している。彼らが調査した専門家の一人は、「真の情報リテラシーを基礎教育の一環で育む取り組みが強化されない限り、アルゴリズムを使用できる層と、アルゴリズムに使われる層が存在することとなるだろう」とコメントしている。[26]

「ググって知る」が理解にとって代わるとき、何が起きるのか？

いまは知りたいことがあれば何でもググって調べることができるが、これが思いもよらない影響を人々に及ぼすかもしれない。『ネット・バカ――インターネットがわたしたちの脳にしていること』（青土社）の中で、ニコラス・カーは、人々が物事を深く理解せず、ちっぽけな浅い情報を広く集めるだけの「パンケーキ人間」〔訳注：幅はあるが深みがない人間〕になってしまうことを警告している。[27]哲学者のマイケル・リンチは、「ググって知る」ことへの過度な依存は、真の意味での理解を脅かしうると警鐘を鳴らしている。[28]この真の意味での理解には、情報の論理的な組み立て方を学ぶことが求められる。必要なときにいつでも調べられるとわかっていれば、本当に覚えているかどうかなど気にしなくてよいだろう。本物の知識の基盤が欠如しているなか、こうした現状は、知の創造や統合、さらには特定の分野における高度な理解をいかに妨げるのか？　デジタルで手っ取り早く事実を知り、再び必要になるまで（別の検索を始めるまで）忘れることができるという、認知面に関わる幅広い効果は、科学の真の理解に資するものではない。さらに、この行動パターンは、何かをより深く知ろうとする心の習慣を弱めてしまう可能性がある。目がくらむほどの情報や現代メディアのあらゆる余計なオプション機能により、注意の持続時間は短縮され、情報の上っ面をかすめとり、必要なものや興味のあるものを抜き出し、先へ進むことを学んでしまう。文章やソーシャルメディアのフィード、メールなどによる点滅や通知音によっても気を逸らされる。そして数分後には、探していた情報そのものを忘れているかもしれない。

ただ事実を知るだけでは知識にはならないし、知識もまた、理解と同義ではない。収集した情報を真の意味で知り、知識とするためには、その情報が確かであり、真実であることを裏づける作業が必要である。しかし、理解とは、これをさらに深化させたものであり、より深い解釈まで達し、知の創造と統合を促すものである。たとえば、幅広いアイディアについて、それぞれを深くは知らない学生は、それらを新たな形で構築し、利用することができない。彼らには、グーグルが提供してくれる情報以上に、それを扱う力が必要なのである。そして、偏った・矛盾した・誤った情報も含め、膨大な情報がつねに利用可能なこのデジタル世界を生き抜くトレーニングも必要である。

デジタル、メディア、情報のリテラシー

ジョーイはシンシナティの祖父母を訪ね、ケンタッキー州ピーターズバーグにある、橋を渡った先の創造博物館に連れていってもらった。彼が学校で、恐竜に乗れたらどんなにかっこよかっただろうとレポートに書くと、四年生の教師は、恐竜と人間は同時期には存在していないと言った（科学的には、両者の間に六五〇〇万年の差が存在するというコンセンサスがある）。博物館で見たものに驚き、祖父母にも話を聞いてみたが、教師に反論されてしまったため、ジョーイは家のコンピュータを使って調べることにした。「恐竜と人間」と入力して検索し、ヒットした最初のページを見る。教師は、「ドット・コム」（dot com）よりも「ドット・オルグ」（dot org）の情報源の方が優れていると言っていたが、最初に出てきたドット・オルグのサイトは「創造論研究所」という名前であった。自分たちの活動をしっかり理解しているように見え、ページもよく整理されていて読みやすかった。やっぱり、おじいちゃんは正しかったんだ。ジョーイはそう結論づけた。このサイトによると、現在得られている証拠は、人間と恐竜が共存していたことを示しているという。検索で最初のページに出てきたサイトのうち、人間と恐竜の共存を否定しているサイトが一つだけあった。ただ、それは RationalWiki というサイトで、なんだか Wikipedia のように聞こえる。普通、教師はそうしたサイトを情報源として使ってほしくないと思っている。

翌日、ジョーイは自分が調べたものを教師に見せた。教師は別の用語で検索を行い、彼女の主張を

裏づける二つのサイトを検索結果の上位に見つけたが、ジョーイは両方とも「ドット・コム」サイトであることに気づいた。一つは『ニュー・サイエンティスト』の恐竜神話トップ一〇からのもので、もう一つは『サイエンス・ビューズ』からのものであった。ジョーイは何を信じるべきなのか？　それをどのように知ればよいのか？　学校は、ジョーイがデジタル・リテラシーのスキルを習得するために、どのような手助けができるのか？　とりわけ、日常生活で権威と思われている人たちが、真実について食い違う主張をしているような状況で、必死に何かを理解しようとする学生たちを、どのように支援すればよいのだろうか？

これは、幼い子どもの問題に留まらない。たとえば、保険業界よりも化石燃料業界の実業家の方が、気候変動に懐疑的な立場を表明するが、これがなぜなのかを見極めるうえで批判的思考が役に立つ。しかし、デジタル・リテラシーのトレーニングを受けていなければ、この批判的思考を十分に行うことができない可能性がある。科学否定は、個人の問題に留まらず、ときに既得権益をもつ団体――気候変動の人為的要因への疑念を広めようとするエネルギー企業や、進化論に異議を唱える宗教団体――によって、組織的に繰り広げられることもある。効率的に情報を探す方法、探し出した情報を評価する方法、読んだ情報を批判的に比較検討する方法、そして統合的な理解を創出する方法など、デジタル・情報リテラシーのあらゆる側面について、誰もが知っておく必要があるだろう。利用可能な情報の量が飛躍的に増加し、デジタル情報へアクセスする手段が急増するにつれて、こうしたスキルのトレーニングがこれまで以上に重要になっている。著者のゲイルと共同研究者のダグ・ロンバルディは、自分や他者がネット上で優れた情報の消費者になるための必要なステップを明らかにした[29]。

この研究で示されたのは、人は自分で見つけた情報を評価するという認知作業を避ける傾向にあること、そして代わりに、表面的な特徴に基づいた判断をしやすいということである。この特徴としては、ウェブサイトのデザイン（見やすさ、使いやすさ）や、検索で上位に表示されることなどが該当する。[30] こうしたシステム1の反応は、デフォルトで用いられるヒューリスティックであり、システム2とは違って、情報の十分な吟味や手間のかかる作業をしないという傾向がある。しかし、情報を精査するトレーニングを重ねることで、新たなヒューリスティックが表面的な判断に代わることも可能だろう。心理学者はまた、デジタル・リテラシーを高めるためには、関連する認知的・メタ認知的なプロセスにもっと焦点をあてる必要があると主張している。ネットの情報を使いこなす能力には、プランニング、モニタリング、自分が用いている方略の評価といった自己制御、そして情報源を入念に調べて整理することへの意識も含まれる。[31]

教育省のウェブサイト「digitalliteracy.gov」では、デジタル社会で必要な技術面のスキルの学び方におもに焦点をあてているが、デジタル・リテラシーはコンピュータの使い方を学ぶだけのものではない。定義に関する問題は多くあるが、近年のアプローチでは、技術面のスキル、コンテンツ作成能力、情報評価スキルといった要素が、より広いカテゴリーのもとで統合されているようである。デジタル、情報、メディア・リテラシーの必要性は、教育者に認識されていないわけではないが、誰の役割であるかはしばしば不明瞭である。教育工学の専門家が追加で授業を行うべきなのか？　それともカリキュラムに盛り込むよう教師が準備しておくべきなのか？　テクノロジーの変化に遅れずについていくために、教育者はどうすればよいのか？　デジタル・リテラシーを育成するためには、ただ一般的なスキルを教えるだけでなく、当該分野の中に組み込み、そして強化することが必要である。とくに科学教育者は、学校の課題に関わるものだけでなく、より広いトピックについて、利用可能な情報をうまく使いこなせるよう、生徒を支援する必要がある。著者のバーバラの研究や、知識の転移に関する研究が示唆しているように、学生はインターネット検索スキルを、それを学んだ分野から別の分野に転移させようとしない。その代わりに、より基本的でレベルの低い、一般的なヒューリスティックをデフォルトで使用してしまうのである。[32]

スタンフォード大学大学院教育学研究科では、複数の都市の中学生から大学生までの約八〇〇〇人を対象とした調査を実施した。その結果、ネット上の情報を評価する学生のスキルについて、惨憺たる状況が浮き彫りとなった。バイアスの認識といった、かなり単純な判断を要する一連の課題を課したところ、学生たちは「簡単に騙される」と評された。[33]研究者らは、ミドルスクールの学生であれば、広告とニュース記事、意見とニュースなどを区別できるだろうと予想していた。また、高校生であれば、証拠と議論を精査可能であり、また銃規制に関するグラフや表が、銃所有者の政治活動委員会によるものであると気づくのではないかと考えていた。さらに大学生ともなれば、ソーシャルメディア上の主張を評価し、検索をかけたうえでどのサイトを信用すべきかを判断できるし、論争の片方の主張だけが紹介されていることに疑問をもち、「ドット・オルグ」のURLに固執することはないだろうと予想していた。研究者らは、課題が簡単すぎるのではないかという懸念すら抱いていた。しかし結果は、教育レベルにかかわらず、ほとんどの学生は教育者が期待するような状態には到底達していなかったことが示された。よいニュースは、こうした研究者らが現在、教師用のカリキュラム教材を作成していること、また政策立案者を動かすために、この問題に関する注意喚起をしていることである。学生たちが自分自身で必要なスキルを身につけられないとしても、優れた情報の消費者となるために、こちらが何かを教えることはできる。デジタル・リテラシーへのこうした注目は、学生時代、さらには生涯を通じて、科学に対する否定や疑いを予防し、対処するうえできわめて重要である。

私たちができることは?

健康問題、環境問題、あるいは最新技術の使用など、個人的に関心があっても、または意思決定に必要な科学的トピックであっても、すべての専門家になることはできない。一人ひとりが、情報をどこに求め、得た情報をいかにして徹底的に精査するかを決めなければならない。自分の経験で十分だと判断することもあれば、気の合う仲間の経験、親戚や宗教的権威の意見、さらには信頼に足る資格や訓練経験を有する専門家の判断を参考にすることもある。冒頭のハンナは、母親のグループを信頼しているが、彼女らの意見を裏づけたいとも思っており、さらなる情報を求めてインターネットに目を向けた。しかし、ハンナは偏った情報源によって、ネットの泥沼に引きずり込まれてしまったのかもしれない。誤情報が跋扈するこの時代に、[34] 真の専門知識とは何かを知ることは重要であり、またネット上の主張を精査するスキルは、誰にとってもますます必要不可欠なものとなっている。

個人ができること

逸話よりも科学的なコンセンサスや実証研究を信頼する：もちろん、あなた自身や他者の個人的な経験にも耳を傾けよう。ただし、それはあくまで出発点であって、綿密に実施された研究で得られた知を優先させよう。ハンナは、母親たちのグループとそこでの考えを重視した。しかし、予防接種の安全性や、子どもと地域社会にとってのメリットにもっと目を向けて学んでいれば、一般化可能性が限られていて、視点が限定的であり、現代の科学的コンセンサスに反することも多い、逸話の問題点に気づいたかもしれない。ワクチンに関する誤った信念は、それによってワクチンを拒否する人もいるため、新型コロナの公衆衛生に対する大きな脅威となっている。[35]

情報リテラシーを向上させ、知識をアップデートし続ける：アメリカ図書館協会の定義によると、情報リテラシーとは「情報が必要であるという状況を認識し、情報を効果的に探索、評価、活用[36]」する、一連の能力であるとされ、そこには研究だけでなく、批判的思考に関わるスキルも含まれる。ネット環境の目まぐるしい変化を考えると、情報リテラシーは生涯を通じて向上させていく必要がある。たとえば、学校で「ドット・オルグ」は「ドット・コム」のサイトよりも信頼できると教わっていたら、非営利団体であれば、目的を問わず「ドット・オルグ」のサイトを購入できるという事実に驚くかもしれない。実際に、説得力をもたせる目的で購入されることも少なくない。組織の名前は、偏って見えないよう慎重に、巧みに装うことができるし、ウェブサイトは専門的で立派に見えるようつくることさえ可能である。知識をつねに最新のものに保とう。そのための一つの方法は、大学図書館のウェブサイトに掲載されている、ネット上の情報検索とその評価に関する学生へのアドバイスを閲覧することである。そして、知識を複数の情報源、つまりさまざまなサイトを巡り、吟味しよう。

ネットで目にしたものを吟味するスキルを磨く：ネット上の記事やウェブサイト（またはビデオ、さらにはあらゆる媒体）の動機を見定めよう。誰が、なぜそのメッセージをつくり出したのか、自問してみる。何かを売ろうとしているのか、それとも特定の見解を広めようとしているのか？　著者は誰か、また背後に存在する組織は？　さらに検索を続けて、著者の専門性を調べてみよう。信憑性や隠れたバイアスの有無を判断するために、「概要」（about）のページをクリックし、スポンサーとなっている組織の情報を探してみる。主張の裏づけを探し、深掘りし、そして確証を得るために複数のサイトを調べてみる。記事の正しさを吟味するために、またより深く背景を知るために、ファクトチェックのプロの手法に倣い、サイト間の横読み〔訳注：ブラウザで複数のページのタブを開き、横に読んでいく方法〕を行う。[37]　そして、主張がどの程度支持されているか、またどのような証拠が得られているかに注意を払おう。

ネット上の科学情報を批判的に検討するための手順に意識を向ける：著者のゲイルとロンバルディが勧めるように、事実確認と情報源の評価に加えて、ある証拠が主張を裏づけている程度だけでなく、同じ証拠が別の主張をも裏づけている程度についても調べよう。[38]　その上で、「この主張や結果はもっともらしいと言えるのか？　どうすればそれを知ることができるか？」と自問自答する。そして、その真偽を検証する手順を踏んだ情報のみ、共有するのである。

アルゴリズム・リテラシーについて知る：アルゴリズムは、レシピ、数式、コンピュータのコードなどのような、問題解決やタスク完了のための基本的な式である。[39]　インターネット検索、ソーシャルメディアのフィード、検索中に配信される広告など、オンライン上で行われるあらゆることの決定にアルゴリズムは関与している（自動運転、法的分析、採用選考、金融市場取引などで行われる決定も同様）。アルゴリズムは専有財産であるため、ユーザーがそれを目にすることはできない。しかし、多くの組織・企業や個人が、自分たちの商品やサービスが検索結果の上位に並び、たくさんの人の目に触れるよう、アルゴリズムの利用方法を学んでいる。また、検索結果が上位に並ぶ権利を買うこともある。こうした背景を踏まえ、検索結果の並び順が、信憑性や信頼性の指標になるという考えは捨てるべきである。自分向けにつくられた情報の泡の外に出て、追加情報や反対の意見、そして科学的な研究に裏づけられた信頼できる知見を、丹念に探していこう。より詳細な情報については、ピュー・リサーチセンター（インターネット・テクノロジー）による報告、「コード依存──アルゴリズム時代のメリット・デメリット」を参照してほしい[40]。

教育者ができること

インターネットが学生の主要な情報源となり、教育者はいっそう、彼らの情報リテラシーを向上させる必要に迫られている。情報リテラシーの向上には、研究スキルと批判的思考の両方が必要であり、また情報源を慎重に精査するというワークを継続的に実践することも求められる。個人にできることとして解説したスキルは、すべて学生にも関係するものであり、小学校から高等教育までのあらゆる教育レベルで取り組んでいく必要がある。こうした点を踏まえ、教育者ができるのは、次のようなことである。

資料の検索を求めるすべての授業で情報リテラシーを教える：図書館が学生向けにワークショップを行うこともあるが、実際の課題を通じてスキルを高めてもらうためには、教師の力が必要である。前節のヒントに従って、まずは自分のテクニックを手本として見せ、また検索中に何を考えているかを声に出すことで、検索結果を精査する方法を示す。学生には授業中に練習時間を与え、検索の手法をモニタリングさせたうえで、質問があれば答えていこう。

情報リテラシーを教えるという仕事に終わりはないことを認識する：ゲイルとロンバルディが述べているように、「技術革新の急速なペースは、誤情報の猛烈な広がりと相まって、ついていくのが非常に難しい」[41]。教育者が自分のスキルを磨き続け、そして学生が最新のスキルや情報をもち続けられるよう、手助けしよう。また、専門的な能力を開発する機会を求め、もしそれがないのであれば、要望していこう。

アルゴリズム・リテラシーを教える：いかなる検索結果の並び順であっても、巧妙に操作可能な、複雑な計算式の結果にすぎないことを学生に理解してもらう。また、特定の見解を密かに強化させようと、ソーシャルメディアのフィードが情報を提供している可能性があること、そしてそうした情報に対しては、真実を見極め、事実をフィクションから切り離す作業が必要であることを理解してもらおう。

ファクトチェッカーの仕事に倣い、検索結果を検証する方法を教える：一つのサイトを縦に読むだけでなく、確認のために複数のサイトを並行して読む、つまり横読みを学生が学ぶと、情報源の信憑性を評価する精度が高まることが研究によって示されている。[42] こうした介入研究は急増しており、どのようなタイプの訓練が効果的かに関する指針をもたらしてくれている。

科学コミュニケーターができること

科学の「限定的な性質」（bounded nature）により、個人は科学を十分に知らないまま意思決定をすることが多く、また学術誌に掲載されている論文を読む時間も熱心さも通常はない。それは、（多くの論文は高額な購読料を払わないと読むことができないのだが）たとえ論文がオープン・アクセス〔訳注：購読料を必要とせず、誰もが無料で閲覧できる論文〕であったとしても同じである。そのため、人々はネット上のニュースやウェブサイトを読むことが多くなり、科学ジャーナリストや科学コミュニケーターに依存する度合いが高まっていく。人々の正しい科学的知識の涵養に向けて、科学コミュニケーターは次のようなことができるだろう。

いかなる結論が導き出せるかを読者が理解できるよう、科学的知見に関する詳細な情報を十分に提供する：たとえば、医学や健康に関する研究の場合、そこで得られた結果は臨床試験によるものなのか？　それとも相関に基づく知見なのか？　著者が述べている限界や、それ以外に挙げておくべきだと思う限界など、伝える意義のある限界を提示しよう。また、結果がどこまで一般化できるかを読者が判断できるよう、サンプルに関する情報にも言及すべきである。たとえば、心臓に関する研究が白人男性のみを対象としたものであれば、その旨を明記しよう。

情報源と結果のインパクトを伝える：研究はどこで発表されたものなのか？　その研究結果がなぜ重要なのか？　読者に情報源を示そう。研究結果は先行研究とどのような関連があるのか？　研究のインパクトを明確にするために、さらにどのような研究が必要なのか？　研究を行ったのは誰なのか？　こうした情報を提示することで、科学や医学の専門知識の価値を高めていこう。

単純化しすぎない：ドイツの認知心理学者ライナー・ブロムと共同研究者らは、世間一般に伝えられる科学の研究報告は、一般的に単純化されるという特徴があり、これによって「科学的知識が実際よりも複雑ではなく、簡単に評価できるように見えてしまう」[43]危険性があることを明らかにした。読者にとって簡単すぎず、でも難しすぎない範囲を心がけよう。そして、科学コミュニケーションの研究者が「科学の大衆化による容易性効果」（the easiness effect of science popularization）〔訳注：科学の大衆化により、非専門家が自身の科学的知識の理解度を過剰評価する一方、専門家の能力や価値を過小評価する現象〕と呼んでいるものに留意しよう。[44]

政策立案者ができること

未規制・未知のアルゴリズムの影響と、科学的事実が埋もれてしまう可能性に目を向ける：企業や組織が注目を集めようとしたり、制度を悪用しようとしたりする「頂点への競争」の中で、アルゴリズムが秘匿され、有益な科学的事実や知見が埋もれてしまうということが生じる。アルゴリズムについて学び、こうした懸念に向き合うことで、人工知能の使用と実装に向けた政策のための有益な議論を行っていこう。当選した議員は、こうした問題についての最新情報をつねに入手できるよう、スタッフまたはコンサルタントを雇おう。他の国々が同様の懸念にいかに対処しているか、目を向けていこう（ドイツは衝突しそうな際の意思決定など、アルゴリズムによる自動運転の選択を定めた倫理規則をすでに発行している）。

独自の規制ポリシーを策定しているソーシャルメディア企業から学ぶ：なぜ、またどのようにソーシャルメディア企業がこうした取り組みをしているのか、理由と方法を調べよう。二〇一九年五月時点における、ツイッター〔訳注：現X〕でのワクチン関連のツイートを検索すると、反ワクチンの意見ではなく、信頼できる情報とともに、アメリカ保健福祉省の投稿に直接たどり着く。Pinterestは、医学に関する有害な誤情報の掲載を禁止する方針を掲げているが、同サイトには誤解を招く情報や、反ワクチン団体へのリンクが蔓延していた。そこで同社は二〇一九年八月に、ユーザーがワクチンの安全性に関する（またそれに類する）情報を検索した場合には、表示内容を制限するという決定を下した。ユーザーは「WHO、CDC、アメリカ小児科学会、WHOが設立した世界規模のワクチン・セーフティネット（ワクチンの安全性に関する信頼性の高い情報を、さまざまな言語で提供している、国際的なウェブサイトのネットワーク）など、主要な公衆衛生機関から予防接種に関する信頼できる情報を調べることができる」[45]のである。政策立案者は、プラットフォーム全体における情報の科学的な正確性を求めること、またこの種の規制を推し進めていくことで、イニシアチブをとることができる。こうした改革がもっと広く行われていれば、本章の主人公であるハンナが、予防接種の安全性について検索したときに、また違った情報に出会えていたかもしれないことを想像してみてほしい。

政治的イニシアチブや市民の行動指針を構築する際に専門知識とデータを重視する：これがいかに必要であるのか、歴史を振り返っても、今回の世界的なパンデミック時ほど明白であったことはないだろう。いかなる助言をすべきかを決める際に、専門知識やデータが考慮された例もあるものの、ウイルスの蔓延や死者数に関するデータを無視して決定が下された例は、枚挙に暇がない。

以降の章では、個人がどのように、そしてなぜ科学に疑問を抱くのか、そこにいかなる心理的メカニズムが働いているのかという問題をさらに掘り下げていき、このやっかいな問題に対して、私たちに何ができるのか、さらなる提案を行っていくこととしよう。

第3章

科学教育が果たす役割とは？

カルメンは修士号を取得した後、夢である仕事のためにロサンゼルスからスポケーンに移住したとき、幼い息子を新しい歯科医のもとへ連れていった。歯科医師がフッ化物滴下剤を勧めたとき、彼女は「なぜそんなことをする必要があるのか？　フッ化物は水道水に含まれていないのか？」と戸惑った。歯科医師は、アメリカ歯科医師会が水道水へのフッ化物添加を推奨しているにもかかわらず、スポケーンの住民がそれに反対したのだと説明してくれた。カルメンは息子の処方箋をもって帰宅したが、同時に疑問が湧いてきた。フッ化物は安全だと聞いていたし、どこの水道水にも含まれていると思っていた。それなのに、フッ化物に反対する人がいるのは、なぜなのか？　フッ化物のメリットとリスクは何なのか？　子どもがフッ化物滴下剤を服用するのは安全なのか？　カルメンはネットで検索した。

「フッ化物は安全か」と検索すると、二八〇〇万件以上の検索結果が返ってきた。あるサイトには、フッ化物は間違いなく安全であり、アメリカ歯科医師会が推奨していると書かれていた。しかし別のサイトでは、フッ化物はよくて不必要、最悪有害なものであると書かれていた。カルメンは、書かれていたものを読めば読むほど、なぜこれほど物議を醸しているのか、わからなくなってきた。彼女は、科学にそれなりにくわしく、またどのまでにサイトが研究に基づく情報を提供しているかを把握していたため、アメリカ小児科学会、アメリカ歯科医師会、CDCのウェブサイトを検索し、答えを探した。これらのサイトには、歯科医師が彼女に伝えたことと、同じことが書かれていた。つまり、フッ化物は安全であり、飲み水に含めるべきであり、それができなければ、滴下剤を服用すべきであると。フッ化物は安全なだけでなく、有益であるという医学的な証拠があるのに、なぜ新たな街の住民たちは、フッ化物の使用を禁止したのだろうか？

カルメンは教養のある心配性の母親で、水へのフッ化物添加が家族にもたらしうるメリットとリスクを学ぼうとしている。フッ化物の影響については十分な研究の蓄積があり、数多くの情報を入手することができる。また、信頼できる医学系サイトから論文をダウンロードし、フッ化物添加の是非に関する証拠をじっくりと吟味すれば、幼い息子にとって最善といえる判断を、十分な情報に基づいて下すことができるだろう。しかし、科学的な問題の評価に際し、誰もが適切な判断を下せるわけではない。強固な知識の基盤を有する人であっても、説得力のある陰謀論の餌食になったり、独自の信念（あるいは誤解）をますます強めてしまったりすることもある。信頼できる情報源との見分けがつきづらい、ネット上の怪しいコンテンツを目にすることで、あっさりと新たな誤解を植えつけられることもある。たとえ証拠を吟味しても、それだけで科学的知識に基づいた行動をとろうとするとは限らない。知識は重要だが、優れた科学的な判断や行動を促すとは限らないのである。それでは、いったいいかなる知識が重要なのだろうか？　また、いかなる種類の科学教育が役に立つのだろうか？

アメリカ人は科学について何を知っているのか？

子どもにワクチンを接種させるか、抗生物質を飲み切るか、遺伝子組み換え食品を口にするか、ウイルスの拡散防止のためにマスクを着用するかなど、日々の意思決定は、科学的なコンセンサスについて個人が知っていること（または知っていると信じていること）に左右される。科学の理解（または理解不足）は、日々の健康や安全に直接的な影響を及ぼす。子どもにワクチンを接種させない、抗生物質を飲み切らない、体に必要な食品を避ける、パンデミック時にソーシャル・ディスタンスをとらないといった場合、あなたと家族の健康・安全が危険にさらされる。

アメリカ人は科学について何を知っているのだろうか？　他国との知識の比較をいかに行えばよいのか？　知識を増やすことが、科学が広く受け入れられるための鍵となるのか？　これらは、研究者や教育政策立案者を何十年も悩ませてきた問いであり、答えるのは想像以上に難しい。一一項目の多肢選択式テストで基本的な科学的知識を問うピュー科学的知識クイズにおいて、アメリカ人の平均得点は六・七点、正答率は六一％であり[1]、これは学校の成績でいえばD評価に相当する。一九八〇年代から定期的に行われているオックスフォード尺度を用いた調査によると、「地球が太陽の周りを回っていますか？　それとも太陽が地球の周りを回っていますか？」といった質問に対して、二〇一四年のアメリカ人の正答数は九問中およそ六問であった。初回の調査から、比較的安定してこの程度の正答数である。

しかし、本来の科学の理解とは、こうした事実に基づく知識を問う「ちょっとしたクイズ」では示されない、もっとたくさんのことをも含むものである。より重要なのは、科学者がいかに自分の知っていることを知り、またいかに知識に関する主張（knowledge claim）〔訳注：発言者は真実であると信じているものの、議論の余地がある主張〕に対する判断を下しているか、理解することである。「現代における科学的リテラシーの定義は、科学的事実に関する基礎知識以上に、科学のプロセスと実践の理解、科学および科学者の取り組みへの造詣、科学の成果を比較検討し評価する能力、そして科学の価値をめぐる市民の決定に関する能力までを含むよう拡張されている」[2]。たとえば、何かを科学的に研究するとはどういう意味かと尋ねられたとき、適切に答えられたアメリカ人はたったの二六％であった。こうした科学的知識の別の側面は、事実に基づく知識を問うクイズでは十分に評価することができない。しかし、世間一般における科学理解の重要な特徴となっているようである。

アメリカ人の実力は？

アメリカにおける科学的リテラシーをめぐる懸念は、数十年にわたって根強く続いている。ソ連との科学技術の差を縮めるために始まった宇宙開発競争は、ソ連が一九五七年にスプートニクを打ち上げたことに端を発する。（STEM分野と呼ばれる）科学、技術、工学、数学の教育には、何十億ドルもの資金が投入された。それからわずか数年後、ケネディ大統領は人類を月へ到達させると約束した。STEM教育へのエネルギーと資源の投入は、景気を押し上げ、科学技術における世界でのアメリカの地位を向上させたほか、もともと科学を志していなかった学生が、科学を学んだり、科学に関わるキャリアを求めたりするよう動機づけた。[3]

　世界中の一五歳を対象に三年ごとに実施される、OECD生徒の学習到達度調査（PISA）のような国際間比較テストを調べたところ、今日のアメリカの学生は、科学的知識において他の先進国に遅れをとっていることがわかった。二〇一八年には、アメリカの成績は科学で一三位、数学では三六位であった[4]（訳注：OECDに加盟している三七カ国中の成績）。相対的な成績の水準は、一九六七年にこのテストが最初に実施されて以来、長年にわたってあまり変わっておらず、テストの得点を高める取り組みの効果に疑問の声も挙がった。[5]

　軍拡競争のように科学的知識を競うことには、いくつかの点で問題がある。そもそも、国同士の比較は非常に困難である。テスト自体は特定の文脈では有用かもしれないが、国同士の比較は誤解を招きかねない。得点上位の国の中には、（中国のように）九年間の義務教育を早めに切り上げて、飛び級で進学をしている者がPISA受験者の集団に含まれている国もある。そうした国は、ほとんどの学生が年齢に関係なく規定の義務教育を受けている国と比べると、本来よりも高い得点となるよう結果が歪んでしまう。[6]テストの実際の得点ですら、比較ができないことも多い。なぜなら、各国の得点は正答数の単純な合計によって決まるのではなく、直接的な比較を難しくするような煩雑な指標によって決まるからである。[7] また、国際的なトレンドも、アメリカの学生の知識が実際にどの程度伸びているのかを、わかりづらくしてしまう。というのも、他国は停滞しているわけではなく、科学への取り組みを改善させたり、誰がテストを受けるかに関する方針を変更したりすることで、点数が上下しているからだ。まとめると、「国別ランキングの利用（とくに時系列での比較）は、学生の学習到達度について、誤った解釈につながってしまう可能性が非常に高い」[8]のである。

他国との直接比較があまり参考にはならないとしても、科学を学ぶ準備のあり方に憂慮を抱く人々は、国際的にも低水準なテスト成績の原因として、アメリカの科学教育に潜む根深い問題に注目している。その問題とは、他国に比してカリキュラム内での科学の相対的な重要度が低いこと、科学教師を養成するための準備不足、教師の賃金の低さ、膨大な数のトピックを扱いながら深い内容をほとんど扱わない教科書、科学の教え方に対する批判などである。たとえば、アメリカの学生が高校で履修する科学の科目数は、わずか一科目となることもある。[9] アメリカ人のおよそ三分の一が高等教育機関へ進学せず、進学しても一度も科学の授業を履修しない場合があることを考慮すると、科学的リテラシーの獲得は、幼稚園から高校までの、科学の準備教育の充実にかかっている。しかし、そこで学生が何を学ぶかは、教師の科学および科学教育に対する準備が関係してくる。アメリカでは、小学校教師に科学の素養を必須としておらず、たとえ大学で科学の授業を履修していたとしても、多くは一科目のみである。ほとんどの州では、小学校の教員資格試験において、科学の教科試験への合格を必須要件としていない。[10] 高校の教員資格試験では、科学の教科試験を課しているのは三八州に留まり、そのような州でさえ、教える内容の知識を十分に有しているかを保証するための、十分な施策とはなっていない。[11] さらに問題なのは、人員不足により専門外の指導を求められる教師の数が増えていることである。高校の物理教師のおよそ三〇％は物理を専攻しておらず、また物理を教える資格を有していない。[12] 教師の養成だけでなく、四年制大学の学位を要する他の職業に比べて、教師の給与が低いという指摘もある。

アメリカでは、社会経済面・教育面での格差が蔓延しており、高所得の家庭の学生ほど、厳格で質の高いＳＴＥＭ分野の教育を受けている。[13] たとえば、社会経済的地位が高い家庭の学生は、低い学生と比べて、（大学で高度なＳＴＥＭ分野の学位取得に必須である）微分積分学を履修する割合がおよそ四倍、高度な科学の授業を高校で履修する割合がおよそ三倍高い。[14] ＳＴＥＭ分野の知識や経験のない教師の多くは、社会経済的地位が低い層の学校や地区で教鞭をとることになり、そうした環境に身をおく学生は、ＳＴＥＭ分野の基礎を伸ばすチャンスがほとんどない。

幼稚園から高校までの多くの教師は、彼ら自身が科学教育を十分に受けてこなかったこと、教員養成課程で科学教育に関する授業の履修が強くは求められていないことから、科学を教えるスキル、とりわけ科学の教え方をめぐる最近の見解に沿った方法で教えることに、自信がないと答えている。[15] 科学教育の基準を高めるとともに、教師が科学を教えるための準備を強化することが、学生の科学的知識の向上へとつながり、そしてアメリカ経済の成長に必要だと多くの人が主張する、ＳＴＥＭ分野の地位の向上をもたらすかもしれない。[16]

ただの知識不足なのか？

アメリカの科学教育の質向上に向けた優れた議論が存在するなか、「ただ知識を増やす[17]」という単純な方法で科学の理解が容易に改善されるという考えは、度々批判されてきた**知識不足説**を反映したものである。知識を増やすことが唯一の解決策だとする考えは、直感的には理解しやすいが、あまりに単純すぎる。科学的知識を正しい方法で伝えさえすれば、科学の理解と受容は大幅に改善されるという考えは、単純にデータによる裏づけが得られていない。著者のバーバラ[18]とゲイル[19]の研究によれば、知識と科学への態度や受容の関係は一貫しておらず、知識が多いほど科学への受容や肯定的な態度が高まることもあれば、そうではないこともあるという[20]。これは数十にも上る研究のメタ分析〔訳注：別々の研究で得られた複数の結果を統計的な方法を用いて統合する手法〕の場合でも同様の結果である[21]。科学コミュニケーターは、科学者と一般の人々の知識のギャップを埋めることに使命感を抱いているかもしれないが、時にみずから、知識を直接的に伝えられるという錯覚に陥ってしまう[22]。しかし、彼らは徐々に、人間の頭は科学の情報で満たされるのを待つ、空っぽの容器ではないことに気づき始めている。むしろ、人間の頭は、信念、感情、態度、モチベーション、社会や文化の一員としての立場といった、科学理解の形成に関与する要因の上に存在するのである。

教育者として、学生や市民の科学的知識を高めるための取り組みに反対するつもりは毛頭ない。しかし、この取り組みには限界があることも認識しているのである。パンデミック禍でマスク着用に関する科学的事実を伝える際、飛沫拡散を防ぐというマスクの効果を正しく伝えるだけでは不十分であることは、本書を執筆中のいまでさえ明白である。くしゃみやせきの後に、エアロゾルの霧がいかに空気中に漂うかを示した映像は数多くあり、その中の一つを視聴すれば、マスクの効果に関する物理学的な説明や理解は、さほど難しいことではない。しかし、こうした物理学的な観点からの学びと同程度（もしくはそれ以上）に、人々はお気に入りの政治家やフェイスブック上の友達のマスク着用姿に影響され、マスクを着用するようになるのである。

ただ増やすのではなく、従来と異なる科学教育を

伝統的な科学教育は、教科書の無味乾燥な文章やデモンストレーション、あるいは「料理本」のような実験室実験に過度に依存していると、長らく批判されてきた。こうした授業は、アメリカでは一八〇〇年代後半にまでさかのぼり[23]、科学的手法や探究プロセスを身につけさせることを意図していたが、必ずしも成功したとはいえなかった。化学の授業で、実験台の上で重曹と酢の「火山」を爆発させたり、pHセンサーを使って溶液中の酸塩基濃度に関する仮説を検証したりしたことを、覚えているだろうか。デモンストレーションを見たり、実験を実施したりすることは、科学教育の柱である。しかし、本来実験とは、教科書の手順に一つひとつ従い、興味もない問いにあらかじめ決められた答えを出すだけでは、不十分なはずである。[24]小学校で作った重曹火山がどのような化学原理を説明するものであったか、あるいは高校の化学の授業で酸塩基滴定を行ったのはなぜか、あなたは知ってい

るだろうか？

このようなアプローチは、小学校の理科から高校の化学まで、多くの人が習った記憶のある「科学的方法」の手順を教えるよう設計されたものである。これらの手順には、問いの設定、仮説の生成、実験の実施、データの分析、結果の解釈が含まれ、実際に多くの科学者が研究を行うにあたって取り組むものである。科学の教育者は、かつて「これぞ」科学的方法というものを教えることに夢中になっていたが、最近ではそれが「科学のプロセスを過度に単純化した説明」になってしまうと理解され始めている。[25] 科学者は多様な方法を用いるし、すべての科学的研究が、伝統的な手順をそのまま踏むわけではない。[26] 対照実験ではすべての疑問には答えられない分野の場合、観察データの収集は実験と同じくらい重要である。進化生物学という分野において、最近、一つの化石の発見が現生人類と類人猿の関係のあり方に見直しを迫ったように、ある化石の発見が生物種の系統の再編を迫ることもある。[27]

科学の特徴といえば、いかなる方法が用いられたとしても、体系的で慎重なプロセスがとられるという点にある。たしかに、慎重な科学者は体系性を追い求めるが、こうした見方でさえ、ワンパターンな手順で単純な答えを求める、型にはまった営みとして科学を描写している。科学の歴史を振り返ると、独創的な想像、偶然の産物、運、さらには間違いによって重要な洞察が得られた例は、枚挙に暇がない。人工甘味料のサッカリンは、ある研究者が夕食前に手を洗わないままパンを手に取り、実験で使った化学物質が甘く感じることに気づいたことで発見された。[28] ペニシリンは、シャーレ上で増殖するカビが細菌の増殖を妨げていることに科学者が気づいたことで、思いがけず発見された。言い換えれば、科学はじつに人間的な営みであり、「唯一の真理」を導く料理本のようなアプローチに沿うよりも、はるかに流動的で創造的なものである。新型コロナウイルスのワクチン開発に関する研究は、世界中の注目を集めるなか、研究者たちがリアルタイムで世界的なパンデミックに対処しようとする、科学の本来のあり方をよく表していた。差し迫ったワクチンと療病の必要性により、人々（そして一部の科学界）は、従来のワクチン開発の手順が省略されるのではないかという懸念を抱いた。これは、急ピッチで治療法の確立を進めるためとはいえ、ワクチン開発に対する世間の信頼を低下させるものであった。[29] 緊急使用許可パネル・ミーティングのライブ中継に見られたように、アメリカ食品医薬品局のワクチン審査・承認プロセスの最終段階の透明性は、一部の懐疑的な人々の懸念を和らげるものであった。

科学の本質をめぐる新たな理解を背景に、教育者は、疑問に対してみずから問いを立て、そして答えるという科学の実践に、積極的に取り組むよう学生に求めた。アメリカの幼稚園から高校までの教育における次世代科学スタンダード（NGSS）は、学生がより積極的に科学へ取り組むよう、科学教育を改革するために策定された。[30] その基本的な枠組みは、科学者が研究の中で取り組む実践、たとえば、問いを立てる、問いに答えるための体系的な方法を立案する、そして得られた知見を共有するといったことに重点をおいている。言い換えると、新たな基準にインスパイアされた指導では、科学の内容（周期表、遺伝、光合成の過程など）を教えることや、料理本のように決められたデモンストレーションや実験を行うことに焦点化するのではなく、実際の科学実践に取り組むよう学生に求めているのである。

NGSSの創設以来、二〇一九年までに二〇の州がその基準を採用した[31]。科学実践は、教科書や決められた実験ではうまく捉えられないものである。そのため、教育研究者たちは、学生がみずから問いを立て、みずから答えるということに取り組めるよう、教育者が導入できる教材や活動の開発に努めてきた。とはいえ、幼稚園から高校までの教師、中でも小学校の教師が、こうした方法で本格的に科学を教える準備ができているかどうかは、最近の科学教員の養成をめぐる限界や、新たな基準を満たすカリキュラム資源の不足を考えると、不確かなままである。

小学校のNGSSの指導とはどのようなものか?：新たな基準に触発された著者のゲイルらの研究チームは、科学実践に児童を参加させる一つの方法として、子どもが元来有する遊びへの興味を活用することを考えた。マテル子供基金と提携し、小学校教師と協力して、「スピードメトリ」と呼ばれるホットウィール〔訳注：アメリカのマテル社のミニカーブランド〕の車とレールを用いた、NGSSに準拠したカリキュラムを開発した[32]。小学生に力と運動、駆動力、工学設計などの概念を学ばせながら、みずから問いを立て、みずから答えるという科学実践に取り組ませることが目的であった。四年生の児童たちは、どの車が他の車よりも速く走るか、車やレールに何を加えることでスピードが変わるかを調べるため、自分たちで実験を計画・実施した。そして、わかったことを他の子どもたちと共有し合った。このカリキュラムは幼稚園でも用いられ、摩擦、力、運動といった概念の理解を促すための活動が行われている。

スピードメトリ・プロジェクトを通して、研究チームはさまざまなことを学んだ。まず、明らかにしたい問いを自分たちで決められるような、魅力的な体験活動を通して科学を学べば、子どもたちは科学に引き込まれていくという点である。スピードメトリを用いた群の児童たちは、そうでない群よりも、力や運動といった概念をより深く理解し、その内容にもいっそう興味をもったことが報告されている[33]。最初は、おもちゃが子どもたちの興味を引いたのかもしれないが、インタビュー調査の結果、ただ遊べるというだけが理由ではないことがわかった。児童たちは、科学的な内容を学ぶことも楽しかったと答えていたのである[34]。幼稚園から高校までの科学教育の時間を増やしたいのであれば、科学の学びが能動的であり、一人ひとりに合っていて、内容が適切であり、そして魅力的であるというということが重要である。スピードメトリはこの点を達成できたと考えているが、教師が自身の指導において使えるアクティブな科学教育の例は、他にも数多く存在する[35]。

教師たちも、スピードメトリのカリキュラムを歓迎した。彼らは、全国標準テストで最も出題される、読み書きや算数[36]を教えなければならないプレッシャーから、科学をあまり教えてこなかったことを認めたうえで、自分たちの授業でこうした活動を試せることに感謝していた。中には、児童の学習をサポートできるほど科学の知識が十分ではないという自信のなさから、科学を教えるのに尻込みしていたという、やや及び腰な教師もいた。スピードメトリは、教師に欠けていた二つのもの、つまり新しい基準に沿ったカリキュラムと教材、そしてそれを実践するために必要なサポートをも提供した。

中学校のNGSSの指導とはどのようなものか？：学生が科学的な推論を行ううえで、教師はつねにおもちゃを必要とするわけではもちろんない。たとえば、ミドルスクールの学生は、科学者と同じように証拠に関する推論を行うことができる。メリーランド大学のダグ・ロンバルディが行った研究では、ミドルスクールの学生を対象に、人間の活動が気候変動に影響を与えているかどうかについて、証拠の評価を行うよう求めた。学生たちは個々の証拠について、人間の活動がおもな原因であるという科学の側の意見と、気候変動懐疑論者の間で人気のある反対意見（太陽放射の増加）、どちらの意見を支持しているのかを判断しなければならなかった。その結果、実験に参加した学生たちは、証拠を十二分に評価することができた。実験を行った研究者らは、科学者のように考える訓練に取り組むことで、人間の活動が気候変動の元凶であるということについて、深い理解をもたらすということを示した。この活動に取り組んだ学生たちは、従来の指導法で同じ内容を学んだ学生たちよりも、気候変動における人間の影響を深く理解していただけでなく、数カ月後の再テストにおいても、よりよい成績を示したのである。大人たちの中には、地球の気候パターンが人間の活動によって変化しているということに、納得がいかない人もいる。[37] しかし、この研究で証拠の評価を行った学生たちは、懐疑論側のモデルよりも、科学的なモデルの方がもっともらしいと感じたのである。

このように証拠を評価する活動は、学生を型にはまった単純な探究プロジェクトではなく、NGSS基準が推奨するタイプの科学実践に参加させるために、ラトガース大学のクラーク・チンとその同僚が開発したものである。チンとロンバルディの研究では、進化論や水圧破砕などの他のトピックについても、学生たちはモデルに基づく推論に取り組み、同様の成果を挙げている。[38] 科学者のように考え、推論するという科学実践に学生を参加させることが、科学的知識を増やすこと以上の成果、すなわち、科学そのものへの考え方を変えるということを示している。

学校以外でのNGSSの指導とはどのようなものか？：科学についての学びは、学校以外の場所でも行われている。博物館、動物園、その他インフォーマルな学びの場は、一般の人々にとって科学を学ぶための主要な場所である。[39] 最近、著者のゲイルは、ロサンゼルスにあるラ・ブレア・タール・ピッツ博物館の科学者、南カリフォルニア大学創造的技術研究所のマルチメディア・デザイナーと協力して、新しい拡張現実の展示をデザインした。[40] この展示では、バーチャルなマンモスがアスファルトの滲み出し（タールの池）にはまり込み、バーチャルなダイアオオカミが苦しむマンモスを捕食する様子を見ることができる。また、拡張現実の展示を通して、アスファルトのベトベトに屈した不運なマンモスとその捕食者の死骸を、科学者が発掘する過程も体験することができる。この化石が、今ではロサンゼルスの通りを徘徊することのない、絶滅したサーベルタイガーのものなのか、それともハリウッドの丘陵地帯にいまも生息している、ピューマのような生き物のものなのかを判断する。この展示のパイロット版に関する予備研究では、インフォーマルな教育の文脈において科学を学ぶにあたり、拡張現実・バーチャルリアリティは大きな可能性をもつことが示されている。来場者を惹きつけるこうした新しい技術やツールを多くの博物館が活用している理由は、ここにある。[41] こうした技術は、見ることが困難なもの（微細な生物など）、アクセスが不可能なもの（自然の生息地にいる深海のタコ）、想像することさえ困難なもの（五万年前のロサンゼルスはどのような様子だったのか？）を視覚化するのに、とくに役立つ。

ただ増やすのではなく、従来と異なる知識を

生徒たちは事前知識をもって授業に臨むが、それが科学を学ぶうえで大きなサポートとなる。しかし、幼稚園から高校まで、また一般の教育の場でも、学習者は誤解を有していることが多く、それが科学の学びをより困難なものにしてしまう。

なじみの薄い新しい何かを学ぶ方が、誤解を取り払い、自分の考えを再構築するよりも簡単な場合がある。これは、心理学者が「概念変化」[42]と呼ぶものである。地球は平らだと思っている子どもが、地球は丸いと教師から聞かされたとする。この子が毎日歩いている地面は平らであるため、地球の形についての新たな概念を理解するのは難しいだろう。必要なのは、地球の形をめぐるこの子の理解に、大きな変化をもたらすことである。この子が新たな情報を学んでいくにつれて、平らな地球から丸いパンケーキのような形へと知識が修正され（一般的な中間ステップ）、そして最終的に、地球は球体のように丸いという考えに至るのかもしれない[43]。

あらゆる年齢層から誤解されている科学的なトピックについて教える場合、まずはそうした誤解を覆すことから始めるのがよいと、概念変化の研究者たちは考えている。著者のゲイルらは、一連の研究の中で、食品として消費される遺伝子組み換え作物について、学生や一般の人々が有している誤解を探ってきた。日々、私たちが口にするものに含まれている遺伝子組み換え製品の多くは、植物育種家が何千年もの間、異なる性質をあわせもった種を生み出すために行ってきた、交雑受粉という自然

的なプロセスに由来する。これに対し、一般的に「遺伝子組み換え作物」とは、異なる生物の遺伝子を組み込むことでDNAが改変された作物を指し[44]、「フランケン・フード[45]」などという侮蔑的なレッテルを貼る人もいる。遺伝子組み換えのプロセスについて、誤解されていることも少なくない。たとえば、遺伝子組み換え作物は、植物や動物にホルモンを注射することでつくられると思っている人もいるのである。

ゲイルらは関連する研究の中で、科学への誤解に対峙するために広く使われている反論テキストを採用してきた[46,47]。反論テキストは、ある科学的なトピックについて、読者が抱きやすい特定の誤解を指摘し、その誤りを暴くようデザインされている[48]。反論テキストが最も効果的なのは、読者が三つのパートに取り組むときである。まず、「植物や動物にホルモンを注射すると遺伝子組み換えが起こると考えている人がいる」といった文章で、誤解に注意を向けさせる。次に、「これは正しくない」「しかし、これは事実ではない」と述べて、誤解に反論する。最後に、重要なことであるが、正しい、科学的な見解を支持する証拠を示す。たとえば、「これは正しくない。植物や動物にホルモンを注射することで、その成長率やサイズを増加させることはできる。しかし、ホルモンを注射したからといって、植物や動物の遺伝子の構造が変わるわけではない」というような形である。

ゲイルらは、心理学や教育学の他の研究者と同様に、予防接種[49]、気候変動[50]や遺伝子組み換え作物[51]、その他諸説紛紛のトピックをめぐる科学的な誤解と対峙するために、反論テキスト（もしくは授業における同じような反論様式）を用いてきた[52]。また、季節はなぜ変わるのかといった、あまり議論の余地のない話題をめぐる誤解の解消に向けても、反論テキストは効果的に使われてきた。反論テキストの有効性は、さまざまな方法で検証されてきた。一般的なアプローチは、正しい知識や誤解が、反論テキストを読む前後でどう変わるのかについて、同様の情報を旧来型のテキストで提示された人の成績と比較することである。どちらもオンライン上の記事やテキストの一節のような構成となっているが、反論テキストでは、誤解に対する直接的な反論が付されている。全体的に見ると、説明的なテキストよりも反論テキストの方が、誤解を減少させる傾向があることが示されている。[53]

遺伝子組み換え作物などに関する誤解は、否定的な態度や感情と結びつくことが多い。「フランケン・フード」という言葉を聞くと、実際に多くの食品がどのように改変されているかとは、まったく関係のないイメージを思い浮かべてしまう人もいる。しかし、こうした誤解が解消されれば、遺伝子組み換え作物についての理解が深まるだけでなく、否定的な態度や感情の軽減にもつながる。[54]なぜそれが重要なのか？　カリフォルニア州などでは、遺伝子組み換え食品に、GMO（遺伝子組み換え食品）というラベル表示をするかどうかを決める住民投票が行われている。誤解で目が曇っているようでは、根拠に基づいた判断を下すことは難しいだろう。トウモロコシは多くの食品に含まれ、牛やその他の動物の飼料としても使用されているが、アメリカでは、食品に含まれるほぼすべてのトウモロコシで、歴史上のどこかで遺伝子の組み換えが行われている。これが、ラベル表示を正しく行うことを困難なものにしている。ラベル表示のトレンドに乗っかっている数百万ドル規模の食品産業もあるが、食品に「非遺伝子組み換え食品」や「遺伝子組み換え食品未使用」という表示をするのは、誤解を招きかねない。企業は、たとえ意味のないものであっても、「遺伝子組み換え食品未使用」とラベル表示するよう、急ぎ進めている。塩は岩塩からとれて、遺伝子をもたないにもかかわらず、「遺伝子組み換え食品未使用」とラベル表示されたヒマラヤ岩塩がある。これはｉＰａｄに「遺伝子組み換え食品未使用」とラベル表示するようなものだ。消費者は、「遺伝子組み換え食品未使用」とラベル表示された製品に進んでお金を払おうとする。[55] だからこそ、消費者の意思決定は事実に基づくものであるべきなのである。遺伝子組み換え作物とは何なのか、また健康に害を及ぼすかどうかについて、恐怖や混乱に基づく判断がなされてはならないだろう。

しっかりとした科学教育の土台がなく、ある主張を吟味するための知識をもち合わせていないとき、消費者は根拠のない主張に影響されやすい。おそらく、新型コロナの治療法をめぐる主張が相次いだときほど、これが顕著であったことはないだろう。明確な証拠がないにもかかわらず、ヒドロキシクロロキン〔訳注：マラリアの治療に用いられる薬〕のような薬が画期的な治療薬として喧伝されただけでなく、亜鉛やビタミンＤといった他の治療薬とされるものも店の棚から消えていった。有害な副作用が生じうる未検証の医薬品であれ、何かよい効果があるかもしれないサプリメントやビタミン剤であれ、[56] 消費者は、治療法が安全で、効果のあるものかを評価するスキルを備える必要がある。[57]

科学的知識の正確さが不十分なとき

私たちの研究チームも、また科学教育者たちも、気候変動、人間の進化、[58] 遺伝子組み換え食品、[59] 予防接種、[60] 冥王星の準惑星への降格[61] などをめぐる人々の誤解と向き合ってきた。また、科学的なトピックについて批判的に考え、対立する理論を証拠と照らし合わせて検討し、そして情報源を疑う方法を指南してきた。幼稚園から大学までの生徒や学生、また一般の人々にも、誤解に向き合う文章を読む、自分たちで実験を計画・実施する、タールの池にはまったマンモスのAR体験をするなど、さまざまな活動に参加してもらった。これらはいずれも一定の成功を収めており、科学教育分野における他の多くの取り組みとともに、より豊かで多様な科学教育が、科学的リテラシーをめぐる課題の解決に有用であることを示している。

また、科学的な話題が世間一般に受け入れられるために、ただ知識を増やすだけでは限界があることを認識しておく必要がある。科学的な問題の複雑さ、急速なペースで出てくる新発見、ネット上での異なる立場同士の対立などを踏まえると、あらゆる科学を完全に理解したうえで判断を下すのは、ほぼ不可能である。海面上昇により、一〇年後にはいまよりも水際に近づくかもしれない家のために、洪水保険に加入するかどうかといった決断を、十分な知識なしに各人が下さなければならないのである。ある研究者らによると、ハリケーン・イルマがカーボベルデを襲った後、人々はハリケーン発生前に比べて、気候変動がハリケーンの原因であるという確信を強め、気候変動に対する否定的な感情がより高まり、そして気候変動の影響を軽減させるためなら、高い税金を払ってもかまわないと思うようになったという。[62] 凄まじい嵐を経験することで、個人の考え方は変わるかもしれない。しかし、ただ新しい科学的な情報に基づくだけでは、気候変動への考え方が変わるとは限らないないのである。[63]

著者のゲイルが学生たちと行った最近の研究では、工業化の発展に伴う二酸化炭素レベルの劇的な上昇を示した、気候科学者であるマイケル・マンの有名な「ホッケー・スティック」グラフを提示した。[64]この独特なグラフは、日々目にする他のグラフと形は似ているが、工業化の発展に伴って気温が上昇し、化石燃料が気候変動の原因であることを示唆したため、おおいに物議を醸した。二酸化炭素排出抑制に向けた政府の規制強化を恐れた人々が、グラフから得られる示唆を貶めようとしたため、騒動が起きたのである。[65]

ゲイルの研究では、一部の参加者は二酸化炭素のホッケー・スティック・グラフに関する質問に答え、その他の参加者は、二酸化炭素の上昇に関するものとは知らされずに、同じグラフに対して同じ質問に答えた。あるグループは、住宅費の上昇を表すと記されたグラフを、別のグループは、自閉症の診断数の増加を表すと記されたグラフを見た。参加者が見たのは三つのグラフのうち一つだけで、二酸化炭素の上昇を示したオリジナルのグラフか、同じパターンを示す他の二つの無関係な（そして架空の）傾向を示した、「加工された」グラフであった。

全体として、政治的に保守的な参加者は、二酸化炭素の変化を示したグラフの解釈がとくに苦手であった。[66]政治的にリベラルな参加者に比べ、保守的な参加者は、地球の気温上昇がグラフのような二酸化炭素レベルの上昇によるものではないと考える傾向があった。一方、保守的な参加者はリベラルな参加者よりも、気温の自然変動など、他の原因を選択する傾向が強かった。他の二つのグラフを見た保守的な参加者は、グラフの傾向を解釈するうえで、同じような困難は感じていなかった。つまり、住宅費や自閉症の割合の自然変動を見たとは考えなかったのである。

気候変動に関するグラフを読み取ったり、フッ化物添加のリスクと利益を評価したり、遺伝子組み換え食品に表示が必要かどうかを判断したりする際には、政治的関心、価値観、動機など、ときに知識以外の要因が絡んでくるのである。

私たちができることは？

情報に基づいた意思決定を行ううえで、難しい科学的なトピックの理解は必要不可欠であり、科学教育の向上によってそれが可能となることは間違いないだろう。しかし、知識を増やすことは、人々の科学理解を深めるための主要な問題でも、単純な解決策でもない。科学改革の取り組みは、より広範な科学的リテラシーに働きかけていく必要があり、科学教育者、科学コミュニケーター、政策立案者は、これにさまざまな形で貢献することができる。

教育者ができること

科学を学ぶ際に、学習者が自身の考えや知識をもち込むことを、幼稚園から大学までの学校現場、またそれ以外の場の教育者は知っている。そうした考えや知識が、現代の科学的なコンセンサスと対立することもある。教育者は、最初のステップとして、生徒や学生が当該のトピックに関するいかなる誤解を有しているかを理解し、正しい科学的な考えを学ばせるよう努めるべきである。個人の世界観を尊重することは素晴らしいことではあるが、科学と対立する考えの中には、有害なものもある[67]（たとえば、ニコチンの摂取は健康を害するという証拠が蓄積されているにもかかわらず、害はないと考えるなど）。誰もが（科学者、学生、一般の人々でも）、科学的な説明を受け入れるか否かを判断するために、最も優れた証拠に基づく必要がある。いかなる行動をとるか（パンデミック時に公共の場でマスクを着用する）、とらないか（ニコチンを摂取しない）の判断は、証拠に基づいたときが最もうまくいくのである。遺伝子組み換え作物とは何であるかを理解すれば、何を食べるべきか、食品表示をめぐる提言にいかなる立場をとるべきか、これらを適切に判断できるようになる。証拠を評価し、情報に基づいた意思決定をするという科学者が行うプロセスに、個人がどのように取り組んでいくべきかを、教育者は教えることができるだろう。

あらゆる年齢層の学習者を科学実践に参加させる、新たな指導法が広まりつつあり、その効果を示す証拠も増えつつある。私たちは、学習者が科学実践に積極的に参加することを奨励する。こうした実践は、科学関連の分野でのキャリアを志す学生だけでなく、あらゆる学生に取り組んでもらうべきである。科学実践は、生活のじつに多くの場面において、意思決定の助けとなる。古い電化製品を、より高価だがエネルギー効率の優れたモデルに買い替えるべきか？　屋根にソーラーパネルを設置することで、投資効果を得られるのだろうか？　裏庭の菜園に農薬を使っても安全だろうか？

科学コミュニケーターができること

科学コミュニケーターは、複雑な概念を聴衆に説明し、わかりやすい言葉で伝える専門家であり、それは多くの場合にうまく行われている。彼らはその取り組みを通じて、公的に重要な役割を社会の中で担っている。また、ある科学的なトピックについて、人々がただ誤解を有しているのみならず、それが科学的に明らかとなっている現象の場合には、理路整然とした反論を通じて、そうした誤解といかに直接的に対峙していけばよいのかを認識しておくべきである。同様に重要なのは、科学的な結論が出ていないときには、新たな証拠の理解に必要となる予備知識を提供することである。解決済みの科学的問題に対して「両論」を提示することは、有害となりうる。裏づけのない見解に科学的な観点と同等の機会が与えられるのは、「公平でバランスのとれた」ものではけっしてない。コンセンサスが得られていない分野をはっきりと示すことも、同様に重要である。効果がある、もしくはない「治療法」や「ダイエット法」であっても、たった一つの研究に基づいて記者がニュースを共有するケースがあまりにも多い。科学コミュニケーションでは、科学の限界（知見の暫定性など）も明示しておくべきである。

政策立案者ができること

増え続けるＳＴＥＭ人材のニーズを満たすには、あらゆる水準において科学教育への支援が不可欠である。科学研究にかかる費用は、投資内容にもよるが、三〇％以上もの投資効果を経済にもたらすと見積もられている。[68] 科学研究への公的資金は減少の一途を辿っているが、それはかえって高くつくのである。企業から資金援助を受ける研究は独立性が低く、科学全体に対する人々の信頼を損なうような、バイアスのかかった結果を生み出す可能性がある。

地方の政策立案者は、フォーマルな場（公立学校や州立大学）とインフォーマルな場（博物館、動物園、地域教育）の両方で、科学教育を支援する立場にある。なお、人々が科学的リテラシーを備えることが社会へもたらす恩恵は、経済面だけにとどまらない。先に述べたように、科学的推論のスキルは、多くの分野や日常生活における意思決定にも応用可能なのである。

結論

科学に関する誤解はごく一般的なものであり、知識を増やすことで手軽に解決できるものではない。どのような学習の場であれ、生徒や学生が科学を最もよく学ぶのは、証拠を考慮した体系的な方法であり、みずから問いを立て、それに答えるという、科学者と同じ実践に取り組む機会を与えられたときである。科学が支持されるか、抵抗されるかが決まるうえで、知識やみずからのモチベーション、そして感情というものを個人がいかに考え、判断するかということが、むしろ知識以上に重要となりうるのである。

第Ⅱ部

科学に対する否定、疑い、抵抗をめぐる五つの説明

第4章

認知バイアスは推論にどのように影響するのか？

「遺伝子組み換え食品が健康に及ぼす影響について、組合員に教育する必要がある」と、マークは月例会議で食品協同組合の役員たちに言った。「組合員たちは、遺伝子組み換え食品の販売を禁止するよう、私たちに迫ってきた。もしそのとおりになれば、彼らは喜ぶだろう。遺伝子組み換え食品がなぜ健康を害するのか、すべての組合員に知ってもらうのが私たちの仕事である」。役員会は、マークが生協の回報にコラム記事を書くことに同意した。会議に出席した他のメンバーと同様、彼が遺伝子組み換え食品に反対の立場をとるのは、遺伝子組み換え種子の特許を有する少数の大企業によって、種子の供給が支配されてしまうことを懸念しているためである。マークは、地方の農家がどのような影響を受けるのか、彼らは今後、自分たちの種子の保存ができなくなるのではないか、そして、遺伝子組み換え種子に割高な価格を支払うことになるのではないかという点を憂慮している。また、環境リスクや生物多様性の損失、そして農薬のターゲットではない昆虫が受けてしまう影響についても懸念している。彼は、遺伝子組み換え食品が、人体にとってよいものであるはずがないと考えている。これは、生協での遺伝子組み換え食品の販売に反対する人から聞いた話とも一致している。彼らは、遺伝子組み換え食品が肥満を増加させること、人間のＤＮＡを変化させること、自閉症を引き起こすこと、がんを誘発すること、そしてアレルギー反応を引き起こすことを憂慮している。あとは、食品協同組合の使命として、事実を確認し、組合員への教育を行うだけである。

遺伝子組み換え食品の健康への悪影響に関する情報を探すために、まずはみずからの考えを支持する情報が得られるような検索語（「遺伝子組み換え食品は健康に悪い？」など）を用いて、その正しさを確認した。記事を書くための十分な知識を得るために、さらに調べを進めたところ、健康への悪影響が科学者によって疑問視されていることを知り、驚くとともに、不快感を覚えた。また、βカロテンを合成し、発展途上国における失明を予防できる、遺伝子が組み換えられた「ゴールデンライス」という品種の存在も知った。さらに、組合員が懸念する健康への悪影響は、遺伝子組み換え食品ではなく、農薬に起因するものもあるようだと知った。彼は、自分が想像していたよりも、問題ははるかに複雑であること、そして欧州連合（ＥＵ）を含むさまざまな政府機関が、時間とともにその立場を変えてきたことを知った。当初ＥＵは、遺伝子組み換え食品を禁止していたが、後に決定を各国に委ねるようになったのである。アメリカ政府は、遺伝子組み換え食品に関する表示を支持しているようであるが、消費者はこの表示をどのように利用すればよいのかと、彼は考えた。

マークは、彼が目にした科学に関する情報を、どのように評価するだろうか？　自分の信念に合致する情報を選択的にピックアップしたり、批判的な検討を怠ったりしてしまうのだろうか？　遺伝子組み換え食品のような、科学をめぐる複雑な社会問題への客観的かつバイアスのない視点は、いかなる心理的プロセスによって妨げられるのか？　そうした心理的プロセスは、意識の背後でどのように作用するのか？　推論システムの誤りを低減させる方法を、どうすれば一人ひとりが身につけられるのだろうか？

自分自身の思考を理解する

誰もが、自分は理性的に行動し、慎重かつ思慮深く考え、信頼に足る優れた判断ができる人物であると思いたいものである。たいていの場合、異なる立場の意見を考慮し、十分な情報に基づいた決定ができると思い込んでいるのではないだろうか。実際のところは、このテーマについて心理学者のダン・アリエリーが書いた本のタイトルが示すように、私たちは「予想どおりに不合理」なのである。[1]私たちは誰もが、自動的で反射的な思考を行い、楽な道を選んで精神的な労力を節約している。自分は物事を注意深く考える人間であると、主観的なイメージをもっているかもしれないが、実際には物事を即断即決したり、何も判断していなかったりすることが多い。さらに、多くのバイアスが、熟慮的で慎重な思考を妨げたり、押しのけてしまったりする。そのため、科学的に正しい説明であっても、直感的な思考がその受け入れを妨げてしまうこともある。私たちの心はどのように働くのか、またバイアスはどのように作用するのかを深く理解することで、一人ひとりが誤った推論に陥りにくく、またより理性的になり、さらには他者の思考の問題により気づけるようになる。心理的プロセスに組み込まれた限界を理解することで、より効果的に他者に情報を伝えられるようになることも可能である。

速い思考と遅い思考――システム1とシステム2

心理学者は、経験的な側面と分析的な側面という二つのプロセスによって、人間の脳を説明してきた。[2]ノーベル賞を受賞した社会心理学者のダニエル・カーネマンは、迅速に反応し、経験や感情に基づいて即時的・直感的な判断を下す、脳のより原始的な部位を「システム１」と呼んでいる。[3]多くの場合、まずは決断や信念から始まり、その後、自分の考えを説明するようなストーリーが浮かんでくる。つまり、結論が先に来て、後からそれが正当化されるのである[4]（たとえば、システム１は「パンデミックのせいで自分のビジネスが閉鎖に追い込まれるのはごめんだ。それに、新型コロナはインフルエンザと同じようなもので、隣の人は感染してもたいしたことなかったと聞いた」と考えるかもしれない）。より分析的・熟慮的で慎重なシステム２、つまり論理的でゆっくりとした、より思慮深い思考を働かせるには、認知的な努力を要する（「でも、医学の専門家が書いた記事を読んだり、いろいろなデータを見たりすると、インフルエンザよりも深刻で、致命的なものだということがわかる。だから、予防策を講じて、しばらくの間は、通常のビジネスができないことも受け入れなければならないな」）。二つのプロセスでは単純すぎるという批判もあるが、[5]このモデルによって、意思決定における直感的なアプローチと、それを押しのけるために必要な努力が表現されている。

社会心理学者のスーザン・フィスクとシェリー・テイラーが「認知的倹約家」と表現してきたように、脳は、受け取った膨大な情報に対して、エネルギー効率のよい方法で反応する。[6] それにより、人間はできるだけ速く、そしてシンプルに考える、つまり心理的なショートカットをしばしば行うのである。こうしたプロセスは、祖先が暮らしていたサバンナという環境において、電光石火の意思決定が捕食者から逃げることを可能にさせ、生存率を高めることにつながっていたという、進化的な起源がある。迅速で、倹約的で、自動的な反応は、いまなお認知的なエネルギーの節約につながっている。一日の中のあらゆる意思決定を、注意深く、熟慮して行うことに費やしたい人などいないだろう。しかし、システム1のメカニズムは、現代人の複雑な生活、とくに科学の理解や科学をめぐる複雑な社会問題の意思決定には、きわめて不十分である。拙速な判断は、直感的・感情的には正しいと感じるものであっても、多くの場合、大きく間違った選択を個人にさせ、それが固定観念や偏見に満ちた思考につながってしまうのである。

システム1の使用をデフォルトにすると、システム2からの抑制と均衡の働きかけがなければ、他者から操られやすくなってしまう。たとえば、人は感情的に訴えかけられる情報により反応しやすいが、これは政治的なメッセージ、反ワクチン団体による恐怖扇動、そして意思決定や行動に影響を与えようとする説得的な試みのベースとなっている。感情を惹起するような事態にさらされたとしても、認知に潜む隠れた危険の兆候を察知し、落ち着いてシステム2に備わった理性を呼び出すことも可能である。

システム2の思考は時間も労力も要するため、それを一貫して使い続けるのは疲れるし、また非効率的でもある。いつゆっくり考えるのか、それをどのように行うのかを学ぶことは、情報に基づく意思決定や科学的思考を行ううえで必要不可欠である。カーネマンが述べているように、「相当な努力なしに達成できることはほとんどない」[7]のである。システム2によって、人は認知の誤りを調べ上げ、それを確認し、関連する証拠をまとめ、分析に取り組み、そして効果的な意思決定と行動に向かうことができる。

システム2を活用したからといって、完全無欠な思考ができるわけではない。いつも良質なデータを扱う機会があるわけでも、賢明な意思決定に必要なすべての資源にアクセスできるわけでもない。システム2は時に、システム1の判断を是認したり、合理化したりすることもある。認知的倹約家であるがゆえに、限られた証拠や偏りのあるデータを受け入れてしまうこともある。科学の理解に向けた効果的な方法の開発には、システム1の衝動をモニタリングすることに加え、その初期の衝動をただ眺めているだけでなく、システム2を働かせるエネルギーを費やそうとする意思が必要なのである。とはいえ、システム1にも利点があることを忘れてはならない。あらゆる熟練したパフォーマンスは、迅速かつ効率的に生じる、自動的な情報処理プロセスに依存している。

一貫性による自信

心の中にある二つのプロセスには、「システム1という意味生成マシーンによって、世界は実際以上に整然としていて、単純で、予測可能で、一貫しているように見えてしまう」[8]という側面もある。遺伝子組み換え作物が健康へ及ぼす悪影響について、マークが生協メンバーへの教育をすることになったとき、彼は自身の信念を、一貫していて筋の通ったものだと思い込んだ。つまり、ある種の論理の飛躍が心の中で起こったのである。たしかに、彼がよく知る遺伝子組み換え作物に関する政治、農業、企業をめぐる批判は、健康問題に関わるものである。そしてそれは、生協の役員たちが信じている、遺伝子組み換え作物は悪者であるという主張の大筋と合致する。

同様に、気候変動の影響やメカニズムを理解していないと、長期的には気温が上昇傾向にあるなかで、局所的には気温の激しい変動、極端な気温の発生が起きやすいことを認識できない。そして「地球温暖化」とは、地球上のすべての場所で一貫して気温が上昇する現象であると思い込んでしまう。こうした思い込みは、論理的には一貫しているものの、根拠がない。また、正しい知識は自分の経験とも矛盾するため、温暖化という考えそのものを否定するようにもなる。二〇一五年二月、気候変動否定論者であり、『最大のでっち上げ——地球温暖化の陰謀はあなたの未来をいかに脅かすか』[9]（*The Greatest Hoax: How the Global Warming Conspiracy Threatens Your Future*）の著者であるジム・インホーフ・アメリカ上院議員は、上院本会議場で雪玉を投げたが、これは気候変動が神話にすぎないことを他の議員に示したかったのだとされている。ワシントンDCが記録的な寒さと雪に見舞われているのに、どうして地球が温暖化していると言えるのだろうか？　地球への深刻な影響がいっそう顕在化し、国の科学報告書が緊急行動を求めた二〇一九年でさえ、アメリカ大統領は「美しい中西部では、冷たい風はマイナス六〇度にも達し、これまでで最も寒い……。地球温暖化よ、どうなっているのだ？　早く戻ってきてくれ、みなあなたを必要としている！」とツイートしていた。このような、個人の経験に対する主観的な自信は、カーネマンが「一貫性による自信」と呼ぶものを表している。貧弱な証拠――二月の雪玉や記録的な寒さ――でさえ、じつにうまいストーリーをつくり上げることができる。しかし、大きな自信に後押しされた信念が、必ずしも真実とは限らない。システム1は、疑念を抑え込むことを好み、また自分に言い聞かせているストーリーに合致した考えを呼び起こす。パンデミックが全米で猛威を振るうなか、一部の人々は、文字どおり墓場までウイルスの存在を否定し続け、ウイルスはでっち上げであると確信し、死に際でさえ、何か他のものに感染しているに違いないと主張した。

自分が大切にしている信念にまったく根拠がなくても、信頼している人たちが同じ信念をもっていれば、それで十分だと思うことさえある。愛する人、信頼する人の考えを信じることは、一貫性の一つの形である。進化論に関する信念について、私たちが大学生を対象に行っている調査では、これまで教えられてきた宗教の教えや家族の信念と一致するという理由で、進化論よりも創造論を好む学生がいる。一貫性を期待する学生にとって、進化論の科学的な説明を行う大学の授業は、理解し難いものであるだろう。こうした教育上の問題の複雑さを解消し、科学的な証拠を認め、価値をおけるようになるうえで、学生はサポートを必要としているのである。

直感的な思考――人々は科学的盲目なのか？

一貫性を要することで、科学的な現象に対する直感的な信念が強められる。多くの人は、どれだけ間違っているかはともかく、科学を自分なりに説明をするための理論をかなりの数もっている。次のシナリオについて、答えとその自信の度合いを考えてみよう。

二発の弾丸があり、一発を銃に込め、もう一発は片方の手に持つ。いま、広い野原に立っていて、銃の引き金を引いた瞬間に、手に持っていた弾丸を落としたとする。このとき、どちらの弾丸が先に地面に落ちるだろうか？〔訳注：二つの弾丸の地面からの高さは同じとする〕

認知心理学者のアンドリュー・シュトルマンが『科学的盲目――世界についての直感的な理論はなぜこれほど頻繁に間違えるのか』（*Scienceblind: Why Our Intuitive Theories About the World Are So Often Wrong*）で説明しているように、ほとんどの人は、前方への推進力が放たれた弾丸の方がより長く空中に留まると、誤って答えるだろう。しかし、二つの弾丸には重力という同じ力が作用するため、撃った弾丸はより遠くまで移動するものの、地面には同時に落ちるのである。数十年にわたる心理学研究に裏打ちされているように、こうした誤った推論は、世界がどのように機能しているかについて、人が直感に基づく理論をデフォルトで使用していることに起因する。今回の場合、運動に関する直感的な理論とは、物体は運動方向にかかっている力や推進力によって動き、それは時間とともに減衰していくということ[10]、また発射されたものには力がかかっているという信念である。これに従うと、銃から発射された弾丸が運動を維持するような力は、ただ落下するものにはまったくかからないことになる。

認知レベルでは、直感的な理論は誤った知識や誤情報とは異なるもので、より簡単に修正することができる。ガソリン車にしか乗ったことのない子どもは、新しい車が車庫の中でプラグを差し込まなければならないことを知って、驚くかもしれない。しかし、自動車がどのように走るかに関わる知識は、親が説明することで簡単に修正可能である。これとは対照的に、運動方向にかかる力という考えに基づく誤解は、年齢を問わず世界中でよく見られ、またそうした直感的な理論は、一貫していて変化しにくい。さらに、シュトルマンが示すように、このような根強い素朴理論は、物質、生命、エネルギー、そして気候変動、進化論、大陸移動といった科学的トピックなど、さまざまな分野に存在する。こうした素朴な説明は、世界がどのように機能しているのかに関する、人間にとっての最善の推測である。問題は、それが深く根づいた信念となり、相反する説明に対して心を閉ざすようになってしまうことである。

ほとんどのアメリカ国民は、日々太陽が「昇る」と知覚しているものの、実際には地球が太陽の周りを公転していることを知っている（驚くべきことに、全米科学財団の調査によると、アメリカ国民の二七％がこの質問に対する答えを間違えている）[11]。しかし、なぜ地球には季節があるのかといった、関連する少々複雑な質問について考えるよう求めると、地軸の傾きによる影響ではなく、楕円軌道についての誤った説明を用いる人が多いのではないだろうか（太陽の周りを公転する地球の軌道は、ほぼ円形である）。素朴に浮かぶ考えを変えたり、既有の素朴概念を抑えて科学的態度を保ったりするのは、精神的に相当な努力を要することがこれまでの研究でわかっている。正しい科学的な答えを学んだとしても、それが既有の直感的な理論と矛盾する場合には、答えを出すのが遅くなる。これは、もともとあった信念を完全に捨て去ることの難しさ、そして科学的な考えを優先させる際に不可欠な努力の存在を示唆している。[12] 太陽が昇って見えるように、たとえ実際は真実ではないとわかっていても、主観的な経験が科学的な知見と矛盾するような場合もある。地球は平らであるという考えが、なぜこれほどまでに根強く、突き崩すのが難しいのかも、容易に想像がつくだろう。

科学的な視点が個人の素朴な考えと相反するとき、科学の学習はとくに難しくなり、凝り固まった直感に基づく理論は、ことさら変化を好まなくなる。たとえば、光がまったくない、真っ暗闇の部屋の中に座っている自分を想像してみてほしい。何か見えるだろうか？

映画『自分自身の心』（*A Mind of One's Own*）の「自分の目を信じられるか？」というクリップの中で、ハーバード大学天体物理学センターの研究者たちが、このテーマについてミドルスクールの学生にインタビューしているが、彼らは真っ暗闇でも何かが見えると、誤って確信しているようである。リンゴを前にしてテーブルに座ったカレンは、「でも赤くはならないかな。灰色か、黒に近い色合いになるのでしょう」と言った。実際に部屋を密閉して真っ暗闇にしたところ、五、六分後にはリンゴが見えないことを認め、「私が間違っていたのかな」と笑った。しかし、追いつめられると、自分が経験していることを完全には認めず、誤った考えに固執するようになる。「いずれ目が慣れてくると思う。二年はかかるかもしれないけど」。

直感的な理論は心理現象にも存在し、やはり突き崩すのが難しい。大学の新たな課程で苦労している学生を想像してみてほしい。彼は、自分の「学習スタイル」に合わない講師の教え方が問題だと判断する。こうした状況での、彼のおなじみの説明である。同様の信念は、多くの大学生が抱くものである。第一に、自分には明確な学習スタイルがあると考える。第二に、講師がその学習スタイルに合った教え方をすれば、自分は最大限の学びを得られると考える。こうした信念は、学習者の違いを理解するうえで有用であると、幼稚園から高校までの教師の間でも広く信じられており、特段驚くようなことでもない。しかし、そのような「マッチング」が、必ずしも教育上有益ではないことは、多くの研究で示されている。[13] にもかかわらず、学生はこの信念をもち続け、それが学習の弊害になってしまうことも多い。特定のコースや科目の適切な学習方略を考え出したり、オフィスアワーで教員に助けを求めたりせずに、うまくいかないときは自分以外の何かのせいにしてしまう。学習スタイルをめぐる学生の素朴な信念は、なぜ証拠に裏づけられたものではないのか。心理学者が「反駁的読解[14]」（refutational reading）と呼ぶように、この問いに答えるためには、関連研究を何度も読んで議論を重ねる必要があることを、著者らは学部の教育心理学の授業において気づいた。それでも、学習のメカニズムの理解には直感よりも科学的根拠の方が有用である理由や、根拠のない誤った考えが学習の妨げになることを、彼らには理解してもらう必要があるだろう。[15]

学問分野や概念に関係なく、学習者がもつ理論に働きかけ、それを洗練、深化させるための個別指導をシュトルマンは提唱している。学生は、なぜ自分の理論に欠陥があるのかという説明に加え、当該の現象をめぐる科学的理論が、どのような点で優れているのかを理解する必要がある。[16] しかし、個人がわざわざ時間と労力をかけて、自分自身を省みたり、都合の悪い科学的知見を確認したりすることは、あまりない。フェアに科学的な結論を評価するためには、そうした取り組みが必要である。ある研究では、科学理論と一致する、または一致しない文章について、その正確さの判断を瞬時に行わせた。[17] 時間的なプレッシャーがあるとき、参加者は科学的に不正確な文章よりも、正確な文章の判断をより早く行った。実験を行った研究者らによると、参加者は素早く答えることを求められたとき、既有の素朴な概念に逆戻りしてしまう傾向を抑えるために、余計な段階を経なければならなかったのではないかという。しかし、真実として受け入れていることに対して、私たちはどの程度、瞬時の判断を行っているのだろうか？　振り返って真偽を確かめる時間をとるのは、重要なことなのである。

逸話的な思考と科学的な思考

人間は逸話的に考えるようにできているが、科学的に考えることを学ぶこともできる。システム1とシステム2の話でも見たように、私たちは誰もが、自分や他者のストーリー仕立ての体験談を客観的な分析よりも好む。新たに購入した新車に夢中のお隣さんがいて、同じ車を買おうと決めたとき、より詳細な情報やデータに基づくレビューを読んだとしても、おそらく無視するだろう。あるいは、生徒がいつも宿題をやってこないことに対して、自分が教師にされたことを思い出し、休み時間にその子を教室に閉じ込めるが、そうした罰が行動変容には効果的ではないことを、大学の授業で学んでいるはずの教師もいるかもしれない。さらには、インフルエンザの予防接種を打った一週間後に体調を崩したことで、科学的証拠のある予防接種の効果を認めず、もう二度と予防接種を打たないと心に決めた挙句、あなたもそうするよう説得してくる親族もいるかもしれない。こうした例は枚挙に暇がなく、思考の経験的、逸話的な側面を克服するのがいかに難しいかを物語っている。

直感的思考よりも科学的理論を優先させるには、相当な努力を要する。そして、この世界は、それができるか否かにかかっている。直感よりも科学的な知識を優先できるようにすることは、科学教育の重要な要素である。このタイプの教育は、ただテストで繰り返し知識に触れさせるだけでは不十分であり、科学がどのように行われているのかを理解すること、そして科学者のように考える方法を学ぶことが必要である。

理解の錯覚

気候変動は何が原因であるのか、どれくらい自信をもって理解していると言えるだろうか？　1（まったく自信がない）から5（とても自信がある）で表すと、どれくらいだろうか？　さっそく、少し時間をとって、気候変動のメカニズムを自分自身に説明してみてほしい。思ったより難しかったのではないだろうか？

カリフォルニア大学バークレー校のマイケル・ラニーとデイヴ・クラークは、一連の五つの研究によって、人為的な（人間が原因である）地球温暖化のメカニズムを説明できる人は、たとえ基本的な知識についてであっても、そしてかなりの科学的リテラシーをもつ人であっても、ほとんどいないことを示した[18]。彼らは地球温暖化のメカニズムを「地球は、太陽光の可視光線エネルギーを赤外線エネルギーへと変換させるが、赤外線エネルギーは温室効果ガスに吸収されるため、地球外にはゆっくりと放出される。人間が温室効果ガスを発生させると、地球外への赤外線エネルギーの放出はさらに遅くなり、それが地球の気温上昇をもたらす」と説明している。[19]さて、あなたの説明はどれくらい正しかっただろうか?

気候変動について知っているという自信がなかったとしても、人は自分の理解の深さを誤って判断し、実際よりも自分は知っていると推測してしまう傾向がある。**理解の錯覚**はよくある現象であり、とくに遺伝子組み換え作物や気候変動、幹細胞研究といった、複雑なトピックにおいて生じやすい。自分の説明的知識〔訳注:特定の現象や事象について、その仕組みや因果関係を含めて説明できる知識〕に対する自信は、それがダイヤル錠であれ、冷蔵庫であれ、トイレであれ、[20]もっと複雑なきわめて重要なトピックであれ、実際の当人の理解を上まわることが多い。ほとんどの人は、ただ正確な説明ができないだけでなく、実際に自分がどれだけ理解していないか、自覚できないのである。ラニーとクラークが示したのは、説明的・機械的な知識は科学的な考えを受け入れるうえで重要であり、それは教えることが可能であるということである。他の二つの実験において、気候変動のメカニズムを教えることが、説明深度の錯覚〔訳注:自分の知識や理解の深さを実際以上に見積もってしまう現象〕を低減させ、気候変動を――政治的な立場を超えて――受け入れるようになることを明らかにした。[21]この結果に後押しされ、彼らは、一般の人々が気候変動の機械的な説明を学ぶのに役立つHowGlobalWarmingWorks.orgというサイトを立ち上げた。[22]このサイトでは、一分未満のものから五分以上のよりくわしい内容のものまで、閲覧者がさまざまな動画の中から視聴するものを選ぶことができる。こうした簡単な動画を用いた介入研究により、気候変動を受け入れるようになることも示されている。[23]

気候変動のように、政治色の強いトピックにおける科学的なコンセンサスを受け入れるには、その基本的なメカニズムを理解することが重要である。しかし、あらゆる状況や環境について、すべての科学的な説明を理解することなど、誰にもできない。心理学者のスティーブン・スローマンと認知科学者のフィリップ・ファーンバックが『知ってるつもり――無知の科学』[24]（早川書房）で論じているように、長い時間をかけた人類の発明の精緻さと、多くの自然現象の根底にある複雑な科学的メカニズムを考えると、これは不可能なことである。個人にとって必要なのは、健康や幸福、他者（ワクチンや幹細胞研究など）や地球（気候変動など）にとって重要な場合とはいかなるときか、そして、理解の錯覚を打ち破るために全力を尽くすのはいかなるときかを見極めることである。ある現象のメカニズムを知らないことで、重要な科学的トピックにおける結論を受け入れられなかったり、根拠のない恐怖が生み出されたりしてしまう。説明深度の錯覚は、過激な政治的態度についても説明可能であり、これもまた明確な効果が得られる形で対処可能である。ある研究では、六つの政策（イランへの制裁措置、二酸化炭素の排出量取引制度の確立、単一支払者医療保険制度への移行など）に対する立場を述べさせて、そのうちの一つについて機械的な説明を求めたとき、政策への態度がより穏健になった[25]。

ジェラルド・フォード、ジョージ・W・ブッシュ両氏の国防長官であったドナルド・ラムズフェルドによる次の言葉は、しばしばパロディにされてきた。「既知の知というものがある。何かを知っているということを、知っているのである。また、既知の未知というものがある。何かを知らないということを、知っているのである。しかし、未知の未知というものもある。つまり、何かを知らないということさえ、知らないのである」。知識をめぐるこの考えはユーモラスかもしれないが、何を知らないのかを認識するようになることで、誰もが理解の錯覚に対処できるようになるだろう。一方で、誰でもスマートフォンやパソコンから、必要な情報にすぐにアクセスできるようになったことが、問題をさらに複雑にしている。いつでも調べられるのであれば、実際に知っている必要はないと考えることが、理解の錯覚を悪化させている可能性もある。こうした独りよがりな無知は、『ネット・バカ——インターネットがわたしたちの脳にしていること』[26]（青土社）の中で、ニコラス・カーが警告しているような事態を招きかねない。彼が思い描くのは、分析、統合、創造といった、高次の思考機能を実行するには、あまりにも知識が浅い人々である。こうした状況では、個人やより大きなコミュニティが直面する、科学をめぐる複雑な社会問題の解決には、残念ながらつながらないだろう。

確証バイアス

冒頭のエピソードでは、生協の役員会が遺伝子組み換え作物を禁止する決定を下した後、マークはその決定を支持する証拠を探した。私たちは、事前にもっている信念に合致する情報を求めたり、解釈したり、思い出したりするときに、このような**確証バイアス**[27]を働かせる。基本的に人は、正しいと信じている情報に注意を向ける傾向がある。このような心的傾向を防ぎ、新たな視点にオープンな態度をとり、そして自分が知っている、あるいは真実だと思いたいことに反する情報を適正に評価するためには、細心の注意を払う必要がある。信じていることを支持する情報を受け入れ、反する情報を無視するのはじつに簡単である。また、インターネット時代における最近のフィルター・バブル

（アルゴリズムによる既存の世界観に合う情報の提供）の存在により、個人がよほど意識しなければ、先入観に疑問を投げかけるような情報には、目もくれないかもしれない。

また、人間は他者の思考の誤りよりも、自分の思考の誤りに気づきづらい。これは、認知科学者のヒューゴ・メルシエが「マイサイド・バイアス」[28]と呼ぶ現象の別の形である。メルシエらのある実験では、学生たちは、自身の主張を批評するときよりも、他者の主張を批評するときの方が、より厳格になることがわかった。また、他者の主張であると聞かされているものが、じつはその前に別の研究で、参加者自身が行った主張であるという面白い実験も行われている。自分の主張であると気づかなかった参加者は、その主張をより棄却する傾向が見られた。これは、メルシエらが「選択的怠惰」と見なすものの、もう一つの例である。メルシエとダン・スパーバーは、自分の立場に対するバイアスは、有史以前の時代においては役に立ってきたかもしれないが、現代では環境の変化があまりにも早すぎて、もはや役には立たないのではないかと、進化論的な観点から指摘している。[29]

さらに、確証バイアスは感情からの影響も受ける。強い感情を経験しているときに生まれた信念は、反証に対してより強い抵抗を示す。これは、行動心理学者のポール・スロヴィックが「感情ヒューリスティック」[30]と呼ぶものである。たとえば、強盗から身を守ることに強い恐怖を感じ、ベッドの脇に銃を置いている人は、銃規制について議論するときにその恐怖が呼び起こされるだろう。こうした人たちは、実際には真逆の証拠があるにもかかわらず、家に銃がある方が安全であると誤って思い込んでしまう。その誤りを示す多くの研究を受け入れ難いのは、銃規制に対する感情反応のせいだろう。二〇一四年に *Annals of Internal Medicine* に掲載された、既存の研究をレビューした論文では、（たとえ適切に保管されていても）銃の所持は家庭内暴力のリスクを増大させることが示されている。[31]

利用可能性ヒューリスティック

適切な思考を妨げる推論の誤りは、他にも存在する。たとえば、私たちは誰もが、最も利用しやすく、また自分に関連のある情報にアクセスする傾向があるという、「**利用可能性ヒューリスティック**」に陥りやすい。飛行機事故のような大々的に報道される出来事は、それが起こる確率を実際よりも高く感じさせる。こうした思考の近道は、信念の基礎となっているような、すぐに思い出せる情報に個人の注意を向けさせる。人は、容易にアクセスできる情報に過度な信用をおき、そしてその確率を過大に見積もる。そのため、自分が経験してきた天候は、気候変動に対する考えに影響を及ぼしうるのである。また、利用可能性ヒューリスティックにより、特定の思想を植えつけようとする人たちや、誤った情報からの影響を受けやすくなる。地球温暖化に反する証拠として、インホーフ上院議員がワシントンで雪玉を見せたことは、こうした例がいかに記憶に残りやすいかを示している。世界的なパンデミック禍において、保健当局の勧告がありながらも、政治的なリーダーたちはマスクを着用しなかったが、多くの人々はこれを、マスク着用が不要であることの証拠として記憶してしまった。

思考の性向

本章のここまでの節で示した例に対して、時間をとって自分自身で取り組んでみただろうか？　それともその部分を読み飛ばしただろうか？　自分自身の考えや信念に興味をもっただろうか？　それを理解するための努力をしただろうか？　認知バイアスとヒューリスティックに加え、心理学者のキース・スタノヴィッチが「思考の性向」（thinking dispositions）と呼ぶものが、私たちには備わっている。こうした性向は、合理的な思考への取り組み、認知的なエネルギーの使用、自分自身の信念への疑義、そしてオープンな態度を伴う活動に影響を与える。教育者が批判的思考について話すとき、しばしばこの柔軟なプロセスに言及する。このプロセスは、事前の信念に汚染されることなく、主張や証拠の吟味を行うことも含まれる[32]。

かりに主人公のマークが、遺伝子組み換え食品が健康に悪影響を及ぼすかを調査した後、理事たちが信じていることと矛盾する、よく整理された豊富な情報をもって生協の役員会に戻ってきたとしよう。役員会のメンバーはどのような反応をするだろうか？　思考の性向の個人差により、じつにさまざまな反応が出てくることを、マークは覚悟しておいた方がよいかもしれない。理事たちは反論に躍起になるだろうか、それとも新たな証拠と自分の信念を比較検討するだろうか？　メンバーはオープンな態度で、異なる意見にも耳を傾けようとするだろうか？　スタノヴィッチとリチャード・ウェスト[33]は、「自分の信念に反する証拠をつねに考慮に入れるべきである」「正しいとわかっていることについては、誰も私を説得できない」といった項目への賛否を尋ねることで、彼らが「積極的なオープンマインド思考」と呼ぶ概念について検討した。真実を価値あるものと考え、真実に近づくためならみずからの信念を変えることをも厭わない人は、マークの発見に耳を傾けるだろう。こうした人は、自分の信念の内に正確さを求め、新たな情報にオープンであるための認知的な柔軟性をもつ傾向にある。上記の項目を使うことで、自分がデータ駆動型と信念駆動型のどちらで推論を行う傾向があるのか、調べることが可能である。[34]

思考におけるもう一つの個人差は、**認知欲求**、つまり努力を要する認知活動を好むかどうかである。[35] 認知欲求は、「やや重要だが、あまり頭を働かせる必要のない仕事よりも、知的で難しく、重要な仕事を好む」といった項目で測定される。大学の教員をやっていると、学部レベルでも大学院レベルでも、この認知欲求の個人差は学生の中に広く存在するように見える。一方の学生は、授業のトピックについて単純で表面的な情報を得るだけで満足し、さっさと次に進んでいく。もう一方の学生は、深く掘り下げ、与えたリスト以外の文献を読み、オフィスアワーに来て難しい質問をし、複雑な情報を理解できるよう努力するなど、期待以上の取り組みを見せる。こうした困難な認知的努力を厭わない学生の入学は、私たちにとっても喜ばしいものであるが、彼らのそうした知的好奇心を刺激し、可能な範囲でモデルとなって、より深い学びを促す心の習慣を育むよう努めることも、私たちの仕事である。科学の理解とのつながりもはっきりしている。認知欲求の高さは、熟慮的な思考や、労力を惜しまない、質の高い証拠の評価と関連する。逆に、認知欲求の低さは、循環論法に陥った（証明されようとしていることが仮定されてしまっている）科学的な説明に気づきづらいことが示されているなど、あまりよいことがない。[36]

私たちができることは？

対立するさまざまな主張の中で、マークはどのようにして自分の道を見つけ、遺伝子組み換え作物の安全性をめぐる科学を理解できるようになるのだろうか？　どのように自分自身のバイアスを克服すればよいのか？　科学の複雑さや精緻さを役員たちが受け入れ、真摯に耳を傾けてもらうにはどうすればよいのか？　当初の信念を超えて、遺伝子組み換え作物の理解に開かれた態度をもってもらうために、組合員に対してどのような記事を書けばよいのか？　組合員を啓発するために、どのような科学コミュニケーションの戦略を用いればよいのか？　何より重要なのは、自分がすでに信じていることに流されやすいことを理解したうえで、私たち一人ひとりが何をすべきかということである。教育者には何ができるのか？　簡単な答えはないが、いくつかのヒントは存在する。

個人ができること

複雑な科学的トピックを解釈する際には、システム２の思考を働かせ、自分自身のバイアスやヒューリスティックに自覚的になることが最も重要である。

ゆっくりと、思慮深く、そして情報に基づいた反応をするよう訓練する：カーネマンが指摘するように、システム1の自動処理は、それがあてにならないときでも警告はしてくれず、また教育してそれができるようになるものでもない。[37] システム1のエラーを防ぐ最良の方法は、認知の誤りを犯す危険の中にみずからがいることを認識し、システム2の助けを求めることである。意味や複雑性をめぐる科学的な（あるいは他の）問題に対して、あらかじめプログラムされた思考に盲従してしまっていると気づいたら、いったん引き下がろう。そして、他の可能性を考慮しよう。分析的な思考を働かせ、証拠を探して吟味するための時間をとり、他の結論にオープンでいよう。さらに、自分にとって重要なトピックの場合は、こうしたステップを飛ばしていないか、自分自身で確認してみよう。

確証バイアスに注意、とくにオンライン検索中はひとたび注意を向ければ容易に気づくことが可能：もしすでに（健康問題、政治的関心事、論争中の科学的問題などについて）答えを知っていると思っているときに、ネット上に自分と同じ回答があるのを見つけたら、検索をやめてしまうのではないだろうか？　その衝動をチェックし、深く掘り下げ、情報源を考慮し、そして信頼できる情報源からの証拠を探し出そう。

他者との議論では、オープンな態度で接するよう心がける、そして相手の考えとその理由を学ぶことは、必ずしもその信念を受け入れるわけではないことを忘れないように：科学的な情報は、明瞭な語りと実証的な裏づけによって伝えることができる。たとえば、マークは同僚から遺伝子組み換え作物に対する懸念を聞き、口頭と出版物の両方で反論を行い、そして理事会が資料を読み、その情報源を評価する時間をとった後に、再度会議の開催を提案することができる。理事たちの懸念を聞き、彼らが有する信念を解きほぐし、一貫性に起因する自信からの脱却を手助けすることができる。一連の四つの研究が示すように、基本的な遺伝子組み換え技術の背後にある科学を学ぶことで、遺伝子組み換え作物を使った食べ物への態度が肯定的になり、またそれを口にすることのリスクを低く感じるようになった[38]。著者のゲイルらの研究によると、遺伝子組み換え作物に関する科学的な見解を有するようになると、そこから生じるポジティブ感情により、ポジティブな態度の形成がいっそう促されるという[39]。生協の理事らは、遺伝子組み換え作物が農業へ与えるインパクトをめぐって、もっともな反論を押し通してくるかもしれないが、それを食べることによる健康上のリスクについても、さらに情報を要求してくるかもしれない。

教育者ができること

あなたが教育者であるならば、直感的な反応を疑うために、またより深い科学の理解に向けて努力するために、科学的な思考に勤しむよう生徒に促すことができる。

実践の機会を与え、また好奇心と開かれた心を育むことで、生徒がより深く、分析的に考えられる思考の性向を育成する：当該の現象について生徒に説明させることで、彼らが理解の錯覚に陥らないようにする。その後、科学的な知見と矛盾しない、一貫性があり信頼できる説明を一緒に考えよう。シュトルマンは、直感的な理論が科学的な理論へと置き換わるために、生徒はただ科学的な事実を学ぶだけでなく、科学者のように考える必要があることを指摘している。彼は、科学をたんなる解決策の寄せ集めとしてではなく、推論の方法として導入することを提案している。[40]

生徒が自分の仮定・直感・事前知識を問い質すような、科学に関する課題の作成を検討する：知っていると思い込んでいることから、当初の理解と反することもある、より深く豊かな理解へと橋渡しをする手助けをしよう。そして、証拠を評価する実践の機会を与える。信じていることを確かめたいという欲求に気づけるようサポートしよう。生徒がつねに落ち着いて思考し、慎重で、分析的な推論をしてくれると期待するのは無理がある（それが望ましいとも限らない）。しかし、そうした思考や推論が必要となる場面に気づけるよう、状況に応じた自己コントロールに関する知識を身につけさせよう。

自分自身の推論の誤りを認識する術を学ぶために、他者の思考や主張の論理的な誤りを見抜く実践の場を与える：感情によって判断がいかに損なわれうるかを認識させよう。本章で示した思考の欠点を理解するための豊富な例を提供し、生徒自身の思考の誤りのパターンと、それを正すための方法を見出すよう促していく。こうした試みは、生徒のやる気と積極的な取り組みという、教育上の重要な要素なしには成功しえないだろう。

結　論

バイアス、ヒューリスティック、思考の盲点、そしてシステム1の拙速な反応に気づくことが、情報の評価をより慎重に行うための、また他者からの誤った結論に対抗するための第一歩である。それを可能とするためのトレーニングは、充実した科学教育とあわせて、教育の一環として行われる必要がある。

第5章

人は知識や知るということをどのように考えるのか？

大学での最初の学期に生物学入門を履修することに、科学専攻のアレックスはわくわくしていた。人里離れた州の片田舎に住む近しい親族や教会のコミュニティは、アレックスが高校でいかに優秀であったかを誇りに思っている。故郷から遠く離れていながらも、奨学金を得て、名門大学で優秀学生プログラムに参加できるほど、彼の成績は優れていた。卒業パーティで、田舎出身の彼がこれから直面する価値観の違いについて、いじられたり警告されたりした。「自分の出身地をお忘れなく」と諭されたりもした。家族とは深く、永続的に価値観を共有していると思っていたため、とくに気にも留めなかった。

大学に入学してから、誰もが自分と同じようには考えていないこと、誰もが信心深いわけではないことに、驚きはしなかった。授業では、教授たちの知識の深さ、説明のわかりやすさに感心していた。彼らに触発され、科学者か医師になる姿を思い描いていた。そして、彼はダーウィン、進化論、抗生物質耐性菌の発生についての生物学入門の講義に出席した。進化論の基本原則は、彼が学んできたこと、また彼の牧師が言っていた、現在の姿をした人間を含め、すべての生物は神がつくり上げたという話とも矛盾する。

最初の試験に向けて勉強し、よい成績を収めたいと思っているアレックスは、教科書を注意深く見直し、ノートにも目を通して、彼自身は信じていなくても、教授が正しいと判断するような回答を準備した。自分が正しいと思っていることと対峙し、宗教と科学、家族と科学教育者といった、相容れないもの同士に何とか折り合いをつけようとした。

一一月中旬に著者のバーバラからのインタビューで、進化論について聞かれたとき、アレックスは顔を紅潮させ、言葉に詰まっていた。いまは進化論の科学的な観点について理解しているが、教会で教えられた創造論者としての信念を捨てることの意味については、不安を感じているという。感謝祭のときに実家に帰り、牧師や家族と再会することの不安を痛切に語った。「もし進化論を信じたら、私は何者になるのだろう?」。豊富な証拠に基づく科学的な理論を受け入れていると知ったら、彼らはぞっとするのではないかと、アレックスは心配している。また、薬剤耐性をもつバクテリアの進化を認めないことが、医師としていかにばかげているかも理解している。彼が理解するには時間がかかるかもしれないが、信仰心の強い多くの人でも、聖書の文字どおりの教えとは相反する科学的事実を受け入れているのである。彼が学んできたことを受け入れ、それを自分の中に取り入れることで、高校時代に彼を導いていた絶対主義や二元論的な思考を乗り越え、曖昧さ、証拠に基づく科学的なアプローチ、そして知識や知ることについての、より複雑な考え方を受け入れられるようになるだろう。

新たな情報、相反する考え、事実とされるもの、他者の主張などに日常で接するとき、私たちは誰を信じ、何を真実として受け入れるかを決めなければならない。個人的な健康問題や、子育てのジレンマを解決する方法、選挙における争点の賛否などについてネットで検索するとき、私たちは、他者が知っていると主張することを参考にする。つねに意識しているかはさておき、私たちはそれぞれ、知識とは何か、何を信用し、妥当なものとして受け入れるのか、信頼できる情報源として誰を信用するのか、そして、知るということをどのように考えるのか、などについての信念を有している。また、科学的知識に特化した信念ももっている。

科学者が言うことは信用できるのか？　最良の情報源とは何か？　自分が読んでいるものを本当に理解しているだろうか？　どこかで読んだ、誰かが言ったという理由だけで、それが真実だと受け入れてよいのだろうか？　友人や家族が専門家と食い違う考えをもっていたらどうすればよいのか？専門家同士の意見が食い違っている場合は？　これらは、知識や知るということについての考えや推論、あるいは心理学者が「認識的認知」[1]（epistemic cognition）と呼ぶものに関わる問いである。こうしたプロセスは、科学に対する否定、疑い、そして懐疑に関わる問題を説明するうえで役立ち、また教育システムや世間一般における科学の問題に取り組むための、一つの基盤となる。

「エピステミック」（epistemic）とは、ギリシャ語で知識にあたる「エピステーメー」（*episteme*）に由来し、「認知」とは、思考を含む心理的なプロセスを指す。あるトピックについて、何が真実かをめぐる論争を解決しようとするときや、自分の知っていることを正当化するとき、そしてある知識の情報源を評価するとき、私たちは認識的認知を行う。認識的認知は、歴史、科学、数学などのさまざまな学問分野が、何を知識と見なしているのか、当該領域の中で知識がどのように発展していくのか、これらの理解をも含むものである。[2] たとえば、個人は何かを知ることの手段として、教育者のジョシュ・ビーチが述べるように、科学者によって「知識がどのように構築、評価、議論、普及され、そして使用されるのか」という科学の基本的な前提を理解しておく必要がある。[3] これを欠くことで、科学的知識の受け入れが妨げられてしまうのである。

認識的認知は、生徒の学習方法だけでなく、ネットでの情報検索、ソーシャルメディアで読んだもののの評価、科学的知識の解釈や応用、議論や意見の相違に対する向き合い方などに影響するという点で、重要である。また、認識的認知は、集団や社会的なレベルにおいても重要である。教養ある市民層は、対立する意見の評価、証拠の活用、一貫した議論を展開する能力をみずからの拠り所とする。こうした認知発達の側面に影響を与え、生産的・適応的で柔軟性のある思考を生徒に身につけさせる力が、教育者にはあるのだ。

認識的認知の発達

知識や何かを知るということ――つまり認識的認知――に関する考えは、時間をかけて、パターン化された形で発達していく。この過程は、三つの段階的な世界観に基づく発達モデルを想定するとわかりやすい[4]。大学の寮で夜遅くに交わされた会話を想像してみよう。試験に向けて勉強している学生が、同じクラスの学生たちと進化論について話し合っている：

ジェイ：進化論について教えられていることに、どうしても納得ができないんだ。牧師も両親も聖書も、人間は人間として創造されたと言っているし、ずっとそれを信じてきた。授業で聞いていることが間違っているに違いないよ。

リック：しかしジェイ、人には自分の意見をもつ権利があるんだよ！　進化論を信じる人もいれば、信じない人もいる。誰もが自分で決める権利があるんだ。

エミリー：みんな、進化論には科学的な証拠があるんだよ！　それも荒唐無稽なものではなくて、科学者が慎重に研究してきたもので、そこでの理論は支持されている。どうしてそう言えるのか、説明するよ。

この単純な対話で示されているのは、何かを理解することに関する三つの異なる方法であり、研究者らは発達段階を特徴づけるものとして見なしている。すなわち、絶対的な言葉で考える**絶対主義**（ジェイ）、複数の視点を等しく妥当なものとして受け入れる**多元主義**（リック）、自分の見解を評価し、実証しようとする**評価主義**（エミリー）である。

絶対主義的な形で理解する人は、白か黒かの二元論的、二項対立的な言葉で考える傾向がある。知識は疑いなく客観的で、確実、そして正しいものであり、権威的な存在からそのまま受け継がれたものと見なされる。[5] こうした視点で知識を捉える生徒は、知識を事実の集合と見なし、教師や他の権威者に対して、知るべきものをすべて知っているよう期待する。また、学びを暗記と復唱の作業として見なす。[6] 彼らにはグレーゾーンがなく、解釈や主観というものの役割も存在しない。こうした二元論的な思考が、大人になるまで続く人もいる。彼らは確実なものを求め、絶対的な権力を信頼し、曖昧さを嫌う。たとえば、科学否定論者は、事実とは確信をもって知られているものか、たんに十分な議論が存在しないもののどちらかだという、二分法的な思考に陥っていると言われている。[7] 彼らは、高名な権威に頼ることもあるが、その人物の専門性や主張の根幹にある証拠を精査することはしない。曖昧さを嫌い、その多くは思春期に脱する絶対主義の段階に閉じこもっているのかもしれない。現代におけるそうした例は、枚挙に暇がない。

　絶対主義的な思考が崩れ始めるのは、同じトピックについて異なる視点が存在しうること、知識はそのまま受け継がれるのではなく、知る人によって構築されるものであること、そしてすべてを完全な確信をもって知ることはできないこと、これらを個人が認識するときである。これにより、知識とは解釈や主張を基盤とした主観的なものであり、根本的に不確実なものだという、**多元主義**的な世界観が生まれうる。そこでは、すべての主張は等しく妥当であり、各人はそれぞれが望むことを考える権利があり、対立する考えを評価する方法は存在しない。たとえば、大学生の進化論についての考えを対象としたバーバラの研究によると、多元主義的に考える人は、進化論の科学的なコンセンサスを受け入れる傾向が評価主義的に考える人に比べて低かった。また、彼らは進化論とインテリジェント・デザイン（知的な創造者が生命の誕生を導いたという検証不可能な考え）の両方を科学の授業で教えることに対して、より支持する傾向があった。そうした支持を表明する際に使われる言葉は、ある種の「信念」であることが多く、「複数の説があるならば、いずれも教えるべきだ。利用可能なあらゆる情報を示して、何を信じるかを生徒自身に決めさせる方がよい」[8]という、ある学生の理屈に表れている。

三つ目の段階は**評価主義**であり、この思考様式に到達できる人はかなり少ない。主観と客観の調和を学び、種々の問題には多様な視点が存在することを認識しつつ、ある見解が他のものよりも妥当であると判断することが可能である。知識は状況に依存し、文脈に左右されるものであり、権威を評価したり、事実をめぐって対立する意見を評価したりする際の基準が、自分の中に存在する。何が真実かを判断するにあたり、証拠が重要な役割を果たすと考える。こうした思考の習慣は、科学の理解の向上につながる。一六歳の気候活動家であるグレタ・トゥーンベリは、二〇一九年の気候ストライキの後、ツイッターに「私のいわゆる〝主張〟に疑問をもつ人たちに、もう一度、昨年リリースされたSR1・5IPCC報告書の第二章、一〇八ページを示したい。そこには、二酸化炭素削減に向けた予算が急速に減っていることが書かれている。これは主張でも政治的な意見でもない。現在利用できる最良の科学である」と投稿した。評価主義では、専門知識もただ一方的に受け入れられるわけではなく、評価されるものとなる。個人は、たしかな信頼を専門知識の内に求める。この段階への到達には、教育経験も関連する。そしてそれは、フォーマル・インフォーマル両方の学習文脈の中で育まれる力である。[9]以上三つの世界観の中では、主観性と客観性、知識の確実性と単純性、知識の情報源、そして知識の正当化といった概念が徐々に発達していき、[10]各段階で変容、再形成される。

認識的認知をより高いレベルで発揮するためには、認知能力の発達と教育が重要であるが、社会的な影響もまた、知識に関する個人の世界観に作用する可能性がある。「ポスト真実《トゥルース》」（post-truth）時代[11]と言われる現代は、絶対主義的な思考のもち主にとっては天国のような時代だろう。なぜなら、お気に入りの権威が言っているというだけで、それに反するあらゆる証拠があるにもかかわらず、気候変動のような科学的事実を盲目的に拒絶することができるからである。彼らは、二分法的な現実の見方について、新たな基準を与えられてきた。「事実はもはや、正しいか正しくないかではない。好みに合わないものは真実ではないが、そうでない限り、あらゆるものは真実である[12]」と。

ポスト真実のメッセージは、主として多元的な知識観を助長するが、そこでは何が真実であるかに関するあらゆる主張は、たんなる意見にすぎなくなる。そのため、そもそも人は何かを本当に知ることなどできないのではないかと思ってしまう。事実が感情、個人的な信念、そして政治的な見解に従属するとき[13]、多元的思考が助長される。トム・ニコルズは『専門知は、もういらないのか』（みすず書房）の中で、この問題を端的に描き出している。「新たな独立宣言だ。もはや**一部の**真理のみを自明のものとするのではなく、**あらゆる**真理を自明のものとするのである。たとえ真実ではないものがあったとしてもだ。すべての事物は知りうるものであり、またあらゆる主題に対するいかなる意見も、他のあらゆる意見と等しく素晴らしいものなのだ[14]」。

複数の視点を受け入れる世界観が定着すると、それが個人の権利の一側面として主張され、たとえ根拠が乏しくても、自分の信念をもつ権利があるのだと主張されるようになる。このスタンスは、相対主義と寛容の混同を含むこともある。バーバラの研究では、他者の多様な信念を受け入れるあまり、過度に物事を一般化するようになり、強力な経験的証拠が存在する問題についても、無視を決め込むようになってしまったお人好しの学生にインタビューをしている。公然とした意見の相違を他者への攻撃と見なす学生の場合、高等教育の中核的スキルとされるもの――論証、反論、主張を支持する重要な証拠の集約――は、避けられてしまうかもしれない。極度の相対主義は、知的ニヒリズム、真理や事実を確かめることへの空虚感、そして、真実自体が存在しないのであれば、わざわざ情報を吟味する必要などないという感覚につながる可能性がある。残念ながら、これが気候変動やワクチンの安全性、その他あらゆるトピックについて、疑わしい科学的な知見を求める者たちの策略に利用されてしまうのである。ダニエル・モイニハンの言葉が広く引用されているように、「誰もが自分の意見を有してよいが、勝手に自分でつくった事実を有してはならない」のである。

誤った等価関係による多元的思考の助長――バイアスとしてのバランス

気候変動の人為的な影響のように、科学コミュニティの中では論争にもなっていない問題を、報道が過度に「両論併記」することでも多元主義は助長される。科学研究によってすでに結論が出ているトピックを、メディアが「バランスのとれた」形で報道しようとするとき、こうしたいわば誤った等価関係によって、事実と既存の証拠の理解が妨げられる。ジャーナリストたちは、読者を獲得する手段として、あるいは読者の関心をひくための修辞技法として、論争をでっちあげ、記事に面白味を出したいのかもしれない。しかし、科学的なコンセンサスが存在しているトピックにおいて、こうした行為は知的に無責任なものであり、「バランスのとれた」アプローチは、人々の理解や判断を不当に曇らせることになる。二〇一一年に、BBCの科学報道をめぐって独立に行われた検証により、この問題への関心が高まった。この検証では、気候変動、遺伝子組み換え作物、ワクチンなどについて、同局が不当にバランスをとる慣行が議論を生み出し、実際以上に論争が活発であるかのような印象を与えていると結論づけている。[15] 二〇一二年と二〇一四年には追跡調査が実施され、そして二〇一八年には、BBCはすべての職員に対して覚書を送った。そこでは、人為的な気候変動は存在し、それを報道すべきであることを認め、誤った報道のバランスには注意するよう呼びかけている。「公平性を保つ目的で、先週の土曜日にマンチェスター・ユナイテッドが二対〇で勝ったことを否定する人物が必要ないのと同様、BBCの報道内に気候変動を真っ向から否定する人物を入れる必要はない。レフェリーはそう話してきた」(https://www.thezuardian.com/environment/2018/sep/07/bbc-we-get-climate-change-coverage-wronz-too-often)。BBCのような報道機関も、主流の専門家の意見がどのような点にあるかを示す「証拠で重みづけした」報道を推奨してきたが、少数派の極端な意見が入り込む余地があるとして批判されてきた。

しかし、ジャーナリストたちは、とうの昔に決着のついた科学の問題や、そもそも科学的な議論が存在しないものについてさえ論争をでっちあげようとするため、誤った等価関係の問題は依然として根強く残っている。著者のバーバラが、科学のポッドキャストであるThe Pulseでの配信用に、地球平面論者を取材しているWHYYのレポーターからインタビューを受けたとき、「地球平面論者と地球球体論者」という二つの立場があるかのように問題を描き出そうとすることに、彼女は非常に驚いた。バーバラは、二つの「信念」など存在せず、一方は誤った根拠のない信念であり、もう一方は広く受け入れられている科学的知識であると答えた。両者を同等であるかのように扱うのは、大衆への冒瀆とも言えるが、このコメントはインタビュアーからは不評であった。ジャーナリストは、公平性を保つという目的で「両論併記」することに慣れている（あるいは読者の興味をかき立てる）ために、地球が平面か球体かのような決着済みの話題であっても、対立する信念のセットとして科学を描き出すことに加担してしまう。

科学的な言説からかけ離れて、それが大衆の言説に影響を及ぼすとき、バランスは実際に**バイアスとなる**。アメリカの「一流新聞」（『ニューヨーク・タイムズ』『ロサンゼルス・タイムズ』『ワシントン・ポスト』『ウォール・ストリート・ジャーナル』）の、一九八八年から二〇〇二年までの地球温暖化をめぐる報道を対象とした分析では、とくに科学的な常識とは矛盾する、特定の問題の不確実性に焦点をあてたとき、そうした情報のバイアスがいかに強力であるかを示している。[16] 時には、科学の不確実性を利用・誇張する企業が、[17] 特定の業界に肩入れしたり、科学に否定的な報道機関に加担したりする科学者を雇い、また資金提供することで、人々の心の中に疑念が生み出されることもある。[18] ジャーナリストは、大衆の混乱を招く業界側の主張を報道することで、無知の社会的構築に加担しているのである。[19]

誤った等価関係を伝え、異端ともいえる見解を人目にさらすことの影響は、看過できるものではない。心理学者のデレク・コーラーの実験では、専門家の意見が一致している問題で「バランス」を示そうとすることが、専門家の判断に対する認識をいかに混乱させ、歪めてしまうかを明らかにしている。[20]ある研究では、実験参加者は経済問題に関する専門家の意見の数値要約を渡された。その中には、二酸化炭素排出量を削減するために、炭素税が効果的であるかどうかなど、経済の専門家の大多数が賛同しているものも含まれていた。一方の参加者のグループは、九三人の専門家が賛成、五人がどちらとも言えない、二人が反対という数値要約のみを見た。もう一方のグループは、数値要約を見るだけでなく、賛成の九三人、反対の二人、それぞれの立場の専門家によるコメントも読んだ。これは、気候変動の存在をめぐる気候学者の賛否の比率と近似しているが、多くの報道機関が一人の賛成派と一人の否定派を論戦させることで、否定派に対して割合的により多くの報道の機会を与えていることになる。[21]

なぜこれが問題なのか？　コーラーの研究では、両グループとも数値データを見ていたものの、競合する専門家のコメントにより、参加者はコンセンサスを認識する度合いを低下させていた。また、専門家のコメントを読むことにより、コンセンサスが公共政策の指針として十分かどうかの判断にも影響が及んだ。言い換えれば、たとえあわせて提示されるデータが決定的なものであっても、相反する証言を目にすることで、強く支持されている専門家の判断を受け入れにくくなってしまったのである。コーラーによると、こうした情報の提示は各立場の支持者をイメージさせるが、それによって各立場が多数派か否かに関する判断が歪められるのだという。また、たとえ少数派から支持されているにすぎないとわかっていても、専門家によるもっともらしい主張を割り引いて考えるのは難しいのではないかとも述べている。[22]さらに、専門家が確たる結論を導き、ごくわずかな異論があるようなトピックであっても、反対する専門家の意見を聞くことで、不確かさの感覚が生じてしまうという。

教育者もまた、こうした誤解を助長したり、専門知識の受け入れを阻害したりする一因となりうる。遺伝子組み換え作物の安全性のように、科学に関するさまざまな社会問題の情報を調べなければならない学生を想像してみよう。あるいは、ワクチンの安全性など、関心のある有益なトピックについて、バイアスのない情報を探している個人でもよい。どちらも、全米五〇州と九〇カ国で、教師や学生を含む年間二〇〇〇万人以上にサービスを提供している、ProCon.org にたどり着くだろう。さて、このサイトの形式は何をもたらすのか？　次のいずれかを研究したいと思っている学生を想像してみてほしい。「暴力的なゲームは若者の暴力を助長するのか？」「子どもたちにあらゆるワクチンの接種を義務づけるべきか？」「地球規模の気候変動は、人間の活動がおもな原因であるのか？」「遺伝子組み換え作物を生産していくべきか？」「携帯電話の電磁波は安全なのか？」。このサイトは、高校生のディベート愛好家にとっては夢のようなものだろう。どちらの側に割り当てられたとしても、各トピックで賛成と反対の数がおおむね同じになるのだから。また評価主義的な思考ができていない人が、脚注をクリックして情報源を調べ、サイト外へ飛んでさらに調査を進めた場合、このサイトで取り上げられている多くのテーマは、どれも論争中で未解決のものであり、専門家のコンセンサスが存在しない、ただ多くの意見が寄せられているだけのものと見なしてしまうかもしれない。このサイトを利用する生徒や教師、そして他の大人たちにとって、これはじつにまずいことである。多元的思考がなぜ根強いのか、また批判的な認識的思考（critical epistemic thinking）の向上がなぜ切望されるのかは、こうした視点から説明できる。このサイトや類似したサイトも、証拠の優位性がどこにあるかを示せという BBCの内部通達を取り入れることが有益であるだろう。ただし、コーラーの研究が示すように、気候変動のような決着済みのトピックで賛否のバランスをとる誤った等価関係は、専門家の判断の受け入れを阻害するという点は意識する必要がある。教師はまた、進化論の是非のように、実際には論争など存在しないことが多数の証拠で示されている場合に、「論争を教えよ」と喧伝するあらゆる報道に、疑問を呈さなければならない。

科学的リテラシーと科学の実践

科学とはいかなるもので、どのように行われるのか？　また、科学者を突き動かす基本原理とは何か？　科学者はいかに知識を生み出し、それを検証しているのか？　科学的な主張に対する世間一般の理解の度合いは、科学という営み自体の認識（と誤認）と関連する。科学的リテラシーとは、学問の中核的な考えを知ることや、たんに科学的な事実や発見を学ぶことに留まらない。科学がどのように生み出され、そして検証されるのかという、科学の認識論の理解をも含むものなのである[23]。言い換えれば、生徒は科学者が**何を**知っているかだけでなく、**どのように**それを知るのかを学ぶ必要がある[24]。この点は、全米研究評議会、全米科学教師協会、アメリカ科学振興協会などが協力し、地方の教師の実践に向けて研究ベースの科学教育の基準を作成したＮＧＳＳ[25]によって推進されている。この基準には、教師が扱うべきとされる内容的知識だけではなく、科学という営み、科学の実践、そして何かを知るための方法としての科学を、幼稚園から高校生までの生徒が理解することへの期待も含まれている。

国内におけるこれらの科学教育の基準は、科学者が共有する四つの基本的な前提、つまり科学者の実践を導く基本的な信念と態度について、次のような平易な言葉で表現している。①世界は体系的な研究によって理解可能である、②科学は知識を発見するためのプロセスであり、科学的な考えは変化するものである、③科学者が絶対的な真理という概念を否定し、科学的な考えを修正し続けても、ほとんどの科学的知識はそう簡単には変わらない、④科学的な方法では調べられない事柄もあるため、科学はすべての疑問に完全な答えを提供することはできない。[26]

基本的に、科学的な探究は証拠に依存している。[27] 探究の方法は多岐にわたり、仮説検証や統制実験といった、ほとんどの学校で教わる「科学的方法」をはるかに超えたものであるが、結果の妥当性は、観察結果や経験的証拠次第であるという理解を科学者は共有している。新型コロナのパンデミック初期の数カ月間、ウイルスによる病気の治療法が政治的リーダーや他者によって広められてしまったことから、この点の重要性を多くのニュース読者は繰り返し思い知らされた。マラリアや全身性エリテマトーデスの治療に用いられるヒドロキシクロロキンが「ゲーム・チェンジャー」としてもてはやされたが、新型コロナ感染症の治療薬としては限られた試験しか行われておらず、深刻な副作用の可能性もあったため、推奨前にさらなる研究が必要であることが示唆された。こうした治療は、逸話的な証拠や直感、勘ではなく、慎重に検証された経験的証拠に基づく必要がある。

加えて、科学歴史家のナオミ・オレスケスが述べているように、科学とはコンセンサスに基づくものであり、[28] 彼女と共同研究者のエリック・コンウェイが「科学を科学たらしめるもの」と表現するプロセスである、創出される知識を点検する専門家同士の査読に依拠する。[29] 科学的な主張は、正当性を得るために、複数の専門家による批判的な吟味を必要とする。しかし、このプロセスには時間がかかり、またパンデミックが深刻化するにつれて、多くの人がこのプロセスを待っていられなくなってしまった。二〇二〇年の六月に、治療法を探すというプレッシャーもあって、査読がほとんど、あるいはまったくないオンライン・サイトに数千の論文が殺到したことについて、『ニューヨーク・タイムズ』が注意喚起をしていた。[30]

何かを知る手段としての科学をめぐる誤解

科学の基本的教義はこのようにシンプルであるにもかかわらず、科学教育では時にそれが見すごされ、通常のテストで測定される内容的知識ばかりに目が向けられてしまう。そのため、一般の人々は、何かを知る手段としての科学について、誤った見方をしている可能性がある。そうした誤解は、科学的知識の受け入れを阻んでしまうが、その例として次のようなものが挙げられる。

「でも、それはただの理論にすぎない」：たとえば、進化論的な考えから生徒を遠ざける誤解の一つは、「理論」と「仮説」の混同である。彼らは通常、何がどのように機能するかのおおまかな感覚として、口語的な使い方で理論という言葉を用いる（「またカギを失くしたの？　何でいつもそうなのか、私なりの理論があるんだ！」）。これが危険なのは、重要な科学的発見を「ただの理論」として片づけてしまう点である。[31]進化論の理解と受け入れをめぐるバーバラの研究では、大学生に自分の言葉で「理論」を定義するように求めた。「進化論」、すなわち進化に関する理論の場合、学生の記述のほとんどは、「進化論」はアイディアや直感、仮説、部分的に証明されている、もしくは広く受け入れられているが証明されていないアイディアであるといったものであった。[32] 科学的な考えと一致する定義を書いた学生はたったの七％であり、彼らは進化論を、検証された仮説に基づき、自然界のさまざまな側面を幅広く、的確に、予測力をもって説明する存在として見なしていた。学生たちは、学校でインテリジェント・デザインについて教えることの是非も尋ねられたが、「進化論はまだ厳密には理論であり、それだけが教えられる理由は何もない」「複数の理論があるのであれば、どちらも教えられるべきだ」「進化論はインテリジェント・デザインと同様に証明されていない」といった誤解と一致する回答をした。学生たちは、こうした誤解を解くために、科学者が当該分野の基本的な用語をどのように使っているのか、それが同じ用語の一般的な使い方とどのように異なるのかを学ぶ必要がある。

科学の不確かさ：すべての科学的知識と同様に、理論もまた修正される余地がある。哲学者のリー・マッキンタイアは、彼が「科学的態度」(scientific attitude) と呼ぶものについて、経験的証拠の重視と新たな証拠に照らした理論の修正という、二つの原則への取り組みとしてまとめている。[33] 科学の基本的信条の一つは、知識が修正される可能性に開かれていることであるが、これが科学をめぐるよくある誤解の核心となっている。科学的知識は進化し続ける性質のものであるという科学者の見方とは対照的に、科学者ではない一般の人たちは、科学者が知っていることは、証拠と完全なコンセンサスを備えた確実なものであると考えている。そうでない場合、彼らは懐疑的になり、腹を立て、疑念を抱き、そして否定的になる。たとえば、新型コロナが急速に蔓延した際、科学者と医療の専門家が最初から必要な情報をすべてもち合わせていることなど考えられず、また証拠が利用可能になるにつれて、アドバイスも変わりうるものであった。たしかなものを期待する人たちにとって、これは進歩ではなく失敗の兆候と見なされ、不信感を生み出すものなのである。

気候変動の原因が人為的なものであることに、気候学者の九八％が同意しているという統計を、個人はどのように解釈するのだろうか？　ある人はこれを十分すぎる確証と見なすかもしれないし、またある人は、たしかな結論は出ておらず、議論の余地があると解釈するかもしれない。科学者は、「示唆する」「仮説を裏づける」といった表現を駆使しながらみずからの発見について述べていき、何かを**証明した**と断言することはめったにない。研究はつねに続いていくというこの姿勢は、専門家にとっては非常に重要である。科学的事実の中には、明確に確立されたもの（重力の法則など）もあるが、気候変動の時期や影響の予測のように、簡単には結論づけられない研究結果もある。ノルウェーの心理学者であり経済学者でもあるペール・エスペン・ストクネスが指摘するように、当然、将来の気候変動シナリオの予測は不確実であり、「科学が扱うのはつねに推定や確率であって、絶対的なものではない[34]」のである。しかし、科学における「不確かさへの恐怖」は、個人の意思決定を駆り立てる。二〇一三年にイスラエルでポリオウイルスが検出された後の、フェイスブック上での保護者の会話を調査した研究では、ワクチン接種を躊躇することの根底に、そうした不確かさへの恐怖があることを報告している。[35] ワクチンの効果、副反応がないことに、保護者が一〇〇%の確実性を望むのはもっともなことであるが、そうした保証は現実にはありそうにない。

この問題の裏側には、ジャーナリストが科学的な発見について報道する際、断定を避けるような言いまわしを一切せず、あたかも結論が出たかのような印象を与えてしまうという問題がある。この種の報道は、よりわかりやすいストーリーと目を引く見出し(「チョコレートはうつを軽くする!」)に仕立て上げられるが、誤解を招いてしまう。こうした断定的な報道は、曖昧な情報の処理よりも、「偽りの明確さ」の方が好まれるという人間の傾向によって増長される。こうした傾向により、健康に関するニュースの知見はあくまで暫定的なものであり、さらなる裏づけを要するということに気づかなくなってしまうしまう。大きなストーリーの一部として結果が示される場合であっても、同様のことが生じてしまう。[36]

科学的方法:比較研究のような狭義の科学的方法ばかりが教えられてきたことで、科学は実験室内の実験条件下でのみ行われると思っている人もいる。これにより、観察データを分析するような領域で得られた知見を軽視する人が出てきてしまう。彼らは、進化、気候変動、地質年代、惑星運動を科学者が解明してきたプロセスについて、誤って理解している。また、彼らは、恐竜の絶滅という過去の出来事や、海面上昇のような将来の現象の理解に向けて、最新の証拠に基づいて推論をする人たちの知識基盤を疑うかもしれない。認識的思考を対象としたバーバラの別の研究では、六年生から一二年生までの生徒を対象とし、ミツバチのコミュニケーション方法をオンライン検索で学びながら、考えていることを声に出してもらった。多くの生徒は具体的・現実的に思考し、科学的推論のプロセスに疑いを抱いていた。ある生徒は「ミツバチ翻訳機がなければ、ミツバチのコミュニケーションを理解するなんて不可能だ」と指摘していた。冥王星の惑星からの降格についても尋ねたが、科学者が実際に冥王星に行ったことがないため、そうした結論が導かれることに疑問を向ける者もいた。ある生徒が言うように、「行ってみなければわからない」のである。科学は実際に目に見える活動であるという信念により、恣意的、抽象的、推測的なものの区別を科学者がいかに行っているのか、生徒たちは理解に苦しんでいた。大人でも、個人が経験している天気と、気候変動に関する科学者の主張を区別できない者は、同じような罠にはまっているのかもしれない。地球平面論者も、自身の生活の具体的な経験にことさら重きをおく。*The New Yorker* が地球平面会議について報告したところによると、プレゼンターは「世の中で受け入れられている知識の九九％は疑わしい。自分の目で見えないものは、信じるべきではないのだ[37]」と訴えかけていたという。この種の思考は、新型コロナによる深刻な被害の可能性を受け入れられない人々にとっては、とくに問題である。ウイルスは目に見えないため、知っている人が実際に感染するまでは、捏造されたものだと見なしたり、よくあるインフルエンザと同じようなものだと考えたりするのである。

科学における認識的信頼

多くの複雑な科学的トピックそれぞれについて、個人が十分な知識を有することは容易ではない。ある問題を理解することに興味がなかったり、重要な事柄を把握するための時間や背景的知識がなかったりする。こうしたよくある状況では、豊富な知識を有し、科学コミュニティに属する専門家の判断に頼る人が多い。医師であれ、教授であれ、また新たな情報源であれ、医学専門誌であれ、さらには他の権威であれ、他者の専門性に頼るということは、**認識的信頼**（epistemic trust）を伴う。私たちは、自分自身にはない知識、たとえば健康やコミュニティ、さらには地球に関わることについて、その意思決定に要する知識の信頼できる情報源として、誰を頼るのかを決めるのである。このような信頼は、世間一般の科学理解の根幹を成す。新型コロナが蔓延したとき、この信頼の重要性がかつてないほど明白となった。政治的リーダー、ＣＤＣ、ＷＨＯ、州保健当局、そしてかかりつけ医からのアドバイスがしばしば相反するなか、誰の専門知識を信頼すべきか、個人が見極める必要に迫られたからである。二〇二〇年の五月と六月、ウイルスの蔓延は収まっていないというデータとは真逆に、多くの州はビジネス活動を再開させた。地元の政治家や指導者の判断を信頼していた人たちは、ビジネス活動の再開が医学的知識よりも経済的な利益を優先して進められたことに、そして国内の多くの地域で壊滅的な結果を招いたことに、気づいていなかったかもしれない。[38]

科学界全体や個々の科学的権威に対する世間一般の信頼はさまざまである。[39] ピュー・リサーチセンターの二〇一九年八月の調査によると、ほとんどのアメリカ国民は、科学者が公共の利益に基づく活動をしていることについて、おおむね信頼しており、回答者の八六％は「まあまあ信頼できる」「とても信頼できる」のどちらかを選んでいた。[40] また、科学の知識が豊富な人ほど、そうでない人に比べて高い信頼を寄せていた。医学に対する信頼は、科学に対する信頼と同様であったが（八七％）、栄養学の研究者に対する信頼はかなり低く、五一％が肯定的な見方をしているにとどまった。科学・医学的権威がもつ政策への影響に対する信頼は、「価値観」が信頼に影響する程度によるため、複雑である。たとえば、*Scientific American* が二〇二〇年五月に実施した調査によると、専門家（たとえば、国立アレルギー・感染症研究所のアンソニー・ファウチ）が政策の舵取りをすべきだと考えるかは、その専門家が自分と価値観を共有しているかどうかに依存し、また保守派ほど専門家に対して懐疑的であったという[41]。

このような信頼に関する問題は、メディアでも定期的に繰り広げられている。ピュー・リサーチセンターの調査から間もない、二〇一九年九月三〇日の『ニューヨーク・タイムズ』に「肉を食べる量を減らせと言う科学者。いまではこのアドバイスは誤りであると考える者も」という見出しが躍った。また、見出しの下には太字で、「最新の研究によると、牛肉や豚肉の摂取量を減らせと言うには、その証拠はきわめて貧弱である。今回の結果は、『世間の信頼を損なう』ものであると、批評家たちは述べている」という専門家の反発がまとめられている。同紙が同月に掲載した「タンパク質の大部分を植物から摂取すれば長生きできる」という記事もそうだが、赤身の肉を減らせというのは、長らく言われてきた医学的なアドバイスであり、それに反する内容の記事を読んだとき、あなたはおそらく懐疑的になったのではないだろうか。心配性な消費者は、こうした一連の報道に触れ、何をすべきだろうか？　注目すべきことに、ピュー・リサーチセンターの調査は、産業界との利益相反に関する透明性の欠如が、信頼における重要な問題であることも指摘している。栄養学の研究者がそうした透明性を示すことに賛同した回答者は、わずか一二％にとどまり、また研究者がみずからの誤りに対して責任をもつべきだということに賛同したのも、わずか一一％であった。[42]『ニューヨーク・タイムズ』は、その後一週間も経たないうちに、「食肉ガイドラインに準拠しなかった科学者は食品業界とのつながりを報告しなかった」という別の記事を、決まりが悪そうに掲載した。これは、ピュー・リサーチセンターが示した不信感に関する調査結果の恰好の例である。ジャーナリストは報道に躍起になる前に、もっと情報を精査する必要があり、さもなければみずからの信頼を失墜させてしまうだろう。

ワクチン接種が自閉症と誤って関連づけられ、*The Lancet* が（何年も後だが）論文を撤回し、著者の医師免許が剝奪されたときのように、認識的信頼の失墜は査読が機能しなかった場合にも生じる。[43]しかし、もとの論文でつくられてしまった信念は根強く、麻疹、おたふくかぜ、風疹を予防するワクチンは信頼を失い、深刻な集団感染や多数の死者を生み出す事態を招いている。また、こうした論文が権威ある学術誌に掲載されてしまう事態を査読によって防げなかったことから、医学誌の権威を疑うようになった人たちもいる。より最近では、新型コロナ感染症に対するクロロキンとヒドロクロロキンの治療効果に関する論文が、データの独立監査を完了させることができず、「一次データの情報源の信憑性が保証できない」という理由で、同誌において撤回された。[44]

疼痛治療用のオピオイドに依存性がないという主張が製薬会社によって広まり、それが医師に受け入れられ、そして患者にも信じられてしまったが、これは明らかな誤りであり、悲惨な結果を招いてしまった。こうした根拠のない信頼の連鎖が、公衆衛生の重大な危機を招き、二〇一八年までにアメリカで五〇万人という驚くべき数の死者を出している。ＣＤＣによると、その数は一日あたり一三〇人の割合で増え続けているという。[45] いま、多くの人が、疼痛管理のために何をすべきか、誰の助言が信頼できるのか、わからずに迷っている。そうした人たちは、利益を追求する製薬会社や、そこに依存する（中には私利私欲にとらわれたように見える）医師たちに対して、とりわけ強い疑念を抱いているのかもしれない。

科学における認識的信頼は、周縁化されたコミュニティにおいてとくに損なわれており、その理由はしばしば複雑なものである。タスキギー梅毒研究を知っているアフリカ系アメリカ人は、マイノリティが研究参加者として利用される実態に疑いをもっていたことから、長らく医学研究を信頼に値しないものとして見なしていた。アメリカ公衆衛生局により一九三二年から一九七二年にわたって実施され、黒人男性の無治療梅毒に関する研究として悪名高いこの研究は、悪血（bad blood）の治療という名目でアラバマ州の小作農六〇〇人を追跡調査した。ただし、一九四七年にペニシリンの有効性が確認された後でさえも、彼らは一切、梅毒の治療を受けられなかった。一九六六年と一九六八年の内部告発者からの抗議は却下され、彼が記者に情報をリークしたことでようやく、政府が関心を向けるようになった。しかし、注目すべきことに、タスキギー・レガシー・プロジェクトの調査によると、より最近の医学研究への参加意欲に関していえば、黒人と白人の間に差は見られなかったという。[46] もし両者の間に依然として差があったとすれば、マイノリティの参加率が低いことを正当化するためのスケープゴートにされかねない。さらに、コロナ禍でのマイノリティのワクチン忌避にタスキギーの件をあてはめるのは、たとえば、医療への不平等なアクセスから生じる信頼の問題を覆い隠すことにもなりうる。[47]

得られた知見は性別にかかわらず一般化されるものの、女性は歴史的に、多くの臨床研究から除外されてきた。二〇〇一年にはじめて、性別は研究における重要な変数として認識すべきであると、医学研究所が結論づけた。[48]

信頼は、科学を行ううえでも、世間一般の科学理解を高めるうえでも重要である。[49] 科学者は他の専門家によって生み出された知識に依拠し、また査読プロセスに参加する。査読者は、当該のトピックに関する知識の現状に関わる門番として機能し、当然、知識はつねに修正の対象となる。哲学者・認識論学者のハイディ・グラスウィックによると、一般の人々が当然のように期待しているのは、科学的なコミュニティが濾過システムとして機能することであり、「研究の中から利用可能な価値あるものを選りすぐり、科学的知識を生み出し、良好で最も重要な知見を人々に提供すること」である。[50]

科学の素人である一般の人々は、科学についての限定的な理解しかもち合わせていないが、ネット上で豊富な情報にアクセスすることから、何を、誰を信頼すべきかを判断しなければならない。[51] 科学者自身であれ、世間に科学を届ける立場にいるものであれ、科学コミュニケーターは専門知識だけでなく、信頼をも伝える必要がある。ミュンスター大学のフリーデリケ・ヘンドリクスらは、専門家による科学的知識をネット上で探す際、誰の助言が信頼できるのかについて、人々がどのように判断するのかを検証した。その結果、「誰を信じられるか?」という問いに比べて、「これは本当なのか?」と自問する傾向が小さいことが示された。前者の問いに対しては、専門性、誠実さ、親切さを考慮して判断することが、ヘンドリクスらの複数の実証研究で示されている。[52]

私たちができることは?

知識や知るということについて、また科学がいかに行われるかについて、人はそれぞれの信念を有している。こうした信念は、科学的な主張の理解や、科学についての学習、推論、思考に影響を与える。私たちそれぞれが自身の認識的コンピテンス（epistemic competence）を高めるよう努力するだけでなく、コミュニケーションをする相手もそれが可能となるよう、手助けすることができる。

個人ができること

まずは真実の探究に価値をおく：真実の探究を称え、尊重し、追求していく。知的な武器を研ぎ澄まし、根拠のない主張に対して攻撃を仕掛けよう。また、情報の発信者が利するような、科学的知識の信頼を貶めるような企てに警戒しよう。タバコ会社は喫煙の健康リスクについての疑念をまき散らし、エクソン社は気候変動に関する知識を葬り去り、反論し、そしていまは企業レベルではなく個人レベルでの解決を推し進め、責任逃れに走っている。このような、科学を貶めることで利益を得る「疑惑の商人」[53]は、政治の世界でも勢力争いをしている。既知の真実を未知のものとして投げかける企てに注意を払おう。真実の価値を放棄させるような、「ポスト真実」社会についての警鐘を看過してはならない。同時に、科学的な知見は蓄積し続けていること、修正に開かれていること、そして時間をかけて洗練されていくことを理解しておこう。

認識的警戒（epistemic vigilance）を強める：ネットでの検索、ソーシャルメディア、ニュース、あるいは実際の会話であるかにかかわらず、求めている情報や受け取った情報に対して、疑問を向け、吟味し、モニタリングする時間をとろう。盲目的な信頼の対極に警戒があり、これは細心の注意を要するものである。四六時中警戒できるわけではないし、そうする必要もない。信頼が担保されていそうなとき、またはそうではなさそうなときを知るための、自分なりのヒューリステイックを確立するのである。ただし、ことあるごとにそうしたヒューリスティックを見直そう。信頼している情報源からよりよい情報が得られているか？　多様かつ複数の視点から検討する。そしていつ、なぜ警戒するのかを心に留めておき、鍛錬を怠らないようにしよう。いい加減な結論、データの誤表示、隠れたバイアスについて深く吟味しない、知的に怠惰な状態には、容易に陥ってしまうのである。

科学的な証拠に価値をおく：科学の中核は、証拠に基づく実践である。疑わしい主張には疑問をもち、根拠を求め、証拠を吟味する。もし友人から「予防接種先送り」を主張するような本を手渡されたら、徹底的にチェックしよう。ある同僚が熱心に著者のバーバラに勧めてきた本は、医師免許を剝奪された医師によって書かれたものであり、そこに書かれた取り組みを支持する科学的な証拠は何ら挙げられていなかった。ただの逸話や見せかけの相関ではなく、査読を経た科学的な証拠を探し求めよう。

科学的知識を活かし、そして科学について学び続ける：科学的な方法の多様性について理解しよう。暫定的な結論だからといって、無効なものではないことを認識してほしい。また、対照実験に基づく臨床研究を評価しよう。そして、グラフの解釈に時間をかけ、著者の資質や経歴を精査し、査読を経た成果物がないかを調べよう。

科学的な問題について意見が合わない人の声に耳を傾ける：他者の意見を聞き、真実を重んじているのか、どのように真実に迫ろうとしているのか、そして主張を裏づける証拠を有しているのかを見極めよう。おそらく、相手の認識的視点（epistemic perspective）、また相手が二分法的な視点、多元的な視点のどちらに立っているのか、識別が可能なはずである。何が真実かをめぐる主張を吟味すること、そしていかなる主張が、なぜ受け入れられるのかを学ぶことの重要性を、他者が認識できるよう手助けしよう。オープンマインドを保ちつつ、自分自身の認識的視点も吟味するようになろう。

教育者ができること

科学的知識がどのように生み出され、その根底にある前提とは何かを教える：NGSSを参照し、さらなる情報を得よう。もちろん、生徒たちが仮説検証や実験デザインを理解できるように「科学的方法」を教えるのだが、それだけではなく、さまざまな分野で科学がいかに行われているのかを説明する。科学的知識はいかに生み出され、検証されるのか、査読とは何か、なぜそれが重要なのか、なぜ科学者はみずからの研究成果を誇張することに慎重であるのかについて、生徒たちが理解できるよう手助けしよう。

科学的な証拠の重要性を教える：科学という営みにおいて、証拠がその基盤であることを生徒に理解してもらおう。また、何が証拠と見なされるのか、それがいかに積み重ねられ、なぜ重要であるのかを理解してもらおう。授業内の議論では、自身の発言に科学的な証拠を挙げるよう求め、見つけた証拠をどのように評価すべきかを教えよう。

科学的な専門知識や主張を精査するトレーニングの機会を提供する：教育者が見守りながら、科学的なアイディアをオンライン検索する機会を生徒に与え、検索や検索結果の評価に関する実際のタスクを学んでもらおう。これらは、生涯にわたる学びを続けるうえで最も重要なスキルの一つであるだろう。また、デジタル・リテラシーの育成、またその実現のために、生徒にとって真に役立つ教育方法を図書館スタッフと協働してつくり上げよう。

認識的警戒を向上させる：詐欺的な発言や表現に対する認識的警戒を生徒が身につけられるよう手助けしよう。また、説得を試みる者たちの動機を見極められるよう支援する。そして、なぜそれが重要なのかを教える。この一連のスキルを使い始め、また磨いていく生徒の進歩を認めてあげよう。

評価主義的な思考と認識的コンピテンスを育成する：授業や論文内で生徒が議論を展開するときは、彼らの認識的視点を考慮し、彼らと同じ視点に立つようにしよう。評価主義的な視点の利点は実に大きいが、それを獲得するまでに時間がかかる。科学的な主張がたんなる意見ではなく、精査されたうえでの判断の結果であることを受け入れるために、学習者は自身の信念を変える必要に迫られるだろう。[54] 授業の枠を越えて、認識的コンピテンスの向上を図ることは、重要な試みである。[55] 学習の転移が生じるように、興味のあるトピックの知識を生徒自身が探究する際には、学んでいることを活かす機会を与えよう。

認識的美徳を教え、模範を示す：教育哲学者のジェイソン・ベアーは、教育における一連の美徳として、オープンマインド、好奇心、知的勇気、そして謙虚さを提唱している。[56] これらは科学の実践を下支えする美徳でもある。これらの美徳について、教師は模範を示すよう、また生徒の中にあるそれらを見出すよう努めていくべきである。

科学コミュニケーターができること

科学の前提についての情報を含める：記事の解釈に役立つのであれば、科学的なトピックに関する内容だけでなく、科学という営みの根底にある前提を読者に伝えよう。たとえば、科学者はいかにして知識を得ているのだろうか？　さまざまな分野を支える多様な研究方法を読者が理解できるようにしよう。

科学的な主張の証拠を示す：読者や視聴者がより詳細に研究結果を評価できるように、十分な情報を提供しよう。結論はどのようにして得られたのか？　論理的な推論の過程を示すことは、頻繁に利用されるオンライン・サイトにおいてはとくに、ユーザーにとって有益である。たとえばNASAは、「気候変動とは何か？」というシンプルなプレゼンテーションにおいて、証拠、原因、影響、解決策という四つのボタンを用意し、簡単にそれぞれの情報にアクセスできるようにしている。[57]

実際には科学的な結論が出ている場合に「公平性・バランス」「両論併記」という名目で誤った等

価関係をつくり出すことは避ける：気候変動に関する報道において、否定論者と気候学者を同程度の時間・量で取り上げるのは、世間一般に対して有害である。視聴者は、研究結果は不明瞭であり、議論の余地があるものと結論づけてしまう。反ワクチン派がどのように考えているのかをもっと理解する必要性は強く、そのための取材は、健康に関する啓発活動を効果的に行っていくうえで有用となりうる。この種の記事は、小児科医と対立する立場から議論を展開する存在として、彼らを取り上げるというものではない。この話題で根拠のない見解を広めてきた有名人たちは、あまりに多くの注目を集め過ぎてしまったといえるだろう。

結　論

認識的認知という言葉は一見難解なものに聞こえるかもしれないが、私たちが膨大な量の情報をいかに理解するのか、何を専門知識として重視するのか、知るということをどのように正当化するのか、そして他者の主張をどのように評価するのかといったことの、中核を成すものである。これについてさらに理解を深めることは、個人のみならず教師や科学コミュニケーターにとっても、自分自身の知識を構築していく際に有益であるかもしれない。

第6章

何が科学への疑念を生じさせるのか?

ビバリーの夫は、アパラチア西部の炭鉱での仕事中、極度の咳の発作が再発し、自宅待機を余儀なくされた。炭鉱労働者は炭塵による黒肺病を患いやすいが、ビバリーは自身の父親と同じように、夫のトムがその初期段階にあるのではないかと恐れていた。しかし、彼はただのインフルエンザだろうと言っている。石炭採掘は給料のよい仕事であり、不況で解雇されるまで彼はそこそこの暮らしをしていた。いまでは仕事に復帰したが、少なくとも病気ではなく家にいたときは、ビバリーは家計のやりくりに苦慮していた。彼女は、石炭採掘が危険な仕事であることはよくわかっていた。なぜなら、彼女が六歳のとき、祖父が仕事中の事故で亡くなったからである。現在、あらゆる科学者たちが、石炭の燃焼が地球温暖化の一因であると言っているが、夫はただの政治的な話にすぎないと言っている。

ビバリーは父が黒肺病で苦しんでいる姿を見ていたため、トムの言うとおり、インフルエンザであればよいと願っている。石炭採掘が危険なのはおそらくそうなのだが、本当に地球温暖化の一因なのだろうか？　人間が気候に影響を与えるなんて、そんなことありうるのか？　トムの健康のため、できれば彼には炭鉱以外で仕事をしてほしいと思っているが、それは何だろうか？　町には、炭鉱の半分の給料をもらえる仕事すらない。知り合いの炭鉱労働者の家族はみな、答えはクリーンな石炭にあると言っている。ビバリーはこれまで多くの石炭を見てきて、たくさんの性質のものがあることを知ったが、クリーンなものはなかったように思う。炭鉱労働で生計を立てている人たちが、なぜこうもクリーンな石炭の存在を信じているのか？　また採掘のような仕事をしたことがない環境保護論者たちが、なぜこうも必死にトムを失業させたがるのか？　彼らに何の得があるのだろうか？　誰もが利害関係にあるかのようだ。

二〇一六年の大統領選挙において、ある候補者は政治綱領の一環として「私は科学を信じる」と公言し、別の候補者は気候変動をめぐる科学をデマだとして完全否定した。アメリカは二〇一七年にパリ協定から脱退し、G20の中で唯一、地球規模の問題解決に向けて合意した基準を支持しない国となった。二〇二〇年の春、「プランデミック」と題された動画は数百万の視聴数を獲得し、反政府の陰謀論が支持する新型コロナの誤情報が拡散された。[1]　幹細胞研究から遺伝子組み換え作物、パンデミック禍でのマスク着用に至るまで、科学的な問題をめぐってはしばしば対立が生じ、そこでは証拠が二の次にされるばかりか、無視され、誤って伝えられることも少なくない。こうした論戦ではいずれの立場も、科学的なトピックに精通しているかどうかより、個人の目標や願望が反映されている場合が多く、心理学者が科学の「動機づけられた視点」と呼ぶものへとつながっていく。たとえ証拠に裏づけられた判断をしようとしても、動機づけはどの情報に目を向けるのか、それをどの程度信用するのか、そしてその情報を吟味するためにどのような手法を用いるのかといった点にバイアスをかける。

動機づけとは、本質的には個人をさまざまな活動へ向かわせたり、逆に遠ざけさせたりする目標や欲求のことである。[2] 近々行われる高校の同窓会で素敵だと思われたいという欲求は、個人を特定の活動（ジムに通うなど）に向かわせたり、逆に別の活動（パン屋を入るなど）から遠ざけたりするよう動機づける。動機づけの多くはポジティブなものである。体型をよくしよう、もう一度勉強を始めよう、昇進に向けて頑張ろうといったように動機づけられることがあるだろう。一方で、危害を加えたい、罪を犯したいなどのように、ネガティブなものにもなりうる。動機づけは、誰とつき合うのか、またどのように考えるのかといったことにも影響する。望ましい結論へと気持ちを傾けさせることで、推論プロセスそのものへも影響するが、これは自説を支持する情報へと注意を向けさせ、逆に自説に反するデータの丁寧な考察から意識を背けさせるためである。

科学をめぐる推論に影響を及ぼす動機づけは、人によってさまざまである。たとえば、化石燃料産業での仕事の維持といった、経済的な理由が動機づけとなる場合がある。予防接種をめぐる自分の判断に他の母親たちが反対していても、子どもをお気に入りの遊びグループに通わせ続けたいという社会的な動機づけが存在する場合もあるだろう。政治家は、気候変動懐疑論者が多数を占める選挙区で、気候変動を否定することにより再選を目指すかもしれないし、ソーシャルメディアのインフルエンサーは、たんにフォロワーを増やす目的のもと、「いいね」を集めるために気候変動への取り組みを行うこともあるかもしれない。人はそれぞれ多様な動機づけや目標をもち、それは葛藤を生じさせることすらある。たとえば、一般的に人は生存と繁殖という目標を有しているが、つねに自己の利益につながるような行動をとるわけではないだろう。

政治的な立場もまた、科学をめぐる推論を動機づけるものである。この数十年、科学に対する信頼は保守派で低下し、リベラル派では変わらず、したがって信頼の低下は政治的な立場に付随する傾向があることを多くの人が指摘している。[3]この傾向は強いものの、[4]動機づけが引き起こすバイアスの一部は、政治的な立場にかかわらず同じように作用することが知られている。[5]その例として、カハンらは巧妙な実験を考案し、データの評価が、いかに個人にとって望ましい方向に解釈のバイアスがかかるかを示した。[6]実験参加者は、新しい皮膚治療薬の効果に関する複雑な（偽の）データを、使用時と使用後の結果に基づいて評価し、この治療薬の効果について解釈するよう求められた。二つの群に対して、異なる二つのデータが使用された。一方の群には、治療薬が有効であることを、もう一方の群には、有効ではないことを示したデータを提示した。次に研究者らは、同じデータに対してラベルを貼り替えて、銃の携行に関する法律を制定している地域としていない地域の、犯罪率の増減を示すデータにつくり替えた。治療薬の場合と同じく、一方の群には犯罪率の低下が見られることを、もう一方の群には、犯罪率の低下は見られないというデータを提示した。保守派とリベラル派が皮膚治療薬の効果について推論したとき、推論能力（参加者がどの程度容易にデータを評価できるか）のみが結果に関与し、支持政党の関与は見られなかった。しかし、架空の犯罪率データについて推論したとき、支持政党の影響は推論能力よりも大きく、データが政治的な信念と相反する場合にとくに顕著であった。カハンらは、特段望ましい結論が存在しないようなトピック（皮膚治療薬の効果など）では、推論能力が十分に発揮されると指摘した。しかし、銃規制と犯罪率の関連という複雑なトピックでは、銃は身を守るものである、あるいは公衆の安全性に深刻な脅威をもたらすといった、事前に有する信念がデータの解釈に影響したのである。参加者の結論は、世界が実際にどうであるかではなく、彼らが世界をどう見る**べきだ**と考えているかに一致する傾向があった。銃によって安全が確保されると考える参加者は、それを支持するようにデータを見るよう動機づけられ、銃が公共の安全性を脅かすと考える参加者は、それとは反対にデータを見たのである。これは動機づけられた推論の典型的なものであり、本来は無関係であるべき要因（特定の意見を支持するように見たいという欲求など）が、証拠についての推論を妨害するのである。

どのような立場であっても、個人的な動機づけは厳密なデータの解釈にバイアスをもたらしうる。経済危機が深刻化する懸念が高まっていた二〇二〇年、新型コロナに関する公衆衛生的なデータが、経済の緩やかな再開と迅速な再開、どちらを支持するものと見なすべきかは、とりうる公衆衛生上のベストな対策と同程度（もしかするとそれ以上）に、支持政党の違いによって左右されていた。[7] ビバリーは気候変動に対して懐疑的であるかもしれないが、他者の動機づけに疑問をもったことは正しい。たとえば、気候変動に関する科学的研究を受け入れている環境保護論者の中には、背後にある核エネルギーへの批判に動機づけられている者もいるだろう。一方で、核エネルギーは化石燃料による環境への負荷を低減させるための、合理的な選択肢であると見なす者もいる。[8] ビバリーが懸念したのは、利害関係はデータを見る目に影響するのではないかという点であった。

動機づけられた推論の影響はいかに作用するのか？

誰もが自分のことを、つねにバイアスに左右されずに行動する人間だと思いたがるものである。誰もが自分自身を、バイアスや感情、動機づけに左右されずに対立する主張を評価する、まるで目隠しをした正義の女神テミス像のごとく、事実を公平・公正に裁く人間であると見なす。しかし、第４章で論じたように、膨大な心理学研究が示すのは、そうしたバイアスのない合理性が、実際には人間にとって得難い性質のものであるという事実である。[9] ほとんどの時間、人は自動操縦の状態にある。つまり、注意深く慎重に**考える**よりも、意識せずに**行動する**ことの方が多いのである。[10] それ以外の時間においても、たとえ懸命に問題を考え抜こうとしても、動機づけられた目標が思考のプロセスや推論にバイアスをかけてしまう。心理学者のジヴァ・クンダは、こうした現象を説明するために「動機づけられた推論」（motivated reasoning）という用語をつくり出したが、[11] 彼女の説明によると、人は十分に考え抜かれた判断を下そうとしても、また利用可能な証拠を用い、問題の両面を見ようとしても、そのプロセスが当人にもわからない動機づけによって、しばしば歪められてしまうという。個人の動機づけは、ある情報に注意深く目を向けさせる一方で、関連する事実を無視するように作用してしまう。あるいは、正しいと思っている情報を評価するときには、いつもとは異なる戦略（明らかな欠点を無視するなど）を用いながら、間違っていると思う情報の欠点に対しては、過度に批判的になることもある。

人は、自分の立場と相反する証拠や主張に対しては、自分の立場と一致する場合よりも厳格に評価を行う。ロードらによる古典的な研究では、死刑に賛成もしくは反対の参加者に、死刑による犯罪抑止効果を支持する、あるいは支持しない社会科学の論文を読んでもらった。参加者は、自身の立場を支持する研究に比べて、支持しない結果を示す研究により批判的になる傾向が見られた[12]。彼らは、サンプルサイズの不足や適切な実験統制の欠如、サンプリングエラーといった、方法論的に妥当そうな懸念点を挙げた。こうした批判は、自分たちの立場を支持する研究に対してはあまり見られなかった。研究者らは、研究の質に対する評価は、研究の方法論的な厳格さよりも、評価者の信念と研究の結論が一致しているかに依存していると結論づけた。他の研究においても、政治的な議論の評価において同様のバイアスが確認されている。たとえば、チャールズ・テイバーとミルトン・ロッジによる研究では、アファーマティブ・アクション〔訳注：差別や格差の積極的な是正措置〕と銃規制に関する議論を評価する際、それぞれの立場に同意する場合には高く、また反対する場合には低く評価を下すことが示された[13]。また、自身と反対の立場に対しては、反論を思いつく傾向がはるかに高いことも明らかとなった。

なぜそうなるのだろうか？　クンダによると、人は、彼女が「方向性のある目標」と呼ぶものを有するのではないかという。すなわち、望ましい結論に達しようと動機づけられるのである。これは、個人的、職業的、あるいは金銭的な利害関係を有する者に生じうる。ビバリーの友人と家族は、気候変動（と石炭の影響）に対して懐疑的であるが、それは化石燃料産業で生計を立てていくことに関する、彼らの個人的、金銭的な利害関係を含むさまざまな理由からである。同様に、太陽光パネルの販売員は、手数料をもらっているのであれば、太陽光エネルギーの恩恵を過大評価するよう動機づけられるかもしれない。環境保護活動家は、地球温暖化の抑制に寄与する可能性と比較したとき、数字が裏づける以上に原子力災害の可能性を重く捉えるかもしれない。レストランや理髪店を経営する人は、パンデミック時の外出自粛政策に関わる公衆衛生のデータを、自身のビジネスへの影響というレンズを通して見るだろう。何か望ましい結末を求めている人は、誰でも推論が損なわれてしまう可能性があるのだ。

誰もが自分の動機づけというセイレーン〔訳注：魅惑的な歌声で船乗りたちを惹きつけて船を難破させてしまう、ギリシャ神話に登場する半人半鳥の生物〕の歌声に屈しやすいという、膨大な証拠が積み上げられている。意思決定や問題解決、推論といった分野の研究者は、クンダが「正確さの目標」と呼ぶもの、すなわち、人は正確であることに動機づけられるという主張を、数十年にわたって行ってきた。研究者は、推論を行う者に対して信用をおきすぎていたのかもしれない。問題を十分に考え抜いてもらい、情報と問題解決手段を与えて自由に使ってもらえば、正確であるよう動機づけられるだろうと想定していた。しかし、望ましい結論に向けて推論するという傾向は、当初想定されていたよりもはるかに強いようだ。

動機づけは、推論を行うときに注目する情報の選択だけではなく、証拠に基づいて考えたり、実際に推論したりする際に使用する方略にまで影響する。正しい結論を得ようと動機づけられるとき、人はその問題の賛否両面を検討しようと努める。ゆっくりと考え、また時期尚早な結論に飛びつかないようになる。しかし、もし〔故意か否かにかかわらず〕望ましい結論に達したいと動機づけられれば、みずからの立場を脅かす情報に反論するために、利用可能な知識を呼び起こそうと最大限努める。同時に、自分にとって望ましい結論に反する証拠は、無視される傾向にある。

誰もが動機づけられた推論の罠に陥りうるが、その理由の一つとして、正しくあろうとすることには多大な労力を要するという点が挙げられる。クンダは、コストと正確さの間にはトレードオフ関係があることを指摘している。マーティンという人物がいて、彼は気候変動に不安を感じているが、それがおもに自然的な原因によるものなのか、人為的な原因によるものなのか確信をもてていないとする。もし彼が正確さの動機づけに駆られれば、両方の原因について主張している情報を探し、それらをできる限り精査するよう努めるだろう。もし、気候変動はデマであると聞かされてきた友人のエリーと、ネットで見つけた情報について話し合う場合、おそらく彼女は正確さの動機づけに駆られているのではないだろう。その代わりに、もし彼女が方向性のある目標によって、望ましい結論を得ようと動機づけられていれば、彼女は地球温暖化に反する証拠として、二〇一〇年にアメリカ東海岸を襲った爆弾低気圧「スノーマゲドン」を思い出すようマーティンに言うだろう。しかし、二〇一二年のサンディというハリケーンの勢力が、海面上昇によって強まったということには触れない（あるいは思い出しさえしない）かもしれない。多くの科学者は、ハリケーンの勢力が強まったのは気候変動が原因であると考えている。マーティンは、エリーの主張はとても説得力があると感じ、自身がネットで見つけた情報が最良のものなのか、疑問をもち始めるかもしれない。科学的主張のもっともらしさを評価する目的で公正かつ正確な情報を得るのは、科学者ではない人たちにとっては難しい[14]。さらに、そうした情報の解釈は、メディアや社交界の人々から強く影響を受けている可能性がある。

研究者によると、ほとんどの人は、ただ事実をでっち上げたり、現実とは無縁の結論を導き出したりするようなことはしない（こうした行為が政治的言動においてより頻発していることで、トレンドは変わりつつあるが）。むしろ多くの場合、うわべだけを見ている人を説得できるように、結論を正当化しようとするのである。たとえば、世間一般の科学理解に関心をもつ哲学者のマヤ・ゴールデンバーグによると、予防接種が自閉症を引き起こすと多くの親が信じ込まされる理由の一つは、予防接種を終えた直後に子どもの最初の症状が現れたと、他の親から聞かされるためであるという。[15]この時間的な近さが、予防接種と自閉症の間に因果関係があるという誤解を助長しているのだろう。自閉症の子どもに言葉の遅れが見られる時期（二歳頃）が、子どもの予防接種の第一期が終わる時期と同じなのは、不幸な一致である。[16]デイヴィッド・アーマーはこうした状態の持続を「客観性の錯覚」と呼んだ。[17]つまり、時間経過を調べれば、これら二つの出来事が時間的に近いことがわかるが、それであたかも慎重かつ客観的な分析をしたかのような錯覚に陥ってしまうのである。しかし、バイアスにとらわれず事実を明らかにしたかのような錯覚は、いつまでも続くものではない。ある時点で、証拠の重みによって克服されるのである。ただし、証拠を受け入れる態度があればの話ではあるが。

たとえば、プレートテクトニクスに関わる動機づけられた推論に陥った、地球科学者のケースを考えてみよう。ナオミ・オレスケスとホーマー・レグランドが『プレートテクトニクス――現代地球理論の内幕史』[18]（*Plate Tectonics: An Insider's History of the Modern Theory of the Earth*）でくわしく語っているように、一九〇〇年代初期、地球科学者たちは、大陸は数千年にわたって地球を移動しているというアルフレッド・ウェゲナーの理論に猛反発した。「大陸移動」、現在でいうところの「プレートテクトニクス」

は、科学の主流として受け入れられるまで四〇年以上もかかったが、それは従来の「静止説」を支持していた地球科学者たちからの抵抗がおもな原因である。彼らは、大陸は静止しているという見解の正しさを確かめたいと思いながら、大陸移動に関するデータを評価したのかもしれない。当時は、大陸は静止しているものとされており、また地球科学者によっては多くの理由（自身のキャリア、学界での立場など）から、大陸移動を支持するデータを客観的な目で見ていなかった。

しかし、大陸静止を支持する者たちからの数十年にもわたる反発にもかかわらず、最終的にはプレートテクトニクスが完全に受け入れられるようになった。現に、プレートテクトニクスという概念は、現代の地球科学における標準的な教科書に掲載されている。科学的な証拠は、しばしば長い時間をかけて、動機づけられた推論を説き伏せていく。ただし、科学的思想の偉大な革命ともなれば、まさに大陸のように、地殻変動が起きるまではきわめてゆっくりと進むものなのである。

ネット上で科学を学ぶ際の動機づけられた推論

電子タバコの安全性が気になる一〇代のサラという子がいるとしよう。彼女は電子タバコの安全性に関する情報をネットで探そうとする。すると、相反する情報が掲載された膨大な記事に出くわす。もし彼女が正確さの動機づけに駆られていれば、両方の主張の証拠を公平に評価するだろう。いま、サラが友人から、電子タバコは紙タバコよりも安全であると聞いたとする。おそらく彼女は、それを裏づける多くの記事を見つけるだろうが、それに反論する記事も依然として多い。もし彼女が、電子タバコの方が安全であるという結論に達するよう動機づけられていれば、電子タバコが深刻な健康被害をもたらすという記事よりも、その安全性を示唆する記事をより重視するだろう。動機づけられた推論は意図的なものではないため、一方の立場を優先しているという傾向に、おそらく彼女は気づかない。科学的な情報を求めるときには誰を信頼すべきか、またその情報の評価を、望ましい結論を念頭におかず、いかに批判的に行えばよいのか、それを知ることが重要である。

　動機づけられた推論は誤った推論である。しかし、一般の人々は、じかに証拠を評価する機会も、手軽に科学的なデータに触れる手段もほとんどない。そのため、科学的な情報源をどのように探索・評価するのかを知ることが、きわめて重要なのである。新型コロナの流行以来、ネット上の科学情報を十分に精査することが、切実に求められている。情報、誤情報、そして偽情報は、ネットニュースやソーシャルメディアを通じてパンデミックよりも速く拡散する。著者のゲイルとダグ・ロンバルディは、ネット上の科学情報を批判的に精査するための複数のステップについて解説している。たとえば、ソーシャルメディアでの共有前に、ウイルスがどのように拡散したかという情報のファクトチェックを行う、その情報がもっともらしいかどうかを判断する、といったことである。[19] 科学情報を正しく評価しようと動機づけられた人は、情報が正しいことを確認あるいは否定するために、粘り強く取り組む必要がある。いかなる情報が信頼に足る妥当なものであるのか、またそうではないのかを見極めるためには、情報を入手し、読み込み、そして評価するための時間と労力を要するのである。

社会的アイデンティティ

動機づけによるバイアスが思考や推論に及ぶのは明白である。しかし、人は一人で考えたり推論したりするわけではない。人間は社会的な生き物である。誰もが、自分はある集団に属し、またある集団には属していないという感覚をもっている。人は、他者との共通点を見出したとき、その他者を同一視する。それは、興味、趣味、政治的思想、ジェンダー、宗教、人種、年齢、そして社会経済的地位といったものであり、そうした他者は内集団のメンバーとなる。所属するすべての集団が、等しく重要で意味のあるものではない。しかし、**社会的アイデンティティ**という点において心理的な意味をもつ内集団は、意思決定に影響をもたらしうる。[20] 社会的アイデンティティとは、特定の社会集団のメンバーとして、自分自身をどのように見なすかを表す概念である（たとえば、女性、教師、母であるイタリア系アメリカ人など）。人は、内集団メンバーの態度、規範、行動に依拠する傾向があり、時にこうした社会的アイデンティティは、外集団の態度、規範、行動と対比する形で定義される。たとえば、政治的な内集団、外集団の科学に対する見方についていえば、民主党員は幹細胞研究、進化論、気候変動を受け入れる傾向にあり、核エネルギーや遺伝子組み換え作物に対しては懐疑的である。共和党員は、相対的に核エネルギーや遺伝子組み換え作物を受け入れる傾向にあり、幹細胞研究、進化論、気候変動には懐疑的である。気候変動政策によって特定の候補者の支持・不支持を決めようとする場合、科学者や政策立案者の意見よりも、自分が所属する社会集団の意見を重視することになるかもしれない。

社会的アイデンティティと集団への帰属意識の形成には、二つの重要な特徴がある。一つ目は、集団に所属しているという心理的な感覚、つまり集団の一部として自分を見なすという点である。二つ目は、社会的な受容である。集団がその個人を、集団に適合したメンバーとして認識していることが重要となる。[21] もしも高校時代のことにどこか似ていると感じたなら、そのとおりである。発達段階的に、思春期の子どもたちは自分自身の心理的なアイデンティティの整理に余念がなく、それゆえ集団への所属や社会的な受容に対してとても敏感である。[22] しかし、仲間との関わりによって自分自身を定義するのは、一〇代の若者だけではない――集団への帰属意識は、人間の進化の歴史に深く根差した特性であり、人を人たらしめている決定的な特徴なのである。私たちの祖先が生きていた時代、「みんな君の味方だよ」というタイプの集団の一部であることは、生存するうえで重要なことであった。また、誰が信頼できない集団のメンバーかを知ることも、生死に関わる問題であった。従来、こうした内集団・外集団は、生まれ育った時期や場所によって形成され、おそらくは個人の生涯を通じて比較的安定したものであったのだろう。

今日、人口統計学的、技術的な転換により、内集団と外集団は迅速かつ容易に、また出自という偶然ではなく、多くの場合は自分自身の選択によって形成される。『おおいなる選別――同好の士が集うアメリカ人の集団化が我々を分断する理由』[23]（*The Big Sort: Why the Clustering of Like-Minded America Is Tearing Us Apart*）の著者であるビル・ビショップは、アメリカでは個人が自分の意志で特定の場所に移住することで、ますます同質な集団へとみずからを選り分け続けていると述べている。人類の遠い過去から現代のほとんどの期間に至るまで、人間は生まれた場所に近い集団に留まる傾向があった。ビショップは、さまざまな手段や機会を手にしたアメリカの人々が、この数十年の間にいかにして、同好の士が集う社会集団がいる地域へと移住をするようになったのか、追跡を行った。オースティンやテキサスが、いかにして周辺の州よりもリベラル傾向が強くなったかを考えてみよう。[24] ビショップの分析以来、自分に似た社会集団に囲まれるという傾向は、ソーシャルメディアの急速な普及によってさらに拡大した。ソーシャルメディアでは、わざわざ他の都市や街に移住することなく、いままでよりも効率的かつ効果的に、電子技術によってみずからの内集団・外集団を選り分けられる。

社会的アイデンティティは、当該集団を象徴する態度（たとえば、「都市部の住民は農村部の住民よりもリベラル傾向が強い」）、特性やステレオタイプ（たとえば、「科学者はオタクのおかしなやつらだ」）、そして行動（たとえば、「教授とは講義を行う者である」）を反映する。**プロトタイプ**とは、当該の社会集団において最も典型的な象徴となる個人を指す。[25] 著者のゲイルらは、科学者としての自己観を形成することに苦労する女性の存在を報告している。この原因の一つは、社会に深く根差した典型的な科学者像が「白人、男性、社会性がない、みずから選んだ科学分野にだけ夢中」であるという点にある。[26] たとえば、『ビッグバン理論』という人気番組は、ほとんどの出演者が男性で社会性がないという、物理学者のプロトタイプを利用している。

社会的、電子技術的な流動性により社会集団への加入が容易になったとしても、社会集団からの離脱もまた容易となったわけではない。社会集団はメンバーに対して、集団に留まるような強力な影響力を行使する。極端な例として、カルト集団は、メンバーを留まらせるために常軌を逸した手段をとることを厭わない。母親を支援する団体でさえ、あなたが母乳育児をするつもりがないと言えば、その理由を問わず、多少の抵抗を示すだろう。こうした集団から離脱するのが難しい理由の一部は、メンバーが他のメンバーに対して、集団に留まり同じ視点を共有するよう働きかけるという点にある。社会集団はかつて人類の生存に不可欠なものであり、いまなお強力な社会的・心理的な役割を、おもに個人の生活の向上という点において果たしている。社会的孤立は、孤独、抑うつ、絶望をもたらす。アメリカにおいて一〇代の自殺率が上昇しているのは、ネット上の社会集団から孤立している、あるいは疎外されていると感じる経験が多くなったことが一因とされている[27]。

当然ながら、外集団よりも内集団からのメッセージの方が、同じメッセージでもはるかに説得力があることが示されている[28]。科学的な問題についても、自分で調べるよりも、集団の常識に従う方が手っ取り早くて簡単である。ある中年女性が、ホルモン補充療法を受けるべきかどうかを知りたければ、友人にどう思うかを聞くかもしれない。あるいは、政治的な問題に関する意見をクラウドソーシングで集めることもできる。投票の対象となる法案が何十件もあるカリフォルニアでは、ソーシャルメディアで「なあ、議案の一二番の投票はみんなどうしてるんだい？」と目にすることも珍しくない。忙しい人ほど、あるトピックに関する情報を手間暇かけて集めるよりも、集団の見解を受け入れようとする傾向がある。しかし、科学的な主張をその価値に基づいて評価するのではなく、ネット上で友人から意見を募って決める場合、科学的に健全な判断を下せる可能性は低いだろう。

みずから調べるつもりがない、あるいは複雑な科学的議論を掘り下げることに時間をかけたくないのであれば、内集団の考えを受け入れるという、労力の小さい道を選ぶことになる。「遺伝子組み換え作物についてはよく知らないけど、友人はみんなそれを避けているから、やっぱり悪いものなんだと思う」と考える人もいるかもしれない。トークショーの司会であるジミー・キンメルに「ここロサンゼルスでは、二〇％もの生徒が予防接種を受けていない学校がありますが、それは彼らの保護者が、天然痘よりもグルテンを恐れたからです」[29]という有名な冗談を言わせたのは、南カリフォルニアの反グルテン、反遺伝子組み換え作物、反ワクチンの内集団の力である。

社会集団のレンズを通して科学についての見解を形成するのは、いくつかの点で問題である。まず、社会集団の考えをベースに科学的な問題を受容もしくは否定するのは、その問題に対する批判的思考を放棄することにもなりうる。パンデミック禍でのマスク着用は、マスクにウイルスの拡散を抑える効果があるかに基づいて判断されるべきであり、内集団の考えに基づくべきではない。次に、科学的な説明の妥当性が、証拠よりも特定の科学者集団の所属に依存するのであれば、心地よいとは限らないが信頼できる答えを求めるという科学の信頼性は、損なわれてしまう。そして、内集団の考えに一致しない科学はすべてデタラメだという見方は、科学に対する否定的な認識を強めてしまう。これにより、科学という営み自体が信頼に値しないという印象を強めてしまう。

気候変動に対する石炭の影響をめぐるビバリーらの懸念を振り返ってみると、私たちの誰もがそうであるように、彼女も隔離された推論用の小部屋で、一人で考えているわけではない。夫のトムや、他の家族のメンバーから意見を聞いている。友人とも議論を交わすことで、彼女の視点が形成されていった。新聞も読むし、ネットで検索もする。ケーブルニュースも視聴するし、ソーシャルメディアで友人との交流もする。もし彼女が他の多くのアメリカ人と同じなら、これらの情報源は、彼女が所属する社会集団の価値観と一致する傾向にあり、彼女の中にある既存の信念を強め、反証となる証拠を探すことを難しくさせてしまう。

内集団の力がピークに達するのは、問題の二極化が深刻化したときである。たとえば、気候変動の肯定派と否定派は、各陣営のメンバーが賛成・反対のメッセージを積極的に支持することで、対立構図を形成していく。政治家が「気候変動は、社会における複雑かつ微妙な科学的問題であり、あらゆる側面からの慎重な検討を要する」とあまり言わないのは、これが理由である。代わりに、「気候変動はデマだ」「気候変動は文明の存亡に関わる脅威だ」といった発言を耳にすることになる。こうした発言は、集団を最大限に区別化することや、政治家の見解を知らしめることには役立つが、個人が証拠を精査し、理解を深めるうえではほとんど役に立たない。

明確な見解をもつ強力な社会集団の欠点の一つは、たとえ証拠による裏づけがないものであっても、そうした集団の考えに逆らうことが難しいという点である。極端な場合、集団のメンバーが、共有する価値観に他のメンバーが従うよう強く求めることすらある。共和党のリーダーが気候変動を支持する発言をしたり、全米ライフル協会の会員が銃による事件について発言したりすれば、ニュースに値する出来事として見なされる。集団の哲学に反する者は、追放されるリスクがある。たとえば、ある若い母親が、子どものために医師が推奨する予防接種スケジュールに従うことにしたら、反ワクチン派の友人にそれを伝えるのは躊躇するだろう。親としての判断が疑われることを恐れたり、集団から追放されることについて心配したりするかもしれない。集団のメンバーが、内集団の信念に反する外集団の意見を共有することに消極的であれば、あらゆるトピックについて賛否を議論する機会は限られてしまう。もしビバリーが再生可能エネルギーに関心をもち、それが深い知識に裏づけられたものであったとしても、自宅の屋根に太陽光パネルを設置したいという願望を共有してしまえば、たちまち社会集団の外に追いやられてしまうかもしれない。

著者のゲイルとバーバラは進化論の受け入れに関する研究を行い、科学的な証拠を受け入れることで、社会集団（家族や教会のグループ）との対立状態に陥ってしまう人や、自分自身のアイデンティティに疑問を抱くようなってしまう人がいることを明らかにした。第5章で述べたように、バーバラの研究に参加した一年生の学生は、進化に関する彼の新たな視点に対して、創造論者である家族がいかなる反応を示すのか、疑問に思った。彼自身のアイデンティティに疑問を投げかけたわけであるが、ゲイルが他の学生にインタビューした際にも、そうした問題が挙げられたことがある。アイデンティティの表明によって痛感させられるのは、自己に深く根差した考えが、科学的トピックについての信念と相容れないことを認識したとき、その信念の方を変えるのがいかに難しいかという点である。それを変えたとき、自身の社会的アイデンティティが脅かされていると感じるのだろう。

そうした状況では、内集団から意見を聞いた場合の方が、はるかに信念が変わりやすい。アリゾナ州立大学のエリザベス・バーンズとサラ・ブラウネルが、生物学部の学生たちに共有する目的で、キリスト教徒である生物学者からのビデオ・メッセージを使用し続けてきたのは、こうした理由による[30]。内集団に当該領域の専門家でもある人がいることで、たとえ科学的な視点を受け入れたとしても、自分たちの（特定の信仰をもつものとしての）アイデンティティはそのまま保たれるということを、学生たちに理解してもらうことができる。

気候変動をめぐる科学的見解についてのゲイルらの研究においても、同様の傾向が見られた。すなわち、外集団よりも内集団のメンバーとコミュニケーションをとる方が、説得力が高まったのである。[31]この結果は、科学的なトピックに対する態度を決める場合、同じような世界観の内集団メンバーを参照することを示した、他の研究知見とも一致する。[32]しかし、ゲイルらの研究では、通常とは逆のパターン、すなわち内集団のメンバーの方が必ずしも説得力が高まるわけではないという結果も得られている。意見ではなく、知識に基づく判断（正誤が定まるもの）に関しては、外集団のメンバーがある程度の影響力をもっていたのである。ビバリーは、再生可能エネルギーへの態度に関しては、内集団からの影響を受けている。しかし、太陽光パネルがどのようにエネルギーを吸収し、それを送電網に送り返しているかについての説明は、太陽光パネルに反対している内集団よりも、電気技師の方がより知識に基づき、バイアスも小さいと判断されるかもしれない。

まとめると、人は自分が所属する集団を自分自身の一部と見なし、それゆえ自身のアイデンティティや社会的関係性は、しばしば自身の立場によって定められるのである。自分が何者であり、何に属するかを表明するために「私は環境保護論者である」「遺伝子組み換え作物反対派である」と誇らしげに主張する人たちを考えてみよう。こうしたアイデンティティは、親科学的であることも、反科学的であることもある。アイデンティティに基づく科学観（それが政治的な左派から右派に至るまで）は、本章の最初に論じた動機づけと同じくらい容易に、バイアスのかかった推論へとつながってしまう。

私たちができることは？

個人が特定の結論に向かうよう動機づけられているとき、あるトピックについての推論は最適なものとはならない。複雑な問題を批判的に考えるためには、自分の動機づけやバイアスを抑えることが必要であり、それには心理的な労力が伴うことを第4章でレビューした。とくに、当該の問題が自分の世界観と強く対立する場合にはなおさらである。同様に、科学的な情報を信じるか否かに関する自身の動機づけを省みるには、相当な注意を要するが、それが正確さに動機づけられた意思決定に向けた最初のステップである。

個人ができること

すぐにインターネットに飛びついたり、科学的なトピックに対する見解について考えたりする前に、自分自身の望ましい結論を省みるための時間と労力を惜しまないようにしよう。立ち止まり、一歩引いて、「私は何を信じたいのか？」とみずからに問いかける。そして、その認識を携えて、「最良の証拠が示すものは何か？」と問う。そして最後に、「この二つの立場は一致するか？」と問おう。もし一致しないのであれば、判断をする前に、できるだけ公平にその見解を検討する機会を設けよう。また、情報を探す前に、どのような情報源を調べるかを検討することができる。もし核エネルギーの安全性について懸念しているのであれば、連続ドラマの『チェルノブイリ』は科学的に最適な情報源とはいえず、ただ懸念を強めるだけになってしまう。

著者のゲイルとダグ・ロンバルディは、「フェイクニュース」があふれるこの時代に、ネット上で科学的な情報のソースを特定することの難しさについて書いている。[33] 科学についての誤解や虚偽の情報は、その見せ方がますます巧妙になっている。プロフェッショナルにデザインされたウェブサイトでは、信頼できるかどうかわからない、科学者っぽく見える「専門家」の意見が引用されている。

社会的アイデンティティがいかに自身の思考を形成するか、誰もが自覚的になるべきであり、また自身が所属する社会集団のメンバーが支持しない視点も、進んで考慮すべきである。健康志向であるゲイルの隣人は、藻のスムージーをつくり、日々摂取することによる健康上の効能を訴えていたが、実際には彼女はそれで病気になってしまった。CDCによる副作用についての報告によると、藻によって頭痛や吐き気が催される場合があるだけでなく、ゲイルのような自己免疫疾患をもつ人は、摂取を避けるべきであるという。よりよい判断を下すためには、ただ周囲に流されるのではなく、証拠を精査するのが望ましいのである。新たな考えを聞くために、情報の泡から抜け出して、異なる視点に対してオープンになり、それぞれの視点に公平に向き合っていく必要がある。

ゲイルらが行ったある調査では、科学的には正しいが自分は賛同しない視点について、それを支持する主張をするよう大学生に求めた。[34] 学生らは「あなたはAを選びましたが、Bを選ぶ人がいるのはなぜなのか、想像できますか?」と問われた（Aは不正解でBが科学的に正しい回答)。参加者は、なぜB（正しい回答）を選ぶ人がいるかを説明した後、「わかりました、さて、ご自身のもとの回答を変えたくありませんか?」と聞かれた。最初に選択しなかった正しい回答を支持する主張をした学生は、正しい方を支持するよう、回答を変更する傾向がより高かった。同様に、ある有名な気候変動懐疑論者が科学的な証拠を精査したところ、彼はその証拠を受け入れたのであった。[35]

科学コミュニケーターができること

自分自身の研究について書く科学者や、科学教育者、サイエンスライターのように、科学を伝える人たちにとって、程度の差はあるが、懐疑的な聴衆へ向けたメッセージをうまく表現する方法が存在する。科学コミュニケーターは、聴衆の見解に対して、また自身と聴衆がいかに共通認識を有しているかについて、強く意識しておく必要がある。共有しようとしている情報を受け入れるか否かにあたって、個人がいかなる動機づけを有しているのかも検討しておかなければならないだろう。集団のメンバーとしての立場は、科学コミュニケーターにとって重要である。なぜなら、内集団のメンバーはより信頼できると見なされることが多いためである。もし外集団に情報を伝えようとするのであれば、メッセージの表現や伝え方について、内集団の味方に頼ることを検討しよう。妊娠中の母親に予防接種の安全性について伝えようとしている医師は、懸念や知識、そして経験を共有するために、最近子どもに予防接種をさせた母親をその場に同席させるとよいだろう。

社会心理学者のヴィヴィアン・セイラニアンによる研究では、「私」ではなく「私たち」という言葉を用いた包括的なメッセージによって個人のアイデンティティに訴えかけることができ、それが積極的な行動を促すことが示されている。[36]セイラニアンは（ゲイルらとともに）、たとえば「私たち南カリフォルニアの人間は、水を節約する」と言ってアイデンティティを喚起させた。その結果、水道会社がよく消費者に提示するような、水の使用量の比較情報よりも、より効果的に水の使用量を減らすことができた。[37] よく知られているのは、九・一一の後、ジョージ・ブッシュはグラウンドゼロの瓦礫の山の上に立ち、「このテロの首謀者はすぐに我々全員からの追及を受けるだろう」と言ったことである。このメッセージのパワーは、「我々」という表現がすべてのアメリカ国民を意味するという点にある。[38] その一瞬、最も重要な内集団は、アメリカ国民であったのだ。二〇一九年にテレビ放映された気候対話集会で、民主党の候補者はそれぞれ、気候変動についての科学を「私」は受け入れる、「私」は耳を傾けると言っていた。実際には、「民主党員として、私たちは気候変動の科学を受け入れる」と言えば、もっと力強く聞こえただろう。

結論

個人の目標や動機づけは、科学の推論に影響を及ぼす。こうした動機づけは、経済的、社会的、個人的、あるいは政治的なものであり、何に注目し、情報をどのように処理し、それをいかなる方法で評価するのかに影響を与える。また、社会的アイデンティティは、科学についての見方を強力に形づくる。社会的アイデンティティは、多面的かつ影響力をもった自己の諸側面であり、科学に対する疑念、そして否定を理解するうえで認識しておくべき、重要な要素である。

第7章

感情と態度は科学の理解にどのように影響するのか？

冥王星が惑星とは見なされないと知ったとき、ケニシャは一〇歳であった。いま、彼女は大学院で天文学を学んでいる。彼女が五年生のとき、なぜ大好きだった惑星がもはや惑星ではなくなってしまったのか、先生が説明してくれたことを覚えている。なぜ科学者が惑星の定義を変更できたのかについて、彼女は理解できなかった。怒り、困惑、そして悲しみを感じたことを覚えている。夕食を食べながら、なぜ科学者が惑星のカテゴリーを変更したのかについて、両親と長時間話し合った。科学的な事実は不変であると思っていたため、自分の世界全体が変わっていくように感じた。自分が「知っている」他のことも、明日には変わってしまうのではないかと心配であった。子ども時代の情熱もいまでは笑えるが、こうした情熱こそが自分を科学の研究に向かわせたのだと認識している。科学の知識が移り変わるさまに驚いたケニシャは、高校でさらに科学を学ぶようになり、最終的には大学で科学を専攻するようになった。いま、彼女の情熱という感情は、火星に水が存在するという証拠を調べることにエネルギーを注いでいる。冥王星をめぐる子ども時代の自分の反応は笑えるが、理解はできる。「ティーチング・アシスタントをしていたとき、天文学の最初の授業を受けた学部生が、同じ表情をしているのを目にしました。授業で、自分たちが真実だと思っていたことと食い違う話を聞いたとき、彼らは困惑し、怒りさえ覚えていました。宇宙は膨張し続けていると聞けば不安になり、生命を維持できる条件をもった惑星が他にも存在するかを議論したときには、興奮していました。冥王星の再分類が子どもの私に大きな衝撃を与え、それが人生の道筋を変え、天文学の道に進むことになったということを思い出させてくれます。はじめて天文学を学んでいるときの彼らの気持ちには、感謝の念すら湧いてきます」。

小学校で冥王星の降格を知ったときのケニシャの反応は、複雑な科学的トピックについて学ぶときに人々が経験する感情の豊かさを物語っている。科学は感情という温かなレンズを通して理解される。ケニシャの反応は、授業やネット上で科学情報に触れ、それについて思いをめぐらせるときに、誰もがさまざまな感情を経験するのと同じである。科学の理解に感情が果たす役割について、ケニシャの経験は私たちに何を教えてくれるのだろうか？　感情は科学への態度にどのような影響を与えるのか、またそれが新たなイノベーションの可能性を受容、拒絶することにつながることはあるのか？　科学が社会や文化に与えるインパクトによって熱狂という感情が生まれることもあれば、科学的なコンセンサスに対する懐疑的な態度、さらには疑念や否定といった感情が生まれることもある。ケニシャの経験は、科学の理解をめぐって生じるこうした問題を明確にし、科学的リテラシーの向上を促すための新たな方向性を示してくれる。

世間は「プルーテッド」をどのように受け止めたのか

二〇〇六年に冥王星が準惑星に降格したとき、大論争が巻き起こった。一夜にして太陽系の惑星は九つから八つとなり、そして新たな「惑星」の定義が国際天文学連合によって採択された。それに対する反応は、一般市民や幼い子どもたちの間では圧倒的に否定的なものであり、おそらくは国際天文学連合の多くのメンバーの予想以上であった。世間の怒号を受け、ニール・ドグラース・タイソンは国際天文学連合の決定と世間の反応についての本、『かくして冥王星は降格された――太陽系第９番惑星をめぐる大論争のすべて』[1]（早川書房）を上梓した。降格される、価値を落とされるという意味で、「プルーテッド」という用語が使用されるようになった。[2] その本の中で、彼が冥王星の再分類を提案したことに対し、「小学校三年生から果てしない憎しみのメールが届いた」[3]と述べている。

ゲイルと博士課程の学生であるスザンヌ・ブロートン[4]は、五年生と六年生に対して、国際天文学連合が冥王星を降格させた理由について教え、それが新しい科学的な定義の理解、受け入れに役立つかどうかを調べることにした。同時に、生徒たちがどのように感じるかを確認したいと考えた。小学校の生徒たちに対して、冥王星の再分類に関する彼らの誤解に反論するような文章を提示し、一部の生徒にはより深い議論に取り組んでもらった。

再分類の決定に対する感情は強く、生徒たちは明らかに否定的な態度を示した。憤慨した一二歳の子どもは「ムカつくし、腹立たしいよ……。惑星だって思ってたんだ。だって、これまでは惑星だったって知ってたから。いまはもうそうじゃないだなんて、やっぱりなんか違う気がするよ」[5]と叫んだ。生徒が表した他の感情は、「惑星であってほしかったから、なんだか悲しくなってきちゃった」[6]というコメントからわかるように、さらにもの言いたげだった。一人の生徒は「みんな冥王星をとても小さい惑星だと思ってたから、本当に驚いているよ。僕だって惑星だと思ってた……だから本当に驚いているんだ」[7]と自分の反応を語った。驚きは一般的にニュートラルな（ポジティブでもネガティブでもない）感情であると考えられているが、この研究の中では通常よりもネガティブ感情（悲しみなど）と密接につながっており、冥王星の降格に関するニュースは、歓迎されるような驚きではなかったことを示唆している。再分類に関する国際天文学連合による根拠を知った後、一部の生徒は、もし未発見だった惑星に適用されるのであれば、新しい「惑星」の定義も歓迎すると述べていた。それはまるで、太陽系の九つの惑星のうちの一つとして永遠にあり続けるために、冥王星にだけ免除を願っているかのようであった。

惑星の数や、それが九から八に変更できるといった、科学に関するじつに基本的な何かを知った驚きのように、生徒たちは科学という営み自体にさまざまな感情を表していた。ある生徒は、科学的知識のあり方が変わることにいらだちを覚え、「長い間惑星だったんだから、惑星のままでいいじゃないか」[8]と指摘した。他の生徒は決定について疑いを示し、科学的なコンセンサスが再び変わるかもしれないとの考えから、「知らなかったからまだ驚いているんだけど、また戻るかもしれないよね」[9]と口にしていた。

生徒の感情がネガティブであるほど、国際天文学連合の再分類を受け入れることへの反発は強かった。しかし、知識に対する感情が戸惑いのようにネガティブなものであったとしても、それが当該のトピックをもっと学ぼうという動機づけとなり、科学的な思考や推論にポジティブに機能することもある。[10] この研究の生徒たちは、より深い理解やネガティブな態度のわずかな軽減が見られたものの、それでもまだ動揺していた。一人の生徒は、「冥王星は自分の人生の中では惑星だ！」[11] とまとめていた。

この研究は、感情や態度が科学教育に与える影響を理解するための、いくつかの課題を示している。あるトピックについて学ぶ前に、それについて生徒が何を考え、何を感じているのかを把握するのは、時に困難な場合がある。あるトピックが本当に「重要問題」なのかと教師が疑っていても、生徒が予想以上に情熱を抱いていることもある。たとえば、ユタ州の大学で助教授だったゲイルは、生物の進化に関する文章を使って読解力の研究を実施した。そこでゲイルは、進化に関する科学への強い反発、読解で沸き起こる生々しい感情、そして科学に対する見解とアイデンティティの結びつきの強さに驚かされた。学生たちは「もし私たちが動物と関係があると信じるのなら、もはや生きていく意味はない」という発言をもって反応した。人類と他の生物とのつながりは不思議で、畏敬の念を抱かせるものだと思っていたゲイルにとって、彼らの反応は想定外のものであった。こうした強いネガティブ感情に教育者が備えておけば、学生たちが感情をうまくマネジメントできるよう、指導内容をデザインすることが可能である。そして、科学者がどのように、そしてなぜそう考えるのかを説明することで、彼らの科学の理解を促すことができるだろう。

科学への冷たい見方を超えて

冥王星のケースで示したように、科学的な情報に対して人々はさまざまな感情を経験する。宇宙の広大さを考えるときには畏敬の念を、気候変動が海岸沿いにある故郷の海面を危険水準まで上昇させると実感すれば恐怖を感じるだろう。新型コロナは中国のコウモリ[12]由来の可能性があるという科学者の考えに人々は好奇心を抱き、ブラックホールの重力からは光ですら逃げられないという事実には困惑を覚える。人間と動物には関係があるという科学者の発言を聞けば、あなたのおばは怒るかもしれないが、あなたのいとこは他の生物界との深いつながりの感覚を経験するかもしれない。

思考と感情のつながり

しばしば、感情はコントロールされるべきものとして描き出される。イギリスで「平静を保ち、普段どおりでいよ」と言われるように、大人は感情に流されないよう、また本当の気持ちを公では見せないよう求められる。映画やテレビで感情がいかに描き出されるかを考えてみると、「感情的」とは「非理性的」と同じ意味で描かれていることがあるだろう。これは、感情が関与することで、私たちが合理的・科学的な推論プロセスだと考えるものとは、正反対の結果がもたらされることを示唆している。

旧来、感情それ自体と、それを個人がどのように考えるかは、まったくの別ものであると考えられてきた。最近になって、心理学者と神経科学者は、感情を特定の文脈の中で個人が経験する身体的な感覚であると考えている。[13] つまり、人前でのスピーチの直前に生じる胃の不快感は不安として解釈される一方、同じような身体経験が大好きなスポーツ・イベントを観ているときに生じた場合、それは興奮として解釈されるかもしれない。

感情を研究する神経科学者のメアリー・ヘレン・インモルディーノ－ヤンら[14][15]によれば、感情とは明確に思考・行動するための能力を奪う「非合理的な」存在などではなく、むしろ理性の基盤そのものであるという。人間の認知に関する新たな見方は、「我思う、故に我あり」から「我感じる、故に我学ぶ」[16]へと変わっている。インモルディーノ－ヤンの研究では、注意を払う、記憶を形成する、意思決定をするといった、科学的推論を効果的に行うための思考プロセスは、「感情的思考」と彼女が呼ぶ、個人が感情をいかに理解するかという点に依拠している。

感情は、個人的・生物学的なプロセスに留まらず、文化的に組み込まれたものでもある。[17] 個人がどのように感情を経験し、それにラベルをつけ、互いの表情が認識できるようになるかは、文化的経験に深く組み込まれている。[18] このことは、感情の表出や反応が自身と異なる、異文化の人々と交流する際に気づくだろう。いつ、どこで社会について学ぶかが、感情の解釈や表出に影響を与えるのである。

科学をめぐる思考における感情のさまざまな役割

科学について何かを読んだり学んだりしたとき，感情はその理解に影響を与える。クリーン・エネルギーの創出を可能とする方法として燃料電池を学べば，希望に満ちた気分が呼び起こされ，代替エネルギーに関する内省や深い思考をも促進させる。それによって，太陽光や風力エネルギーについてさらに学びたいという欲求が生まれ，エネルギー全般についての学びがいっそう促進されるかもしれない。一方，ヒューストンやマイアミのような愛すべき都市の多くが，今後ますます増える「一〇〇年に一度クラスの嵐」によって深刻なダメージを受けると聞けば，絶望感を抱くだろう。それによって，沿岸地域を襲う脅威について真剣に考えることへの抵抗が生まれ，そこでの被害が書かれた記事をクリックせず，スワイプして読み飛ばすようになるかもしれない。こうした感情は，まったく逆の形で表れることもある。たとえば，代替エネルギーの展望や経済への影響に脅威を覚えたり，沿岸地域を守る防波堤の建設について学ぶ意欲が湧いたりする人もいるだろう。

恐怖という感情は，新型コロナの脅威の知覚に重要な役割を果たしてきた。この感情によって，新型コロナがインフルエンザの一種にすぎないと主張する記事やケーブルニュースに注意を引かれたり，逆にマスクや手指消毒によるリスク低減についてもっと学ぼうとしたりするようになった。手洗いやソーシャル・ディスタンスといった，公衆衛生上の推奨事項を個人がどの程度行うかは，パーソナリティや政治信条以上に，ウイルスに感染することへの恐怖が強く影響していたことを，研究者らは示している。[19]

科学の理解を助ける感情もあれば、妨げる感情もある。感情には二つの捉え方があり、一つは心理学者が「感情価」（emotional valence）と呼ぶもので、ポジティブかネガティブかというもの、もう一つは強さで、感情がどの程度強く経験されたかというものである。楽しさや興味といったポジティブな感情は、理解や学習にポジティブな影響を与える傾向がある。何か新しい経験を楽しむと、その結果（この場合、どの程度多く学習できたか）はよりポジティブなものとなる。人間は火星で生活可能かについて、あるいは細胞の構造に関して書かれたものを楽しく読んでいるとき、読んだ内容を既存の知識と関連づけたり、批判的に考え、理解したことを図式化したりといった、能動的な学習方略に取り組むようになる。こうした学習方略で学んだ情報は、より定着しやすい傾向がある。[20] ネットの記事や授業で学んでいる内容が楽しくなかったり、退屈だったり、ましてや怒りを感じたりしているときは、そうした能動的な学習方略は行われなくなる。代わりに、ネットで新たな記事をクリックしたり、ランチで何を食べるかを考えたりといった、無関係な活動に取り組むようになる。こうした場合、感情は個人を思考や推論から遠ざけてしまうため、学びが得られにくくなってしまうのである。

数学に対する全般的な気持ち（おそらく不安）や、個別の文章問題を解かなければならないことへの気持ち（おそらく恐れ）などのように、特定の事柄においても強弱の異なる感情が経験される。こうした反応は、さまざまな科学的トピックに対する反応の仕方に影響を与える。私たちの研究では、特定のトピックは他のものと比べて、より強い感情を生起させる傾向があることを示した。通常、光合成や季節の変化といったテーマは、強い感情反応を生起させないが、人間の進化や気候変動といったテーマではそうはいかない。そこで生起される感情が、風力発電がクリーンなエネルギー源であることを学ぶときのように、興味のようなポジティブなものになることも、時にはあるだろう。しかし、実際には、気候変動の影響について学ぶときのように、そこで生じる感情は怒りや脅威といった、ネガティブなものであることがほとんどである。科学的トピックによって、教えたり学んだりすることの難しさが大きく異なるのは、これが理由である。

実際、気候不安、あるいは「エコ不安」とは、パニック発作、不眠、イライラ、罪の意識、気候変動に対する強迫的な心配といった症状が見られるものである。こうした症状に対する心理学者の関心は高まっている。[21] エコ不安は、みずからを将来的な気候変動の主たる被害者として見なすもので、若者の間でますます広がっている。こうした強い感情は、気候変動をめぐる若者の活動の高まりのように、よりポジティブな結果にもつながっている。[22] 科学的なトピックに対する感情は、ポジティブ・ネガティブいずれの結果であっても、強力な影響力をもちうるものなのである。

態度とは何か？

あなたは、気候変動を軽減するための炭素税の導入に賛成だろうか？　遺伝子組み換え作物のラベル表示についてはどうだろうか？　核エネルギーについては？　ワクチンは？　火星移住は？　科学的な根拠に基づくこれらの活動に対して、あなたはいかなる態度をとるだろうか？　態度とは、特定の人、物、実体に対する個人の評価である。[23] 感情と同様、態度もまた「価」（賛成か反対か、好むか否か、好きか嫌いかなど）をもつものとされる。

科学的態度とは、科学についての全般的な評価を指す。ここでの判断には、あるものについてどのように考えるか（認知的要素）、どのように行動するか（行動的要素）、そしてどのように感じるか（感情的要素）が含まれる。おそらくあなたは、科学は経済のエンジンであり、新しい知識経済の中で雇用を創出するもの、また社会や環境における課題に対して、解決策を提供するものであると**思っている**だろう。科学に対する好意的な態度は、自身のコミュニティ内の科学の行進（サイエンス・マーチ）に参加するといった**行動**へつながる。そして最終的には、環境科学者からの強い支持があるにもかかわらず、省エネ電球の使用に関する政策の撤回が提案されていることに、**怒り**を覚えるかもしれない。

　科学に対する態度は、個人の日常生活においてもさまざまな形で表れる。科学に対してポジティブな態度をもつ、マリアという人物を想定してみよう。マリアは、科学は医療の発展や経済的なイノベーションといった、数多くの社会的利益をもたらすと考えている。テレビで最新のＮＯＶＡ（訳注：アメリカの大衆科学番組）の特番を観るのを楽しんでおり、娘の科学博覧会コンペティションを楽しみにしている。一方で、科学に対して好ましくない態度をもつ場合も、もちろんある。パトリックは、授業で学んだことが日常生活と関連しないという理由で、高校時代は科学の授業が苦手であった。科学系のテレビ番組は避けるし、間近に迫った日食の科学的説明をネット上で探すこともない。科学について学ぶこと自体を避けているとさえいえるだろう。また、私たちの研究でも見られたように、[24]彼は気候への人為的な影響を主張する科学者の真意に疑念を抱いたり、新型コロナ感染症のリスクについて懐疑的であったりするかもしれない。さらに、クローン技術や幹細胞研究といった、彼が倫理的な問題があると考える研究実践に、なぜ科学者が取り組むのかという点についても、疑問を感じているかもしれない。

態度は通常、興味と一致する。その結果、富める者はますます富み、貧しい者はますます貧しくなる。言い換えれば、科学に関心をもつ者は、科学を学ぶ機会をより求める結果、それがさらなる興味をもたらし、多くは科学に対するポジティブな態度を形成するが、科学に関心のない者は、科学に関する話題からつねに目をそらすため、ネガティブな態度が変わる機会に恵まれない。態度と興味の一致は完全なものではないが、それは科学に対して（ポジティブでもネガティブでもない）中立的な態度を示していたり、たんに科学に興味がなかったりする場合があるためである。

科学に対する態度とは対照的に、哲学者のリー・マッキンタイアは、彼が「科学的態度」[25]と呼ぶものについて説明している。科学者であれ一般の人々であれ、個人が科学的態度をとるのは、証拠を重視したり、新たな証拠に照らして自身の考えを変えようとしたりするときである。[26]賛成や反対といった価値判断とは対照的に、マッキンタイアの言う科学的態度とは、科学的な情報を吟味する際の特定のアプローチである。つまり、証拠を重視するということは、新たな発見や、自分の立場とは相反する発見を、端から無視しないということを意味する。科学的態度を有する者は、進んで情報を探そうとし、科学的な手法を用いてみずからのアイディアを真に検証しようとするのである。

感情と態度は、科学の受け入れだけでなく、その疑念や否定においても相互に絡み合い、重要な科学的議論についての意思決定を方向づけたり、導いたりする。（就学に際してワクチン接種が求められている州において）子どもにワクチンを接種させるよりも自宅学習させることを養育者が選んだとき、子どもの健康についての不安などの強い感情が絡み合い、ワクチンの安全性をめぐる科学への態度が形成される。また、有権者が遺伝子組み換え作物のラベルづけに関する法案を評価するとき、彼らの科学に対する見解は、ラベルづけへの賛成や反対といった態度と結びつく。

著者のゲイルらは、遺伝子組み換え作物への態度と感情の関連について調査を行った。[27] その結果、遺伝子組み換え作物への抵抗が強い南カリフォルニアにおいて、ネガティブな感情と態度の間に関連が見られた。怒りや恐れを感じている場合、遺伝子組み換え作物には反対で、口に入れることはないと回答する傾向が見られた。また、遺伝子組み換え作物にはクローンが含まれているといった、多くの誤解を有していることも明らかとなった。誤解に反論する文章を読ませると、ネガティブ感情は弱まり、同様に態度も軟化した。感情と態度は密接に関連し、同じ方向にシフトする傾向があるため、時間をかけて、また新たな情報が得られることで、両者がよりポジティブもしくはネガティブに変わっていくことがある。

幼稚園から高校までの生徒は、科学の授業に好ましくない態度をとることが知られているが、例外的な生徒も数多くいる。[28] 態度は、性差や人種、民族性による違いが見られる。たとえば、一般的に男性は女性に比べて、科学の学習や実践にポジティブな態度を示す。[29] しかし、この差は分野によって異なり、物理学やコンピュータ科学においてはその差が顕著であるが、生物学関連の専攻やキャリアへの関心は、女性の方が男性よりも高い。科学に関するキャリアの選択は、科学に対する態度だけでなく、当該の分野への帰属意識の感覚といった、他の重要な要因にも規定される。女性や少数派集団のメンバーは、自身がハード・サイエンスにはふさわしくないかのような感覚をもってしまうことが多い[30]。自分が部外者であるかのように感じてしまうと、選択した専攻やキャリアでの成功はいっそう困難になってしまう。

一般社会での科学の学びにおける感情と態度

オンライン・ゲームやソーシャルメディアの時代に、動物園や博物館、国立公園はもはや時代遅れのものになりつつあると思われるかもしれない。しかし、そうではない。アメリカでは年間何千万人もの人々がそれらを訪れている。サン・ディエゴ動物園の来場者は年間三五〇万人である。アメリカでは、国立公園は「死ぬほど愛されている」と言われるほど来場者が多く、ザイオン国立公園では入場者の殺到によりマイカー規制が行われ、入園バスが運行されることになった[31]。科学博物館も例外ではない。カリフォルニア科学センターの年間来場者は、一五〇万人を超える。二〇二〇年の新型コロナによる閉鎖期間中でさえ、博物館はオンラインでのイベントや展示ツアーを催しており、さらに多くのファンを獲得したかもしれない。こうしたインフォーマルな学習の場は、学生や家族、地域住民向けのレクチャーや映像、プログラムを通じて、貴重な学習の機会を提供する。こうした機会は、有益な学習効果をもたらす[32]。

博物館の展示デザイナーは、一般の人々が科学を学ぶための展示をする際に、来館者の感情を喚起させることが有益であることを心得ている。ホッキョクグマの窮状は、気候変動による彼らの生息環境の縮小を思い起こさせ、多くの動物園来場者の心を揺さぶる。動物園を訪れることで、さまざまな影響を受けている動物との個人的なつながりを感じることができ、より自分事として気候変動を考えられるようになるかもしれない。[33] シカゴ動物学会のシニア副会長であるアレハンドロ・グラハルらが、気候変動の影響をより理解してもらう目的で、ホッキョクグマに対する人々の感情反応を利用する機会に着目したのもそのためである。「人々は科学的な事実に基づいて日常の判断を行っているわけではない。学習や意思決定において重要な感情的・心理学的要素があるのだから、それが動物園来場者という特定のケースで、いかに機能するのかを理解していきたい」[34] と彼は言う。問題は、科学と同様に多種多様な感情や態度が引き起こされる政治的環境の中で、いかに一般の人々への教育を行っていくかである。

自然とのつながりの感覚は、動物園や博物館来場者の個人的関連性の経験を高め、支援的な社会的文脈の中で気候変動への関心を促すことができる。グラハルがスーザン・クレイトンらと組んでこの問題を調査したとき、動物との強い感情的なつながりを感じた来場者ほど、気候変動を緩和させるために一般市民が行動を起こすべきだと回答する傾向が見られた。[35] また、北極の氷の減少がホッキョクグマの生息地に与える影響を強調する一方で、この展示に腹を立てた来場者からの怒りや懐疑的な質問に対応できるよう、彼らは博物館のスタッフを訓練した。

学校での科学の学びにおける感情と態度

教師も保護者も承知しているように、授業でも家庭でも、生徒は科学を学ぶ際にみずからの感情を排除しているわけではない。そして、それでよいのである。なぜなら、感情は生徒の学習を有意義なものにするためのメカニズムとして機能するからである。[36] 生徒は、間近に迫った試験やプロジェクトの締め切りに不安を感じたり、二次方程式を解こうとするときに当惑したり、さらには難しい宿題をこなして喜びを経験したりする。[37] ラインハルト・ペクルンらは、こうした学業上の感情が、科学の学習に対しても重要な影響をもつことを示した。化学実験室での実験を楽しんで行っている生徒は、その活動により集中する傾向があり、それが実験を正しく（安全に）行ったり、化学を学んだりするなどの好ましい結果につながる。[38] 反対に、間近に迫る試験に対する不安のようなネガティブな感情は、感情的な資源を消耗させ、試験に向けた復習に集中することをいっそう困難にしてしまう。

感情は、学習課題や活動に注意を向けたり、逆にそむけたりするだけでなく、他の形でも学習に影響を与える。それは、動機づけや興味、記憶、そして勉強方法などへの影響である。生徒たちは、楽しいと感じるコンテンツに夢中になっているとき、それを学ぼうといっそうの努力をする傾向がある。批判的思考や戦略的な問題解決のためにハードワークをこなすのは、彼らが課題を楽しんでいるときであって、課題に怒りや退屈さを感じているときではない。

授業内においても、生徒たちは特定のトピックに対する感情を経験する。ロボットのプログラミングにいらだちや興奮を覚えたり、遺伝子組み換え作物に対して恐怖や不安を経験したり、[39] 冥王星の準惑星への再分類に悲しみや怒りを経験したりするといったことである。[40] 生徒の感情は、学校の授業が数学から歴史、そして科学へと変わるごとに変化していくかもしれない。こうした感情は授業時間内で変化することもあるだろう。トレバーは、父親が旅行中に感染症から快復した様子を思い出しながら、生物の授業を心から楽しみ、細胞が抗体へ反応する仕組みを学ぶことに興味を抱くかもしれない。しかし、抗生物質に耐性をもつスーパー耐性菌の発生と、そこに進化が果たした役割に話題が移ると、自身の健康に対する懸念が生じたり、信仰上の理由から疑問を感じる進化にトピックが移ったこと自体に、怒りを覚えたりするかもしれない。

生徒たちは、知識そのものや学習プロセスに対しても感情を経験する。たとえば、遺伝子組み換え作物が安全であることを科学者がどのように知ったのか興味をもったり、運動エネルギーを講義形式で教え、実験やフィールド学習による探究の機会を設けなかった教師にいらだちを覚えたりするかもしれない。こうした感情は、トピック自体に焦点化されたものではない。科学の授業でよくある、知識や学習に対する感情を生じさせやすい状態は、「認知的不協和」[41]と呼ばれる。この状態が生まれるのは、自身の考えが学習内容と一致していなかったり、同じトピックについて相反する情報を見聞きしたりしたときである（たとえば、あるサイトではソーシャル・ディスタンスでウイルスの拡散が抑えられるとされ、別のサイトでは人々の交流が集団免疫を最速で獲得する方法だとされているなど）。これが混乱や驚き、興味を引き起こす。既存の知識に反する多くの考えに触れる科学の授業において、こうした状況は珍しいものではない。たとえば、生徒たちはワクチンが自閉症を引き起こすと保護者から聞いているかもしれないが、科学の教師は、ワクチンは安全できわめて重要なものであると教えるだろう。特定のトピックや学習状況に対して生じる（怒りやいらだちのような）幾分ネガティブな感情は、異なる視点をすり合わせることで気分の改善を図るよう、生徒たちを動機づける。それが科学の学習によい影響を与えることもありうるが[42]、多くの場合、ネガティブな感情は学習効果の低下につながる[43]。

著者のゲイルの研究に参加し、冥王星の降格を聞いた生徒たちは、怒りや驚きを含むさまざまな感情を経験した。彼らの感情は、国際天文学連合による新たな惑星の定義を学んだこと、またその決定に対する組織の姿勢の両方と関連するものである。よりポジティブな感情を経験した生徒は、冥王星の見かけ上の降格に心から怒りやいらだちを感じた生徒に比べて、惑星の新たな定義を深く理解していた。冥王星の降格にネガティブな感情を経験した生徒は、国際天文学連合の決定に反対であることも報告していた。ネット上で情報を探している大人であれ、太陽光システムについて小学校で学んでいる生徒であれ、科学的なトピックに対する感情と態度は密接に関連しているのである。

私たちができることは?

科学の理解には、喜び、驚き、当惑、不安、怒り、恐怖、絶望といった、人間のあらゆる感情が関わってくる。これらの感情は、授業で科学を学んでいるときや、ネット上で科学的なトピックについて調べているときに現れる。科学の理解はけっして「冷たい」、合理的なプロセスではない。むしろ、これまでの研究が明示してきたように、科学的な思考や推論には感情や態度、そして信念が密接に絡んでくる。それは、人間の他のあらゆる経験と同じである。問題は、思考や推論をサポートする感情がある一方で、注意と熟考をフルに注いで取り組むべき難しいトピックから、個人を引き離そうとする感情があることである。

個人ができること

インターネットの普及により、世界中の図書館の蔵書に相当する情報が、わずか数クリックで手に入るようになった。科学的なものから詐欺的なものまで、利用可能となったこうした膨大な情報は、強い感情や態度を呼び起こす可能性を秘めている。ネット上で見つけた最新の科学情報に触れる前に、自身の感情をチェックすることは現実的には不可能であり、また必ずしも役立つものではない。そのため、自身の健康やウェルビーイングのために賢く情報を精査しようとするのであれば、意思決定における感情の役割を認識することが不可欠である。

ネット上の社会集団の中で、大の大人が、物議を醸すトピックをもち出した人を締め出したり、「友達から外す」ことさえしてしまったりする現象を多くの人が目にしている。おそらくこうした行為は、社会的な関係の中で強いネガティブ感情を経験したくないために生じるのである。同じことは、科学的なトピックをネット上で調べているときにも起こりうる。こうした強い感情は、心理学者が「フォークロージャー」と呼ぶもの、すなわち証拠に基づく決定に必要な情報を得る前に、批判的思考プロセスを早々に停止させてしまう現象へとつながる。[44] たとえば、多くの人は、真の医学的なリスク因子よりも、流行に基づいて特定の食品を避けている。[45] グルテンに耐性のない人はほんのわずかな割合しかいないが、グルテンフリー商品は幅広く普及している。まったく問題のない商品を避けることで、重要な栄養素を容易に摂取できる機会を逃している人もいるだろう。まず必要なのは、十分な吟味を経ずに科学的な情報を拒絶することが、ネガティブな感情や態度によっていかにもたらされるかを認識することである。新しい考えにオープンでありつつ、それを批判的に吟味することを心がけよう。

教育者ができること

整然と並んだ座席で静かに座り、お行儀よく手を組んでテキストを読む生徒たち、という旧来的なイメージは、かなり前から時代遅れになっている。小さな校舎の一室にいる一九〇〇年代初頭の教師がタイムスリップしてきたら、今日の授業の取り組みはカオスのように見えるだろう。このタイムスリップしてきた教師は、おそらく授業中に生徒たちが感情を表出しないよう求めていたのだろうが、今日の模範的な教師は、生徒たちが学校生活のさまざまな場面で、興奮し、イライラし、不安を感じ、希望をもち、悲しむことを期待している。感情を避けるのではなく、学習の基盤として捉えるという新たな視点は、教師が授業内での感情を歓迎すべきこと、また意義ある学習における感情の重要な役割を認識すべきであることを示唆している。

生徒たちは、ポジティブな感情を経験しているときに最もよく学ぶが、それは学びがつねに楽しいものであることを意味しない。動物の絶滅のように、科学には本質的に悲しい、あるいは心をかき乱すようなトピックが数多く存在する。生徒たちは講義や活動に対して、独特で多様な、時に予想だにしない感情反応を示すことがあり、教師はそうした反応に対する安全な場所を用意しておく必要がある。生徒たちの学習効果に影響を与えるために、楽しさのようなポジティブ感情は、教える内容の中心に据えておかなければならない。ゲイルらの研究において、学習内容に対する生徒たちのネガティブ感情を低減させることが、学習効果を高めるための優れた方法であることが示されている。学びを楽しむのがベストであるが、まずは嫌いにならないことが大切な一歩なのである。

インフォーマルな学習環境の場にいる人たちができること

科学博物館からサマーキャンプ、放課後の科学プログラム、テレビ番組、ネット上の情報源に至るまで、生徒や大人が学問の場以外で科学について学びながら、ポジティブな感情や態度を経験できる機会は無数にある。博物館が通常の授業よりも優れているのは、任意参加型であることが理由として挙げられる。博物館は、運営委員会や寄付者に対する責任はあるものの、神経質な教育委員会や怒った保護者からの干渉はないため、公立学校に比べて物議を醸すようなトピックを自由に提示しやすい。科学に対するポジティブな感情や態度を植えつける放課後プログラムは、恵まれた地域だけでなく、あらゆるコミュニティで実施可能である。市民科学プログラムは、それに対する批判がないわけではないが、大人が自宅の裏庭で科学を学ぶ機会を（実施する機会さえも）提供する可能性をもっている。

科学コミュニケーターができること

科学をいかに効果的に伝えるかについて、感情や態度の研究から学べることは多い。科学ニュースが懐疑的な目と強い感情・態度にさらされることを、科学者やサイエンスライターはいっそう意識するようになっている。この意識が最初の一歩である。次の一歩は、こうした感情や態度を受け止めることである。優れた科学コミュニケーターであったスティーブン・J・グールドは、寄生虫が宿主を食しながら生かし続けるといった、生物界の不穏な話を伝える際に、「自然界に道徳的なメッセージは何もない」[46]と読者に念押ししておくことを好んだ。彼は、読者が自身の価値観や感情を生物界に押しつけ、話のポイントを理解する前に心を閉ざしてしまうことを鋭く見抜いていたのである。

できる限りポジティブな感情や態度を喚起させ、ネガティブな感情や態度を低減させることにより、科学コミュニケーターは最も効果的に科学的な情報を伝えることができる。環境への影響を軽減させる、あるいは健康を向上させるためにできる活動の手順を共有することは、いらだちや悲しみといったネガティブな感情から、希望や興味といったポジティブな感情へと読者を導くための、前向きなメッセージとなる。また、科学的な発見に対して、危険で潜在的な悪影響がありうるとの懸念から、ネガティブな感情や態度がかき立てられることがある。科学的な発見の可能性に対する畏敬の念や驚嘆を促すことで、こうしたネガティブな感情や態度とのバランスをとることができるだろう。

結論

感情は、授業内外における科学的情報の受容、拒絶に影響を与える。人間の他のあらゆる経験と同じように、科学に関する思考や推論においても、感情と態度が密接に絡み合うことを、これまでの研究は明確に示しているのである。

第8章

科学に対する否定、疑い、抵抗に私たちができることは？

科学に対する否定、疑い、抵抗は、社会に広く蔓延する、じつに悩ましい問題である。何を科学的に妥当なものとして受け入れるかについて、世間一般と科学者の間に大きな隔たりが存在することが、数多くの調査によって示されている。進化や地球温暖化、遺伝子組み換え作物について、科学者は何を知っているのか。また、これらの重要問題について、科学者はどの程度の確信をもって知っているのか。これらの問いに対するアメリカ国民の認識は、十分とはいえないようである。

確立された科学を拒絶したり、受け入れようとしなかったりすることは、現代社会が直面する多くの問題――とりわけ、人為的な地球温暖化や世界規模の深刻なパンデミックの脅威――への解決を妨げるものである。本書の目的は、科学否定の社会文化的な背景や、科学否定に陥る心理学的な説明について、情報提供を行うことであった。世間一般における科学の理解や受容、そして価値を高めていくことで、地球環境の保護やあらゆる生命およびコミュニティの健康・幸福の向上に、誰もが邁進していくようになるだろう。

すでに見てきたように、科学否定はいまに始まったことではない。一六六三年、ガリレオは地球が太陽の周りを回っているという穏やかならぬ主張により、異端者として有罪判決を受けた。瘴気や悪い空気ではなく、微生物や病原体が病気を引き起こすという説もなかなか受け入れられず、病気にならずに済んだかもしれない多くの人の命が失われた。ここ数十年の科学の進歩により、人間の寿命や多くの人々の生活水準は劇的に向上した。それにもかかわらず、科学的な証拠に対する抵抗は依然として根強く、現代のインターネット時代においていっそう強まっている。正しい情報、誤報、偽情報は容易に入手できるが、見分けがつかないことも少なくない。驚くべきことに、一部の代替医療や反ワクチンを正当化するものとして、ネット上ではいまなお「病原体説の否定」が横行しており、どうやら食事や健康活動のみが病気の根本原因であるという信念に基づいているようである。新型コロナにより、その原因や治療についての誤情報・偽情報の大規模な拡散、すなわち「インフォデミック」[1]が巻き起こった。科学否定論者は、ネット上で自身の信念を支持する情報だけでなく、同じような主義主張を展開するコミュニティを探すことができる。自分の世界観が脅かされたときには、それを守り、維持していくうえで、そうしたコミュニティの存在が役立つのである。

多くの人が、現代は「ポスト真実」の時代[2]であり、何が十分に実証されているのかを見極めることが、ますます難しくなっていると主張している。ネット上で目にするものはアルゴリズムによって決められ、ソーシャルメディアの投稿が既存の信念を強化することにより、何が科学的に妥当であるのかを知ることがいっそう難しくなっている。情報を精査し、何が真実かを見極めるために必要なスキルは、急速に増加するネット上の情報量に追いついていないのである。

報道の「バランス」を主張するジャーナリズムは、ときに科学的知識を歪曲する形で誤って伝える場合すらあるが、そうした慣行により、科学的な妥当さをめぐる混乱はさらに強まっている。こうした慣行が人間の理解にネガティブな影響を及ぼすこと、またバランスをとること自体が**バイアスとなる**ことは、研究においても明確に示されている。[3] さらに、こうした報道の傾向は、タバコとがんの関連や気候変動に対する二酸化炭素の影響のように、科学への疑念で儲けている企業からの搾取が行われやすい環境をつくり出してしまう。[4]

科学教育の改善がきわめて重要である一方、それだけではこうした問題に対する万能薬とはならないだろう。誰にとっても、人生に影響を与える、あるいは投票所や診察室での意思決定・行動に関わる、あらゆる科学的なトピックの専門知識をマスターするのは不可能である。しかし、科学教育において知識の内容だけでなく、科学者がいかにして知識を生み出すのかといった、科学の基本的な前提を取り上げることで、科学をめぐるさまざまな問題に個人や国民全体が備えることができる。NGSが推奨するこの種の教育は、科学的な主張を解釈する力を強化するうえでも役に立つ。また、新たな証拠を積極的に探求し、みずからの考えを証拠に合わせて進んで変えようとする科学的態度の涵養もまた、科学教育における重要な側面である。[5]

教育歴やトレーニング歴に関係なく、私たちは**誰もが**、科学を誤解しやすく、また確立された知識に疑念をもち、抵抗し、そして疑惑の商人に騙されやすい。これまでの各章では、私たちがなぜこれほどまでに影響されやすく、また騙されやすいのかについて、それを説明する五つの重要な心理学的概念を紹介してきた。その五つとは、認知バイアス、認識的認知、社会的アイデンティティ、動機づけられた推論、そして感情である。

認知バイアス：簡単にいえば、人の心は多くの場面で思考の近道をする。これには、既存の信念に合致する情報を求め、解釈し、思い出す**確証バイアス**や、最も容易に利用できる情報を信じやすい**利用可能性ヒューリスティック**が含まれる。また、人は自分が実際にどれくらい知っているかを誤って判断する、理解の錯覚にも陥りやすい。これらを含めたさまざまな認知的傾向を克服するためには、労力を惜しまない批判的思考、そして反省的で思慮深い心を働かせることが求められる。[6]

認識的認知：授業での学習、ネット上での新たな情報との遭遇、さらには真実をめぐる主張の対立を解決する場合などに、私たちは認識的認知を働かせる。[7] 一人ひとりが、権威、他者の証言、証拠、あるいは何らかの合理的な推論を通じて、知識とは何か、またいかに知識を得るのかに関する信念を形成する。認識的認知はパターン化された形で発達・発展していき、科学的な主張の解釈や情報源の評価の仕方に影響を与える。[8] 知識を二元論的に――正しいか間違っているか、白か黒かのように――捉える人は、絶対的な確証を求め、知識の発展に伴う曖昧さへの寛容度が低い。一方、多元主義的に知識を捉える人は、あらゆる主張をたんなる意見の一つと見なすため、すべての主張を等しく妥当なものとして考えてしまう。しかし、評価主義的な視点で知識を捉える人は、知識とは暫定的で、発展していくものであるという認識をもち、また証拠に基づいて知識を理解し、そして専門知識や権威を正しく評価するための基準を有している。評価主義的な心の習慣は、科学への造詣を深めるのである。認識的信頼（たとえば、科学的な集団、医師、牧師、特定のニュースの情報源、教育者に対する信頼）もまた、認識的認知の重要な構成要素であり、世間一般の科学理解の一部である。

動機づけられた推論：人間とは、動機づけられた推論を行う生き物である。時に正しさや理解への欲求に動機づけられることもあるが、既有の信念をはじめ、推論を曇らせ、歪ませるバイアスに動機づけられることも多い。同じデータを解釈する場合であっても、結論に対する賛否によって、結果をかなり異なる形で解釈することが示されている。[9] そうした動機づけは、科学的に妥当な結論を個人が受け入れるか否かの判断を、いともたやすく左右してしまう。

社会的アイデンティティ：私たちは誰もが部族主義者であり、自分が属しているグループや、核となる価値観を共有している他者を同一視する。たとえば、専門家集団、同じ態度を有する保護者グループ、政党、宗教団体、その他あらゆる集団がそこに含まれうるが、こうした集団への社会的関与によって、アイデンティティの中に強い影響力をもった一側面ができあがる。集団の一員として、その集団の掲げる目標に従うことにより、何を考え、信じるかについて思考の近道をするようになる。反ワクチン運動に関して『ニューヨーク・タイムズ』からインタビューを受けた女性は、彼女と同じように自宅出産をし、布おむつを使用し、母乳育児をしている――しかしワクチンは接種させていない――フェイスブック上の母親グループからのサポートを切望していたことについて話した。「私は彼女たちのサポートを切望していたので、ワクチン接種を遅らせることで歩み寄り、グループから追放されないようにしました」[10]。社会的アイデンティティと社会的価値観は、動機づけられた推論の基盤を形成するのである。

感情：科学について学んだり、考えたりするとき、そこには多くの感情や態度がもち込まれる。科学の学びも実践も、楽しさ、驚嘆、魅惑、驚き、不安、怒り、恐怖、絶望といった、さまざまな感情が生じる。ネガティブな感情は判断を曇らせ、深い学びを妨げる。科学への好奇心や畏敬の念といったポジティブな感情は、科学の学びに開かれた心を涵養する。

これら五つの心理学的概念は、個人がどのように、またどれくらい効果的に、科学を解釈するプロセスに取り組むことができるかを理解するうえで有用である。また、個人の思考や他者との会話を向上させるうえで役立つ洞察も与えてくれるだろう。

解決策――科学に対する否定、疑い、抵抗に対処するための実践的ガイド

一般の人々との議論を通じて、科学に対する否定、疑い、抵抗をめぐって、彼らが抱く数多くの懸念が明らかとなった。彼らは、どうすれば科学の理解を深められるのか、またどうすれば怪しい主張に騙されなくなるのかを知りたい。また、科学に対する疑念や否定にみずからを向かわせるような、隠れた認知の落とし穴について知っておきたい。さらに、情報を徹底的に精査し、いかなる有識者であれば信用してよいかを判断できるよう、ネット上でのスキルを向上させたい。そして、科学や健康、

環境といったトピックについて、正確な情報を求める力を高めたいのである。

こうした問題について私たちが意見を交わした人たちは、どうすれば科学を否定する人たちをもっと理解できるのかを知りたいという。家族、隣人、同僚、顧客、さらには政治家や公務員などであっても、意見が対立する人たちと対話ができるようになりたいのである。気候変動、化石燃料の使用、水圧破砕、パンデミック時のガイドライン、予防接種などの科学的なトピックについて、意見の深い対立があるときには、オフィス内の井戸端会議や家族の集まりであっても、会話は困難なものになってしまうだろう。医師は、証拠に基づく治療を患者に勧める際、どのようにそれを伝えればよいのかを知りたいという。また、科学教育者は、一個人としても専門家としても、一市民としても、喫緊の問題の解決に必要な科学的な情報を、個人が生涯を通して探求・吟味できるようになるには、どのような教育ができるのかを知りたい。さらに科学者は、一般の人々が理解可能な方法で、みずからの研究について伝えたい。そして多くの政策立案者は、最善の科学的証拠に基づく意思決定をつねに行えるようにしたいのである。科学に対する否定、疑い、そして抵抗に対処するために、これまで各章の最後に多くの提案を行ってきた。ここではそれらをまとめ、統合し、そして拡張していこう。

個人ができること

科学的態度を養い、科学の価値を理解する：個人ができる最初のステップは、簡単なように見えて、それなりの努力を要するものである。証拠や科学的な方法論を重視し、また科学が自己修正的な営みであり続けるために科学コミュニティで働く科学者たちを尊重しよう。また、新しい証拠や発見に対して、つねにオープンでいよう。そして、科学的な知見が暫定的なものであることは、その価値を下げるものではないということを認識しておこう。とくに、圧倒的な証拠がある場合には、何らその価値を下げるものではない。このことは、パンデミックのような危機的状況の中、科学が急速に生まれ、変化していく場合にとくに重要である。

自分自身の認知バイアスをモニターする：自説に合致する証拠だけを探し求める傾向がないかを振り返るとともに、そうした行動を起こしたくなる衝動に目を向ける訓練をしよう。また、既存の信念を即座に支持するものではなく、新しい（そして信念に反する）情報にまで視野を広げることで、「確証バイアス」に対抗しよう。いつ・どのようなときに、そうした取り組みが必要となるかを知ることが、バイアスとの戦いの半分を占める。自分にとってきわめて重要な問題であれば、オープンマインドを保ちながら、より深く追求するために時間をかけよう。また、提示された証拠を、時間をかけて吟味しよう。つねに全力で考え続けられる、またそうしたいと思う人間など存在しない。だからこそ戦略的に、自分にとって何が重要であるのかをうまく見極めるのである。「一貫性による自信」に基づく推論は簡単に説得されやすいことを肝に銘じておく。母乳育児について価値観を共有している母親は、ワクチン接種についてもよく知っているように思えるかもしれないが、自分自身で調べるようにしよう。また人間は、自分は知っているという過度な自信をもちやすい。そのため、「理解の錯覚」に注意しよう。そして優れた逸話の説得力に注意しつつ、自分が耳にした話を肯定・否定するための科学的な証拠を探そう。

批判的思考に取り組む：批判的思考とは、明瞭かつ合理的・分析的な、証拠に基づく思考であり、情報の分析・解釈・慎重な評価を含むものである。当然ながら、背景情報や事前知識が十分な場合の方が、批判的思考は容易なものとなる。優れた批判的思考を行う人は、証拠を適切に評価するための知識をもっている場合と、そうでない場合を心得ているものである。もし十分な知識をもたないときには、他者の専門知識に頼る必要があることも理解しよう。その場合には、情報そのものよりも、むしろ情報のソースやその信頼性の評価に集中する必要があることを認識しておこう。[11]そうしたスキルは、学び、発展させ、そして磨くことができるのである。

科学的な主張とその情報源を探し、評価する能力を高める：基本的な枠組みとして、①記事やウェブサイトの動機を見極める、②文章のトーンやバイアスを見極める、③情報源に対して懐疑的になる、またそれをチェックするためのツールを開発する、④あらゆる検索結果がアルゴリズムの標的となっていることに注意する、以上の点を学ぶことである。また、ファクトチェッカーが行っているように、検索結果を上から下に読むのではなく、複数のサイトにまたがって横断的に読んでいく。[12]検索結果を評価する方法を身につけることで、幅広く、できるだけ偏りのない視点を得るようにしよう。[13]こうした方法を実践している者は、結果の選別や結論に至るまでの時間を十分に割くため、情報源の信頼性を最も正確に評価することができる。ほとんどの大学は、学生に情報リテラシーを教えるためのウェブサイトを有しており、学生以外でもアクセス可能な場合が多い。スキル向上に向けた短期間の集中訓練を受けたいのであれば、それを利用するのもよいだろう。

アルゴリズム・リテラシーを高める：ネット上で経験することは、すべてアルゴリズムの関数によって決まる。ソーシャルメディアのフィード上で何を目にするのか、出会い系サイトで誰とつながるのか、検索でどのような結果が得られるのか、どのような商品が推奨されるのか、これらはコンピュータでコード化された命令により決まるものである。アルゴリズムは人工知能の基盤であり、顔認識、音声認識、自動運転などを支援するもので、さまざまな役割で人間にとって代わりつつある。また、アルゴリズムはプログラマーやデータセットのバイアスを反映することもある。[14] 日常生活におけるアルゴリズム利用の増加・発展は避けられないものである。そのため、アルゴリズムがどのように機能するのか、またどのようなバイアスがかかり、それをどのように解消するのかという点について、とくに科学的な情報をみずから調べる際には意識しておく必要がある。アルゴリズムがどこで、どのように働いているのか、またそれが自分の見聞きするものをいかに制約するのかを学ぼう。

科学的知識や専門知識を軽視する人々に注意する：企業や政治的な思惑に肩入れする形で科学的知識を貶める人々には、とくに警戒すべきである。二〇二〇年春の終わり頃、経済活動の再開や外出自粛施策の撤廃に早くから賛同していた政治家たちは、経済再活性化の推進に動機づけられており、必ずしも公衆衛生に関わる勧告を第一に据えているわけではなかった。また、既知の真実を未解決のものとして流布しようとする企てにも注意が必要である。現代の「ポスト真実」社会をめぐる言説は、真実を求め、尊重するという基本的な原則の必要性を容易に薄れさせてしまう。

感情の役割を知る：心を揺さぶられるトピックを自覚しておき、そうした話題に触れた際の感情の役割を認識しておけば、十分な情報を欠いたまま早急に結論に飛びついてしまうことを回避できる。たとえ事前に有していた考えに思い入れがあったとしても，「科学的態度」を心がけ，新しい考えに対してオープンであり，そして批判的に評価を行っていこう。加えて，証拠を追い求めるとともに，科学的態度や科学に対する畏敬の念といった，科学の理解を促すポジティブな感情へ注目し，それを育んでいこう。

自分の推論の動機を探る：あるトピックの情報を探すとき，自分が信じたいものは何なのかと自問し，それに反する知見や新たな証拠に対してオープンでいよう。利用可能な最善の証拠を探し，その信憑性と情報源を吟味する。もしネット上で調べているときには，使用する検索語に留意するだけでなく，その言葉が検索にバイアスをかけ，特定の結論を導いてしまわないかについても確認しよう。自分が信じたいことに反するグラフや科学的知見の説明を読むときも，オープンな態度を保つよう努める。また，得た知見を自分自身に説明し，もしそれが感情的なインパクトが小さい別のトピックに関するものであるならば，受け入れるのかを自問自答してみよう。そして，自分の立場を支持する知見か否かにかかわらず，とことん懐疑的であろう。

異なる視点も積極的に考慮する：所属集団の信念に反する科学的知見に対してもオープンでいよう。親しい友人や仲のよい集団のメンバーが，疑わしい特定の立場を標榜しているときは，証拠の情報源を尋ね，その妥当性を吟味するために深く掘り下げる。また，信頼をおいている人に対して，あなたがもっている疑問を共有しよう。さらに，異なる科学的視点をもつ仲間を探し，彼らがいかに，周囲と意見が異なる状況を乗り越えてきたのかを理解する。たとえば，母親グループがワクチン接種の延期や回避を主張していても，それを鵜呑みにせず，代わりに実際の研究では何が，どのように明らかにされているのかを探る。その上で、異なる選択をしている外集団の人たちと話をしてみよう。加えて、彼らの知識の情報源について尋ね、自分でもさらに探求してみる。そして、自分の子どもだけでなく、あなたが所属するコミュニティのために決断をしているということを自覚しよう。

他者の科学的思考と科学の価値を育む：次の世代とともに、科学的探究心や科学的態度を育くもう。たとえば、子どもはなぜと聞くことを好むが、あなた自身や科学者が、その答えをどのように導いたのかを彼らに理解させることができるし、あわせて科学的なプロセスについても教えてあげることができるだろう。また、簡単な実験や観察、探索を通じて、自宅でも科学を教えてあげよう。子どもを野外活動や自然体験活動に参加させるだけでなく、あなた自身の自然に対する興味やオープンな気持ちを見せることにより、子どもたちの生まれもった世界に対する好奇心に応えてあげよう。科学博物館や図書館、サイエンス・フェアなどでボランティア活動を行うのもよいだろう。

科学を重視、支援、信用し、資金を提供する人に投票する：気候変動、水圧破砕、マリファナの合法化、ワクチン接種の免除、銃規制をめぐる安全性、代替エネルギーといったさまざまなテーマを問わず、科学を重視し、証拠を求め、それを提示できる人物を意思決定の場に立たせよう。科学的な問題について候補者に問い、証拠を求め、政治的役職に選出・任命された人たちには説明責任をもつよう求めよう。科学への資金提供は、経済を活性化させる。自社の収益への影響から、科学的な結果に慎重な姿勢を示す企業に比べて、公的な資金援助はバイアスが小さい。政府から資金援助を得た研究は、（結果がどのようなものであれ）資金提供者である一般の人々とその成果を共有しなければならないことを、オープン・サイエンス化の動きは示唆している。

他者とのコミュニケーションにおいて何をすべきか

対立を深めるような対話はうまくいかず、じつに腹立たしいものになることを誰もが知っており、それが異なる視点をもつ他者との交流を妨げてしまう。議論のベースとしての共通点をいかに見出すか、どのように生産的に意見を交わしていくかについて、私たちは知っておく必要があるだろう。今日の差し迫った科学的な問題の解決に向けて、こうしたスキルを学ぶことが求められているのである。

他者の声に真摯に耳を傾ける：他者の考えを理解するために、必ずしもその人が信じるものを受け入れる必要はないことを覚えておこう。他者の考えをありのまま理解することにより、代案を提示しやすい立場に立てる。他者の声に耳を傾けることで、相手もあなたの声に耳を傾けるようになるだろう。聞く価値があると思ってもらえなければ、ただひたすら多くの情報を提供しても意味がないのである。

科学的知識を向上させる：多くの人が、地球は自然に暖かくなっており、それは正常なプロセスであると誤って信じている。この問題に対して説得力の高い主張をするために、たとえばデータを見る目を養ったり、ホッケー・スティック・グラフが何を示すのかを学んだり、二酸化炭素の増加が地球にいかなる影響をもたらすのかを知っておくのがよい。情報を収集するために、たとえば「地球温暖化はどのように起きるのか」[15]といったウェブサイトを閲覧するのもよいだろう。同様に、小児科医は子どものワクチン接種の説得に最前線であたっており、誤情報（たとえば、自閉症との誤った関連性など）に直接対処することが可能である。忘れてはならないのは、ただ事実を提示して反論するだけでは不十分だということである。[16] 誤情報がなぜ間違っているのか、なぜ別の説明の方が説得力に勝るのかを説明し、理解してもらおう。

主張の背後にある知識やそれに対する視点に注意を払う：知識を二元論的に捉える他者がいて、科学者の知識も不完全であると主張していたら、科学者が何を**真に**知っているのか、また科学者の主張（たとえば、気候変動の人為的な要因など）の確信度、そして科学者が――不確かさとは異なる――暫定的なものをどのように評価しているのかについて話してあげよう。もし多元主義的な視点から推論していたり、あらゆる主張を意見として等しく見なしていたりする場合は、証拠の価値や、証拠を入手・評価し、解釈する方法について教えてあげよう。そして、自分自身の知識に対する視点についても積極的に学ぶ姿勢をもち続けよう。

懸念や恐怖について理解するよう努める：科学的なトピックの中でもホットな話題について推論するときは、感情の影響が及ぶことを忘れないようにしよう。説得力をもたせたいトピックについて、共通の懸念としてどのようなものがありそうかを調べ、それに直接対処していくことも重要である。たとえば、新型コロナの感染拡大を防ぐマスク着用に難色を示している人や、ワクチン接種を躊躇している保護者は、ただ誤った情報を有しているだけでなく、じつは子どもや高齢の家族に危害が及ぶ可能性についても恐れているかもしれない。絶対安全な医療介入など存在しないことを認めつつ、そうした懸念が軽減されるよう手助けしてあげよう。

意見の相違の多くは事実についてではなく、価値観の相違であることに注意する：深く根づいた価値観を守ろうとするとき、人はしばしば、科学的に支持された情報を信じようとしなくなる。[17]また、他者がそうした価値観に無頓着であるように見えると、いらだちを覚えることもある。相手がどのような価値観をもっているか理解するために、探りを入れてみよう。

共通の価値観を見つける：気候学者のキャサリン・ヘイホーは、科学者でありながら、福音派のキリスト教徒でもあることを自身のアイデンティティとしているが、他者の信念について一元論的に考えることへの注意を呼びかけている。対立する意見をもつ他者と自分の間のすべての違いを考えるのではなく、共通点に焦点をあてよう。[18]たとえば、気候変動に関する会話において、ハイキングや釣りが好きな人とは環境への配慮という点でつながることができる。孫への愛情については、未来の地球への配慮という点でつながることができるだろう。共通の価値観を軸に周囲とつながろう。

変化は可能であると認識する：子どもが九歳のときにワクチン接種についての考えを変えたある女性は、（小児科医である義理の妹の懇願にも動じなかったが）身体が弱すぎてワクチン接種できなかった子をもつママ友から集団免疫について学び、自分の娘にもワクチンを接種させる決意をしたと説明してくれた。「他の誰かの人生を危機にさらすことよりも、ワクチンが子どもに害を及ぼすきわめて低い確率を優先していることに気づきました。突然、自分が言葉にできないほど利己的であるように感じました。気候変動が現実に生じているという科学的コンセンサスと同じくらい、ワクチンがコミュニティ全体の健康を維持するという強固なコンセンサスがあります。気候変動を信じない科学者はまずいませんし、自分の子どもにワクチンを接種させない科学者だって、そうはいません。ニール・ドグラース・タイソンが言うように、『科学のよいところは、信じるか否かにかかわらず、それが真実である』という点なのです[19]」。科学的態度は時間とともに身につけられる。それはすぐには影響が見られないかもしれないし、影響があったかどうかもわからないかもしれない。しかし、この科学的態度こそが、科学的な証拠を受け入れる方向に他者を導くということを認識しておこう。

教育者ができること

世間一般の科学理解を高めるうえで、知識の向上だけでは不十分であることを、これまでの章で一貫して論じてきた。一方、すべての年代における学習者の科学的知識を向上させるうえで、教育者が重要な役割を担うことも、私たちは明らかにしてきた。教育者は、生徒が科学をどのように考え、そして学ぶのかについて理解を深めることができるが、それが科学学習の支援の充実化につながるのである。彼らはまた、科学の貢献と限界を生徒が理解できるよう、働きかける機会を有している。自分や他者の日常の問題に対して、科学的に考えることで解決を図る生徒の能力は、入念に練られた指導を通じて育成されるのである。ディスカッション、シミュレーション、実験といった教育活動や、誤解に異を唱え、科学的な視点からの説明を行わせる教育的アプローチを通じて、世間一般の科学理解を促す重要な役割を教育者は担っている。

科学の学びに対する理解を深めてもらう：フォーマルな場か否かにかかわらず，生徒は定説とは矛盾する考えを携えて，科学を学ぶ場に臨む。天文学の授業を受講している大学生は，地球が球体であることは理解しているだろう。しかし，それは必ずしも，地軸の傾きによる季節の変化を，彼らが理解しているということを意味するものではない。重要なのは，生徒がどのような考えをもっているかを，授業前に把握しておくことである。誤解を放置したままにしてしまうと，学習の効果が得られにくかったり，不正確な知識に基づく反発を招いたりしてしまう。生徒がもつ誤解を特定できれば，科学的な見解と，彼ら自身の見解の間にある矛盾に目を向けるよう，教育者が手助けすることができる。科学を学ぶということは，たんにその内容について学ぶだけではないということを心に留めておこう。その内容について，生徒がいかに考え，そして感じるかも，科学の学びに含まれるのである。

強い既存の信念，態度，アイデンティティに留意する：一般教養の科学コースで遺伝子組み換え作物について学ぶ，カリフォルニア州とネブラスカ州の二つの大学生グループを想像してみよう。学生がもつ信念，態度，そしてアイデンティティの違いは，彼らの住むコミュニティの中で，当該の科学的な問題がどのように受け止められているかに依存する。カリフォルニア州の学生は，遺伝子組み換え作物の安全性を懸念し，何を買っているかがわかるよう食品に関する表示をしてほしいと思っているかもしれない。ネブラスカ州の学生は，農場で育ったことにより，害虫や干ばつへの耐性を高めるために，作物をいかにして改良するかを知っているかもしれない。また，トウモロコシを原料とした製品にラベルを貼付することで、家族経営の農場が廃業に追い込まれることを懸念している可能性もある。同様に、大嵐の影響を受けたり、故郷の炭鉱の仕事がなくなる経験をしたりした学生は、気候変動の影響を学んだときにそれぞれ異なる懸念を示すかもしれない。教育者は、地元に関することはよく理解しているだろうが、引っ越してきた生徒や他州から来た大学生は、それぞれのトピックに対して異なる態度を有している可能性があるということを、意識しておく必要があるだろう。事前の思い込みや、それがみずからの視点に与える影響について、生徒が自分自身を省みられるよう支援しよう。物議を醸す話題について授業でディスカッションする際には、そうした支援や経験が活きてくるはずである。

生徒の感情を認識する：経験豊富な教師は、学習における感情の役割を認識・理解している。学習という状況において、感情はただ排除されるべき存在ではなく、むしろ学習を成功させるための鍵となるのである。年齢を問わず、生徒は科学の学びを通じて興奮したり、感動したり、好奇心を駆り立てられたり、逆に不安になったり、混乱したり、いらだったりする。こうした感情は無視されるべきではなく、人間の学びに完全に組み込まれたものとして認識されるべきである。極端な例外を除いて、ポジティブ感情は学習効果を最大限に高める傾向がある。混乱やいらだちでさえ、その不快な気分を解消させようと、そしてもっと勉強をしようと学習者を動機づける。ただし、そうしたネガティブ感情も繰り返し経験されることで、科学をもっと学ぼうという動機を生徒から奪ってしまうことには注意が必要である。

ポジティブ感情は学習を促すが、すべてのトピックが本質的に楽しいわけではない。生徒たちが学びの中で強い感情を経験することを認識し、それを安心して表出できる場を提供することが重要である。パンデミックや気候変動をめぐる世界終末のメッセージは、学びを促すよりも、ストレスを引き起こす可能性が高い。[20] 生徒が学びを楽しむのは素晴らしいことであるが、まず何よりも落ち込んだり、不安を感じたりしないことが望ましい。気候変動について教えるとき、実際の解決策は個人の活動よりもはるかに大規模であることを理解させつつ、二酸化炭素排出量の削減や学校の省エネ支援といった、積極的な行動へと生徒の感情を向けさせよう。

デジタル科学的リテラシーの教育を推進させる：科学に関する情報は、あてにならない、あるいは人を欺こうとするネット上の情報源から得られることが、あまりにも多い。それはもはや、信頼できる・できない情報、そして詐欺的な情報を詰め込んだ、福袋のようなものとなっている。「科学に基づいた」健康に関する最新の主張を無批判的に受け入れるのではなく、情報源を慎重に考慮し、その主張の背後にある証拠を批判的に吟味するよう、学生たちに教えよう。既存のデジタル・リテラシー教育は、ネット上の誤情報や偽情報の急増に対応できていない。根拠薄弱な主張の中から妥当なものを選り分けるには、ネット上の科学情報について、その情報源を精査するための新しい、より洗練された方法が必要なのである。ネットで見つけた科学的な証拠を生徒たちが精査できるよう手助けしよう。情報検索を批判的に行えるように、教育の一環として特別なトレーニングを実施する必要も出てくるかもしれない。[21] 科学の妥当な情報源と「科学に関するフェイクニュース」を識別できるよう、学生のスキルや能力を高めていかなければならない。

科学という営みについての理解を深める：これまで科学は、事実の集合として教えられることが多かった。今日ではNGSSの指針により、幼稚園から高校までの教育者は、事実よりもプロセスをより多く教えることが奨励されている。[22] NGSSは、科学的な知識がいかに生み出され、査読プロセスによって厳格に評価されるかを理解させる指導を推奨している。科学者は、流行や大衆の意見に流されず、新たな考えに批判的であり、主張を裏づける証拠を追い求める存在なのだということを、生徒たちには理解してもらうべきである。

科学者が提供できる・できないものについて知ってもらう。科学者が提供できるのは、少しずつ正確さが増していく、物質界や自然界に関する知識であり、逆に提供できないものは、社会、政治、道徳、そして倫理的なジレンマに対する断定的な答えである。科学は「どうなっているのか」についての理論やデータを提供するが、「どうあるべきか」については何も教えてくれない。たとえば、気候変動によって海面が上昇し、あるエリアが住めなくなってしまうのはいつ頃かを予測できるが、家を追われた人たちをどうすべきかについて、科学は何も語ることができないのである。

教室の外で科学学習を行う。動物園、博物館、放課後プログラム、サマー・インターンシップといったインフォーマルな学習環境は、科学教育や科学の理解に重要な役割を果たす。遠足や市民科学プログラム、夜の無料家族科学教室を通じた地域住民への働きかけは、参加者が教室の外で科学を味わい、さらには実践するための素晴らしい機会を提供する。こうした環境は、科学的な知識がどのように評価されるのかを示すことも、また参加者を各自の市民科学プロジェクトや活動に取り組ませることもできるのである。

すべての生徒の科学的思考を育む：科学的思考には、科学的態度、[23]証拠の重要性の理解、そして新たな証拠に照らして自身の見解を変える意思が必要である。入念な指導を受けることでそれが可能となるが、そうした指導なしに科学的思考を身につけるのは、かなり苦労するだろう。人間には、物事を即座に判断し、次に進めようとする生来の傾向がある。[24]そのため、批判的・分析的な思考へ取り組むことを奨励していく必要があるだろう。とはいえ、科学的思考に必要なハードワークを、個人がしたがらなかったり、できなかったりするかもしれないが。

幼稚園から高校、また高等教育機関の教育者は、科学的思考を育む実践的な時間と場を生徒たちに提供することができる。これにより、証拠を疑い、検討することが習慣化される。また、（地球の形などの）いまや定説となった科学がいかにして定説となったのかを考える教材を用いてもよいだろう。生徒たちは、コンセンサスが形成される前に科学者が経験するような、証拠の評価プロセスを学ぶことが可能となる。

さらに、クリエイティブな指導を行うことで、グローバルな問題（食糧危機や病気など）を解決する力だけでなく、日常生活の問題解決にも役立つ推論の手段として、科学を教えることができる。今日、人々は近隣社会およびソーシャルメディア界隈において、同じ趣味や嗜好をもつコミュニティに属することが多い。[25]そのため、学生が自身の思い込みに疑問をもち、直感を払いのけ、異なる視点を考慮できるようになることが重要である。適切な指導があれば、反射的な思考プロセスを留まらせ、たとえば気候変動について、「何を信じているのか？」「なぜそれを信じているのか？　裏づけとなる証拠を本当に検討したのか？」と問うことができる。学生が自身の推論に疑問をもつだけでなく、他者の推論の誤りを見抜く訓練の場を提供できるのは、教育者だけである。他者の論理的な誤りを見抜けるようになれば、自身の思考や推論の欠陥については、いっそう容易になる。加えて、強い感情や動機づけが判断を鈍らせる可能性についても、認識しておいてもらおう。

生徒が真に関心をもつ現実の問題の解決に向けて、科学を活用させる：生徒たちは、自身の経験につながる科学的な問いに取り組むべきである。高校の化学で行った実験を覚えているだろうか？もし覚えていないとしても、それはあなただけではない。もし興味のない科学実験に取り組んでいたとしたら、それが記憶に残ることはまずないだろう。生徒が関心をもつ現実の問題について、疑問を向けさせたり、答えさせたりして、それが問題の解決につながるという経験をさせよう。そうした活動への積極的な参加は、あらゆる年齢の生徒にとって、より高い教育効果をもたらすものである。[26] 科学的な思考や推論を通じて身についたスキルは、たとえば、「電子たばこはどれくらい安全か？」「感染を防ぐためのよりよい手洗い方法とは何か？」「ソフトドリンクの中に砂糖はどれくらい含まれているのか？」といった身近な問いへ応用可能であり、また応用すべきである。「学校が芝を干ばつ耐性のある植物に置き換えた場合、使用する水の量およびコストの節約と、自由な遊び場の消失というトレードオフはどうなるのか？」といった領域横断的な問いも、科学の有用性を生徒が実感するうえで効果的だろう。

科学コミュニケーターができること

科学コミュニケーターは、科学をめぐる戦いの最前線にいる。サイエンスライター、ジャーナリスト、エッセイスト、ブロガー、子ども向けの科学本を書いている教師、そして教科書の執筆者は、誰もが科学コミュニケーションを行うコミュニティに属している。同様に、みずからの研究を世間一般に伝えたいと思っている科学者たちの存在も重要である。このような、科学を世の中に伝えている人たちは、科学否定と向き合うなかでとくに重要な役割を担っている。二〇一七年、新政権は「気候変動」に関するアメリカ環境保護庁のウェブページを削除した。[27] 政府の科学者たちはデータのバックアップに奔走し、ジャーナリストたちは気候科学の情報に蓋をしようとする策略を世に知らしめた。科学やそのポリシーを世間に伝えようとするサイエンスライターの取り組みは、科学という営みにおいて重要なのである。

科学について書く：大手報道機関の科学関連のニュースは、著しく減少している。『科学への戦争』(*The War on Science*)の著者であるショーン・オットーによると、一九九〇年代から二〇〇〇年代半ばにかけて、「週ごとの科学欄をもつアメリカの大手新聞社の数は、九五社から三四社へと落ち込んだ」という。[28] オットーは、『ワシントン・ポスト』のような大手新聞社が科学欄を廃止したことを批判した。日々の生活に関わる科学的な問題について、私たちは世間一般の理解の乏しさを嘆いているが、主要メディアから科学コンテンツが急速に姿を消していることは、間違いなくこうした問題に拍車をかけるだろう。世間一般の科学理解を深めるためには、幅広い科学の報道が不可欠であり、ジャーナリスト訓練校での科学コミュニケーション・プログラムを再び活性化させる必要があるだろう。今日では、従来の報道機関以外にも記事を発信するたくさんの手段があり、科学ジャーナリズムの役割がより強く求められているのである。

多くの科学者は、自分の研究を世間に伝えるために、科学のコミュニケーション・スペースへ参加することに関心をもっている。同領域の研究者だけが理解できる排他的な学術誌出版という旧来モデルから脱却し、広く世間へ向けた記事の執筆を始めている科学者もいる。科学関連の学術大会では、科学コミュニケーションについてのセッションがますます増えている。科学者たちは、科学を伝える取り組みの一端をみずから担わなければならないこと、またそれを科学者以外がしてくれるわけではないことに気づいたのである。科学者みずからが科学コミュニケーターになり、世間一般の科学理解を高めるとともに、科学に対する疑い、抵抗、そして否定を跳ね除けねばならない。

読者について知る：優れたコミュニケーターであれば誰もが心得ているのは、読者について知るという鉄則である。情報の発信先は、科学に懐疑的な人たち、あるいは当該の情報に反発する何らかの理由をもつ人たちだろうか？　読者はよくある別の見解に固執しているのだろうか？　読者は当該のトピックについてどれくらい理解あるいは誤解しているのだろうか？　あなたが発した情報の先にはつねに読者がいるということ、その情報によって科学の理解が大きく向上しうることを忘れないようにしよう。読者の胸を打つポイントを意識することは、読者の誤解を解き、理解を助けるメッセージを生み出すための、最初のステップである。何が読者の懐疑的な態度や抵抗を動機づけているのかを知ることが、よりよいメッセージを生み出すことへつながるだろう。

読者が抱きそうな誤解について知る：いかなる科学の情報であれ、それを世間に共有する前に、どのような誤解が広まっているかを考慮しよう。幹細胞に関する記事は、ただ幹細胞とは何かを定義するだけでなく、堕胎された胎児に由来するという誤った思い込みに反論しておくべきである。[29] 記事の詳細を伝える前に、そうした誤った思い込みは（バックファイア効果〔訳注：信じたくない、都合の悪い情報を突きつけられることで、かえってもともともっていた信念を強めてしまう現象〕を避けるような説明で）はっきりと、そして丁寧に解いておくべきである。科学的にも不明な点については、何がわかっていないのか、それが記事の内容にとってどの程度重要なことなのかを明確にしておこう。たとえば、気候変動に関して、海面が何フィート上昇するかという不確かな話に多くの時間を割くべきだろうか（具体的な数値は多様な要因に規定される）？　それとも、地球温暖化が海面を上昇させるというほぼ確定的な事実に焦点化すべきだろうか？　読者を混乱させたままにしておくと、科学的に確実であるものの理解を損ねてしまう。新型コロナによるパンデミックの際には、マスク着用、小包から感染が広がるか否か、学校を開校し続けることの賛否など、あらゆることが目まぐるしく変遷した。科学的な推奨事項が変わったときだけでなく、なぜ変わったのかについても必ず伝えるようにしよう。すでにわかっていることに加え、まだわかっていないことについては、慎重に不確かさの程度を説明したうえで伝えることを推奨する。

「両論併記」は意見であって、科学ではない：九八％の気候学者が気候への人為的な影響を認めているのであれば、賛否両方の立場へのインタビューで公平を装い、あたかも議論が存在するかのように仕立て上げるのは、ジャーナリストの過ちであるといえる。それによって、人々は素朴に、当該の問題が未決着であると結論づけてしまうのである。同様に、地球の形状に関する科学的な証拠を示すなどして、地球平面論者の見解にいちいちつき合う必要もない。誤解されている、あるいは論破された説を繰り返し提示することで、かえってその存在感が強まってしまったり、新たな読者にそれを紹介することになったりしてしまう[30]。

ニュースとは「新しいもの」であるが、人々が根拠に基づく理性的な行動をとるには、証拠が不足している。そのため、はやりの治療法について（それを否定することが目的でない限り）、たった一つの研究に基づいて話を盛りすぎないよう注意しよう。画期的な治療法となる可能性があるものについて、控えめな証拠をもとに伝えていきたい場合には、背景の理論や知見の枠組みで結果を提示し、実験参加者の実際の人数と方法論を記し、実験の限界を明記するよう注意しよう。

科学に関する情報を含める：科学がいかに機能するかについて、読者の意識を高めよう。新しい恐竜の化石が発見されたという事実だけでなく、発見された化石の年代を古生物学者がいかにして知るのかについても伝えよう。ワクチンの臨床試験がいかにして行われ、それがなぜ重要なのか、人々が理解できるように説明する。科学者が証拠を集め、評価する方法はさまざまであるが、何をするかだけでなく、どのように行われるかを伝えることで、科学という営み自体の理解が深まる。また、さまざまな領域を支える多種多様な方法について、読者が理解できるようにしよう。不確かさはつねに科学の一部であるため、コンセンサスの得られた見解がなぜ広く支持されているのかについて、読者が理解できるよう手助けしよう。確立された科学を信じることで、根拠としては十分だということを理解してもらおう。読者は、あなたの記事にまつわる新たな事実のみを知るだけでなく、科学そのものの理解をより深めてくれることだろう。

科学的な主張の根拠を示す：簡潔さは知恵の真髄である〔訳注：シェイクスピアの『ハムレット』に登場する言葉〕かもしれないが、強固な科学的説明の基盤とはならない。あなたが発信する記事内の主張について読者が評価できるよう、十分な証拠を示すよう心がけよう。証拠を示し、科学者がいかにしてその結論に達したかを説明することで、紙面上でもう一インチのスペースを設けることになるかもしれない。しかし、読者が自身の目で証拠を確認できなければ、彼らは当該の主張を信じないだろうし、また信じるべきでもないだろう。

読者の潜在的な動機とアイデンティティについて知る：集団の一員であることには強力な力が働く。太平洋北西部で伐採により生計を立てている人たちは、原生林の過剰伐採に関する記事に対して、経済的な理由から反発するかもしれない。また、南カリフォルニアの人々は、新たな遺伝子組み換えトマトに警戒の目を向けるかもしれない。核エネルギーへの反発〔左派の懸念〕、気候変動への疑い〔右派の懸念〕のように、特定のトピックに対する見解は支持政党によっても規定され、これは従来未検討であった視点でもある。

また、科学とは関係のないグループに科学を伝える場合、その中の「味方」を利用することを検討しよう。アリゾナ州立大学の研究者は、信仰をもつ科学者が、同じく信仰をもつ学生へ科学を伝えるということを行った。[31] 多くの場合、内集団のメンバーは外集団のメンバーよりも、グループ内のメンバーを諭すメッセージをうまく組み立てることができる。[32] もしあなたが内集団のメンバーであれば、その集団内の言語を使うことによって、社会的アイデンティティを最大限に活かすこともできるだろう。[33,34]「私たち中西部の人間は、家族農場を大切にしており、農場の維持には水が何よりも重要なのです」というメッセージは、外部から来た環境保護論者が「みなさん、作物への水やりを控えなさい」というよりも、はるかに節水を促す効果が大きいだろう。

読者の感情と態度を意識する：科学コミュニケーターは、みずからのトピックが強いネガティブな感情と態度をもって受け止められる可能性を意識する傾向がある。明確な説明や説得力のある情報で反発を和らげ、読者の感情をじかに受け止めるとき、コミュニケーションはより効率的に行われる。気候変動やパンデミックに関する記事を書くとき、それらの影響を和らげるために個人ができること、たとえば自身のコミュニティの中でできることなどを盛り込むようにしよう。科学はときに恐ろしいものであるが、高揚感や畏敬の念を抱かせるものでもあるため、正当な理由がある場合には、ポジティブな面を強調するようにしよう。新たな治療法の効果が限定的ではあるが、一部の人にとって有用であるときには、その症状から解放された人たちの希望に満ちた話を書く一方で、他の人々にはどの程度有用であるかを控えめに伝えるようにする。また、科学の不思議な側面を伝えることで、読者の心をつかむことができ、強調されすぎたネガティブな側面とのバランスをとることができる。もちろん、いかなる科学コミュニケーションにおいても、最優先されるべきはつねに正確さであって、うわべだけの情報ではない。

政策立案者ができること

政策立案者は、世間一般の科学理解に重要な影響を与えことができる、独自の役割を担っている。

社会、教育分野に関わる政策立案者、また民間組織、シンクタンク、慈善団体で働く人たちは、誰もが科学に関する政策の策定、広報、そして評価という点において役割を果たしている。これらの場で働く人々は、世間一般の科学理解をサポートすることができ、また教育やコミュニケーション活動を通じて、誤解や誤情報に対処することができる。

政治家や教育政策に関わる人たちは、科学への公的資金、カリキュラム、教師の専門性開発、科学や科学政策の広報などに直接的な影響を与えることが可能である。政策に関与する人たちは、ＳＴＥＭ（科学、技術、工学、数学）人材が労働力として必要とされていることをすでに知っているだろう。しかし、公的資金や科学教育へのサポートなしに、こうした需要を満たすことはできない。幼稚園から高校、大学、そして大学院に至るまで、あらゆる段階で教育への投資が必要なのである。一般的に、教育への投資、とくにＳＴＥＭ教育への投資には、大きなリターンが見込まれる。[35] しかし、科学を誤って理解している、また信用していない有権者は、科学教育や研究開発を支持したがらないだろう。また、企業から資金提供を受けている場合、つねにバイアスが存在するわけではないものの、当然ながらより多くの疑惑をもたれてしまい、それが成果に対する人々の信頼を低下させてしまう。公的資金の提供を受けた科学教育や研究開発を通じてのみ、人々は科学に対する当事者意識をもち、そして投資を行うのである。

公共政策に関する意思決定は複雑であり、また地域社会のニーズやリソース、そして政策実利性といった、多くの要因に基づかなければならない。しかし、政策立案者は、みずからの意思決定に科学を活用することができるし、またそうすべきでもある。あらゆる災害映画は、科学者が無視されるシーンから始まるなんていう皮肉がある。新型コロナの蔓延を抑えるために、科学に基づいた実践を早くから推し進めていた国は、「カーブを平らにする」という点ではより効果を得ていた。そうした国では、科学に基づく公衆衛生政策の実施により、数百万人の命が救われたという推定もされている。[36]

政策立案者は、地域社会での科学的な取り組みに対して、直接的な影響を与えることができる。公立学校や大学、また博物館や動物園、そして地域社会における科学教育への支援は、当該の社会に利益をもたらす。[37] STEM教育やSTEMリテラシーの獲得に取り組んだ地域社会では、そうした労働力に依存する産業を引き寄せることで、地域経済的な利益を享受することができる。また、科学的リテラシーを獲得させた地域社会では、自身の健康を向上させ、地域社会を持続させるなど、科学的知識からの利益を享受できるのである。

結　論

科学への理解と認識を深めることは、より健康的で幸せな生活、そしてより持続可能な環境の維持へとつながる。一人ひとりが科学的な考えにオープンであること、そして科学的態度をとることで、未来に変化を生み出すこともできる。教育者は、科学の認識をめぐる心理学に目を向けることで、自分自身の理解を深められるとともに、生徒たちの科学理解の向上に向けたサポートをすることができる。科学コミュニケーターは科学者と協働することで、また科学者は大学から科学を伝える活動を評価されることで、その影響力を高めることができる。政策立案者は、科学教育への資金援助、意思決定場面における科学的知見の活用、公的・非公的な場での科学コミュニケーションといった政策を推し進める立場にある。科学に対する否定、疑い、そして抵抗をめぐる心理学的な説明の理解は、よりよい思考、教育、政策立案、そして科学に関するコミュニケーションを行うための基盤となるだろう。

訳者あとがき

本書は *Science Denial: Why It Happens and What to Do About It* の全訳である。序文に書かれてあるように、原書の草稿が提出されたのは二〇二〇年二月末とのことであるが、それより前の執筆開始時には、未曾有のパンデミックが起こることなど、そして皮肉にも「科学否定」が世界的に深刻な問題となることなど、著者らは予想もしていなかっただろう。

本書では、おもにアメリカ社会における科学否定が取り上げられており、日本の読者にとってはなじみの薄い、あるいはイメージしづらい話題も多かったかもしれない。日本で創造論と進化論の対立に触れる機会はまれであるし、（アメリカ大統領のように）日本の総理大臣が気候変動への疑いを公然と口にすることなど、なかなか想像できないだろう。そもそも日本において、科学否定やそれに関連する事柄に社会的な注目が集まることは、これまでそう多くはなかったのではないかと思う。

もちろん、一部の過激なカルト集団や宗教団体の凶行が社会を揺るがし、その背後にある反科学的な思想が話題となることはあった。また、超常現象や神秘現象を指す「オカルト」は、いまなお一部の層から根強い支持を集めている。しかし、これらはほとんどの人にとって、時々見聞きする、到底理解不能な別世界の話にすぎず、自身に実害が及ばない限りは、特段問題とする必要性のないものと見なされてきたのだろう。

そのため、時に陰謀論とも絡めて展開されるコロナ禍での科学否定的な言説は、科学否定が重大な社会問題であることを、人々に強く認識させたのではないだろうか。ＳＮＳでは早くから真偽不明の情報が飛び交い、しだいに荒唐無稽な「真実」が数多く生み出されていった。それを信じた人々は、科学・医学的に推奨される予防法や治療法を拒むだけでなく、自分が知った「真実」を積極的に周囲に拡散していった。こうした動きは、ウイルスの拡散に引けをとらないほど速く、パンデミックによる被害を助長していくこととなったのである。

本書を手にとった読者の多くは、おそらくこうした事態を冷ややかな目で眺めてきたのではないだろうか。訳者自身も、ネット上で展開される非科学的な主張や、身近な他者による「真実」の布教活動に、当初は半ば呆れた気持ちになっていた。しかし、これほどまでに科学に支えられた現代社会において、なおも科学を疑い、否定し、拒絶するのは、一つの心理現象としてはじつに興味深く、また科学が社会の中で正しく認識・活用されていくうえで、真っ先に解明されるべきテーマであると考えるに至った。そうした中で出会ったのが、ゲイル・シナトラ、バーバラ・ホファーの両氏が手掛けた原書である。

南カリフォルニア大学の特別教授であるシナトラ氏は、長らく一貫して、個人および社会の科学理解に関する研究に取り組んでいる。その中で、認識的認知や動機づけられた推論、概念変化といった、本書でも登場した心理学的概念に着目した実証研究を数多く行っている。とくに、進化論や気候変動のように、個人の信念や感情、そして宗教などの社会文化的要因の関与により、科学的な見解をめぐる対立が生じやすいテーマを中心に研究に取り組んでいる。ミドルベリー大学の名誉教授であるホファー氏は、本書でいうところの認識的認知について、おもに発達的な観点からの研究を精力的に行っている。また、サバティカル（研究のための長期休暇）を同志社大学ですごした経験もあるなど、日本とも縁のある研究者である。

「科学否定」（science denial）と直接銘打った研究は、二〇一〇年頃を境に急増しているものの、全体の論文数はそれほど多くはない。ただし、科学をめぐる個人や社会の認識、認知バイアスや批判的思考といった心理学的概念、さらには「反ワクチン」や「ＨＩＶ／エイズ否認主義」のような個別の科学現象に対する拒絶や反発など、科学否定に深く関わるテーマについては、心理学や社会学を中心に古くから研究が行われてきた。また、本書でもたびたび言及されている「ポスト真実《トゥルース》」という言葉は、イギリスのＥＵ離脱や二〇一六年のアメリカ大統領選挙の文脈で使用され、広く人口に膾炙したものとなっている。とはいえ、それらは必ずしも、相互に十分な関わりをもちながら発展してきたわけではなく、それゆえに、全体を俯瞰したときの有機的な関連性という点については、どこか「もったいなさ」や「物足りなさ」を感じるような状況であった。そうした中、「科学否定」というテーマのもとに、心理学を主軸とした統合的な視点から、幅広い概念や現象に目を向け、個人向けから政治向けまで、科学理解の改善や科学否定の解消に向けた数々の提言を試みている本書は、本分野における一つのマイルストーンとして位置づけられるだろう。

科学否定というと、気候変動やワクチンの存在の否定、さらには地球平面説のようなセンセーショナルな話題が取り上げられるため、どうしても特殊な、まさに別世界の話であるような印象を覚えてしまうかもしれない。しかし、私たちは誰もが、程度の差はあれ、自分にとって都合のよい情報ばかりに目を向けたり、自説に沿うよう証拠を解釈したりする。また、「正しいか、正しくないか」の二元論で知識を評価したり、内集団の考えに基づいて科学現象の是非を判断したりすることもあるだろう。さらに、その時々の喜怒哀楽や態度によって、科学をめぐる意思決定を方向づけてしまうこともある。そしてこれらはほとんどの場合、自覚なしに行われてしまう。つまり、誰もが知らず知らずのうちに、程度の差はあれ、科学否定やそれに類する思考に陥ってしまうのである。だからこそ、著者らが再三提起するように、「科学的な態度」を獲得するための教育・訓練を早くから行い、自身の科学否定的な側面を意識できるようになることが重要なのであろう。

訳者自身、スポーツにおける通説・俗説を客観的なデータで検証する研究を行っており、その中で自分の直感や経験則を強く信じ、科学的な証拠を無視・拒絶する人がじつに多いということを痛感してきた。無論、パンデミックのような深刻な事態に比べれば、スポーツの通説・俗説を信じるかどうかなど、ささいなことであるかもしれない。しかし、そうしたささいなことから、常識や直感・経験則を疑い、客観的な証拠に基づいて、適切な思考・判断をするよう心がけることで、人生や社会全体を揺るがす重大な出来事に直面した際にも、科学的な態度で臨むことができるのではないだろうか。本書では、そのためのヒントや実践例が豊富に取り上げられている。すでに一読した読者も、折に触れて本書を再読することで、科学的な態度がいっそう確たるものとなっていくだけでなく、そのつど新たな気づきを得られるのではないだろうか。

翻訳にあたっては、原書の内容に忠実でありつつ、できる限り日本語として自然な表現となるよう心がけた。もし内容に不明瞭な部分があれば、それはひとえに訳者の責任である。

ちとせプレスの櫻井堂雄さんには、翻訳の機会をいただいたこと、また当初の締め切り期限を大幅に過ぎても、辛抱強く待っていただいたことを、心より感謝申し上げます。また、育児の合間をぬって翻訳に取り組むことをそっと見過ごしてくれた妻、好奇心溢れる元気な姿でパワーを与えてくれる幼い娘たちにも感謝します。最後に、本書を通じて一人でも多くの人が科学否定という現象に関心をもち、社会全体における科学の価値向上へとつながっていくことを願って、結びとします。

二〇二四年九月

榊原　良太

Seyranian, V., Sinatra, G. M., and Polikoff, M. S. "Comparing communication strategies for reducing residential water consumption," *Journal of Environmental Psychology* 41 (2015): 81-90.

Sinatra, Gale M., and Barbara K. Hofer. "Public Understanding of Science: Policy and Educational Implications." *Policy Insights from the Behavioral and Brain Sciences* 3, no. 2 (2016): 245-53.

Sinatra, Gale M., and Doug Lombardi. "Evaluating Sources of Scientific Evidence and Claims in the Post-Truth Era May Require Reappraising Plausibility Judgments." *Educational Psychologist* 55, no. 3 (2020): 120-31. https://doi.org/10.1080/00461520.2020.1730181.

Wineburg, Samuel S., and Sarah McGrew. "Lateral Reading: Reading Less and Learning More When Evaluating Digital Information." Working paper 2017-A1, Stanford University, Stanford, CA, October 9, 2017. http://dx.doi.org/10.2139/ssrn.3048994.

Zarocostas, John. "How to Fight an Infodemic." *The Lancet* 395, no. 10225 (2020): 676.

Ryker, K., St. John, K., van der Hoeven Kraft, K. J.), & Physics Team (Docktor, J. L). "The Curious Construct of Active Learning." *Psychological Science in the Public Interest* 22(1) (2021). https://doi.org/10.1177/1529100620973974.

McIntyre, Lee. *Post-Truth*. Cambridge, MA: MIT Press, 2018.（大橋完太郎監訳，居村匠・大﨑智史・西橋卓也訳，2020『ポストトゥルース』人文書院）

McIntyre, Lee. *The Scientific Attitude: Defending Science from Denial, Fraud, and Pseudoscience*. Cambridge, MA: MIT Press, 2019.（網谷祐一監訳，高崎拓哉訳，2024『「科学的に正しい」とは何か』ニュートンプレス）

McKibben, Bill. *Falter: Has the Human Game Begun to Play Itself Out?* New York: Henry Holt and Company, 2019.

Mokyr, Joel. "Building Taller Ladders: Technology and Science Reinforce Each Other to Take the Global Economy Ever Higher." *Finance & Development* 55, no. 2 (2018): 32-35.

NGSS Lead States. *Next Generation Science Standards: For States, by States*. Washington, DC: National Academies Press, 2013.

Otto, Shawn. *The War on Science: Who's Waging It, Why It Matters, What We Can Do About It*. Minneapolis: Milkweed, 2016.

Rainie, Lee, and Janna Anderson. "Code-Dependent: Pros and Cons of the Algorithm Age." PEW Research Center, February 8, 2017. https://www.pewresearch.org/internet/2017/02/08/code-dependent-pros-and-cons-of-the-algorithm-age/.

Schmid, Philipp, and Cornelia Betsch. "Effective Strategies for Rebutting Science Denialism in Public Discussions." *Nature: Human Behaviour* 3, no. 9 (2019): 931-39.

Schroth, Lori J. "Researchers Create Embryonic Stem Cells without Embryo." *Harvard Gazette*, January 29, 2014. https://news.harvard.edu/gazette/story/2014/01/researchers-create-embryonic-stem-cells-without-embryo/.

Seyranian, Viviane. "Public Interest Communication: A Social Psychological Perspective." *Journal of Public Interest Communication* 1 (2017): 57-77.

Seyranian, Viviane. "Social Identity Framing: A Strategy of Social Influence for Social Change." In *Leader Interpersonal and Influence Skills: The Soft Skills of Leodership*, edited by R. E. Riggio and S. J. Tan, 207-42. New York: Taylor and Francis, 2013.

Independent, March 11, 2015.
Doherty, Thomas J., and Susan Clayton. "The Psychological Impacts of Global Climate Change." *American Psychologist* 66, no. 4 (2011): 265-76.
Ecker, Ullrich K. H., Joshua L. Hogan, and Stephan Lewandowsky. "Reminders and Repetition of Misinformation: Helping or Hindering Its Retraction?" *Journal of Applied Research in Memory and Cognition* 6, no. 2 (2017): 185-92.
Greene, Jeffrey A., and Brian M. Cartiff. "Think Critically Before Thinking Critically." *Psychology Today*, February 11, 2020, https://www.psychologytoday.com/us/blog/psyched/202002/think-critically-thinking-critically.
Hayhoe, Katharine. "The Most Important Thing You Can Do to Fight Climate Change: Talk About It." Filmed November 2018 at TEDWomen conference, Palm Springs, CA. TED video, 17:04. https://www.ted.com/talks/katharine_hayhoe_the_most_important_thing_you_can_do_to_fight_climate_change_talk_about_it.
Hofer, Barbara K. "Epistemic Cognition as a Psychological Construct: Advancements and Challenges." In *Handbook of Epistemic Cognition*, edited by Jeffrey Alan Greene, William A. Sandoval, and Ivar Bråten, 19-38. New York and London: Routledge, 2016.
Hoffman, Jan. "How Anti-Vaccine Sentiment Took Hold in the United States." *New York Times*, September 23, 2019.
"How Global Warming Works." https://www.howglobalwarmingworks.org.
Kahan, Dan M. "Ideology, Motivated Reasoning, and Cognitive Reflection: An Experimental Study." *Judgment and Decision Making* 8 (2012): 407-24.
Kahneman, Daniel. *Thinking, Fast and Slow*. New York: Farrar, Straus and Giroux, 2011.（村井章子訳，2014『ファスト＆スロー ── あなたの意思はどのように決まるか？』上下，早川書房）
Lander, Jessica. "Digital Literacy for Digital Natives." *Usable Knowledge*, January 17, 2018. https://www.gse.harvard.edu/news/uk/18/01/digital-literacy-digital-natives.
Lombardi, Doug, Shipley, T. F., Astronomy Team (Bailey, J. M., Bretones, P. S., Prather, E. E.), Biology Team (Ballen, C. J., Knight, J. K., Smith, M. K.), Chemistry Team (Stowe, R. L., Cooper, M. M.), Engineering Team (Prince, M.), Geography Team (Atit, K., Uttal, D. H.), Geoscience Team (LaDue, N. D., McNeal, P. M.,

36. Joel Achenback and Laura Meckler, "Shutdowns Prevented 60 Million Coronavirus Infections in the U.S., Study Finds," *Washington Post*, June 8, 2020. https://www.washingtonpost.com/health/2020/06/08/shutdowns-prevented-60-million-coronavirus-infections-us-study-finds/.

37. Joel Mokyr, "Building Taller Ladders: Technology and Science Reinforce Each Other to Take the Global Economy Ever Higher," *Finance & Development*, 55, no. 2 (2018).

文献

Achenback, Joel, and Laura Meckler. "Shutdowns Prevented 60 Million Coronavirus Infections in the U.S., Study Finds." *Washington Post*, June 8, 2020. https://www.washingtonpost.com/health/2020/06/08/shutdowns-prevented-60-million-coronavirus-infections-us-study-finds/.

Bargh, John A., and Tanya L. Chartrand. "The Unbearable Automaticity of Being." *American Psychologist* 54, no. 7 (1999): 462-79.

Barnes, M. Elizabeth, and Sara E. Brownell. "Experiences and Practices of Evolution Instructors at Christian Universities That Can Inform Culturally Competent Evolution Education." *Science Education* 102, no. 1 (2018): 36-59.

Barron, Laignee. "Here's What the EPA's Website Looks Like After a Year of Climate Change Censorship." *Time*, March 2, 2018. https://time.com/5075265/epa-website-climate-change-censorship/.

Bishop, Bill. *The Big Sort: Why the Clustering of Like-Minded America Is Tearing Us Apart*. New York: Houghton Mifflin Harcourt, 2009.

Boykoff, Maxwell T., and Jules M. Boykoff. "Balance as Bias: Global Warming and the US Prestige Press." *Global Environmental Change* 14, no. 2 (2004): 125-36.

Burke, Katie L. "8 Myths About Public Understanding of Science." *American Scientist*, February 9, 2015.

Campbell, Sheila, and Chad Shirley. "Estimating the Long-Term Effects of Federal R&D Spending: CBO's Current Approach and Research Needs." Congressional Budget Office, June 21, 2019. https:/www.cbo.gov/publication/54089.

Colwell, Joanna. "I Didn't Vaccinate My Child and Then I Did." *Addison County*

24. John A. Bargh and Tanya L. Chartrand, "The Unbearable Automaticity of Being," *American Psychologist* 54, no. 7 (1999).

25. Bill Bishop, *The Big Sort: Why the Clustering of Like-Minded America Is Tearing Us Apart* (New York: Houghton Mifflin Harcourt, 2009).

26. Doug Lombardi, "The Curious Construct of Active Learning," *Psychological Science in the Public Interest* (in press).

27. Laignee Barron, "Here's What the EPA's Website Looks Like After a Year of Climate Change Censorship," *Time*, March 2, 2018, https://time.com/5075265/epa-website-climate-change-censorship/.

28. Shawn Otto, *The War on Science: Who's Waging It, Why It Matters, What We Can Do About It* (Minneapolis: Milkweed, 2016), 24.

29. Lori J. Schroth, "Researchers Create Embryonic Stem Cells without Embryo," *Harvard Gazette*, January 29, 2014, https://news.harvard.edu/gazette/story/2014/01/researchers-create-embryonic-stem-cells-without-embryo/.

30. Ullrich K. H. Ecker, Joshua L. Hogan, and Stephan Lewandowsky, "Reminders and Repetition of Misinformation: Helping or Hindering Its Retraction?," *Journal of Applied Research in Memory and Cognition* 6, no. 2 (2017).

31. M. Elizabeth Barnes and Sara E. Brownell, "Experiences and Practices of Evolution Instructors at Christian Universities That Can Inform Culturally Competent Evolution Education," *Science Education* 102, no. 1 (2018).

32. Viviane Seyranian, "Public Interest Communication: A Social Psychological Perspective," *Journal of Public Interest Communication* 1 (2017).

33. Viviane Seyranian, "Social Identity Framing: A Strategy of Social Influence for Social Change," in *Leader Interpersonal and Influence Skills: The Soft Skills of Leadership*, ed. R. E. Riggio and S. J. Tan (New York: Taylor and Francis, 2013).

34. Seyranian, V., Sinatra, G. M., and Polikoff, M. S. "Comparing communication strategies for reducing residential water consumption," *Journal of Environmental Psychology* 41 (2015), 81-90.

35. Sheila Campbell and Chad Shirley, "Estimating the Long-Term Effects of Federal R&D Spending: CBO's Current Approach and Research Needs," Congressional Budget Office, June 21, 2019, https://www.cbo.gov/publication/54089.

com/us/blog/psyched/202002/think-critically-thinking-critically.

12. Jessica Lander, “Digital Literacy for Digital Natives,” *Usable Knowledge*, January 17, 2018, https://www.gse.harvard.edu/news/uk/18/01/digital-literacy-digital-natives.
13. Samuel S. Wineburg and Sarah McGrew, “Lateral Reading: Reading Less and Learning More When Evaluating Digital Information” (working paper 2017-A1, Stanford University, Stanford, CA, October 6, 2017), http://dx.doi.org/10.2139/ssrn.3048994.
14. Rainie and Janna Anderson. “Code-Dependent: Pros and Cons of the Algorithm Age,” PEW Research Center, February 8, 2017, https://www.pewresearch.org/internet/2017/02/08/code-dependent-pros-and-cons-of-the-algorithm-age/.
15. “How Global Warming Works,” https://www.howglobalwarmingworks.org.
16. Philipp Schmid and Cornelia Betsch, “Effective Strategies for Rebutting Science Denialism in Public Discussions,” *Nature: Human Behaviour* 1 (2019).
17. Katie L. Burke, “8 Myths About Public Understanding of Science,” *American Scientist*, February 9, 2015.
18. Katharine Hayhoe, “The Most Important Thing You Can Do to Fight Climate Change: Talk About It” (filmed November 2018 at TEDWomen conference, Palm Springs, CA, TED video, 17:04), https://www.ted.com/talks/katharine_hayhoe_the_most_important_thing_you_can_do_to_fight_climate_change_talk_about_it.
19. Joanna Colwell, “I Didn’t Vaccinate My Child and Then I Did,” *Addison County Independent*, March 11, 2015.
20. Thomas J. Doherty and Susan Clayton, “The Psychological Impacts of Global Climate Change,” *American Psychologist* 66, no. 4 (2011).
21. Gale M. Sinatra and Doug Lombardi, “Evaluating Sources of Scientific Evidence and Claims in the Post-Truth Era May Require Reappraising Plausibility Judgments,” *Educational Psychologist* (2020), https://doi.org/10.1080/00461520.2020.1730181.
22. NGSS Lead States, *Next Generation Science Standards: For States, by States* (Washington, DC: National Academies Press, 2013).
23. McIntyre, *The Scientific Attitude*.

た ── 太陽系第 9 番惑星をめぐる大論争のすべて』早川書房）

Tytler, Russell, and Jonathan Osborne. "Student Attitudes and Aspirations Towards Science." In *Second International Handbook of Science Education*, edited by Barry J. Fraser, Kenneth G. Tobin and Campbell J. McRobbie, 597-625. Dordrecht, The Netherlands: Springer, 2012.

第 8 章

注

1. John Zarocostas, "How to Fight an Infodemic," *The Lancet* 395, no. 10225 (2020).
2. Lee McIntyre, *Post-Truth* (Cambridge, MA: MIT Press, 2018).
3. Maxwell T. Boykoff and Jules M. Boykoff, "Balance as Bias: Global Warming and the US Prestige Press," *Global Environmental Change* 14, no. 2 (2004).
4. Bill McKibben, *Falter: Has the Human Game Begun to Play Itself Out?* (New York: Henry Holt and Company, 2019).
5. Lee McIntyre, *The Scientific Attitude: Defending Science from Denial, Fraud, and Pseudoscience* (Cambridge, MA: MIT Press, 2019).
6. Daniel Kahneman, *Thinking, Fast and Slow* (New York: Farrar, Straus and Giroux, 2011).
7. Barbara K. Hofer, "Epistemic Cognition as a Psychological Construct: Advancements and Challenges," in *Handbook of Epistemic Cognition*, ed. Jeffrey Alan Greene, William A. Sandoval, and Ivar Bråten (New York and London: Routledge, 2016).
8. Gale M. Sinatra and Barbara K. Hofer, "Public Understanding of Science: Policy and Educational Implications," *Policy Insights from the Behavioral and Brain Sciences* 3, no. 2 (2016).
9. Dan M. Kahan, "Ideology, Motivated Reasoning, and Cognitive Reflection: An Experimental Study," *Judgment and Decision Making* 8 (2012).
10. Jan Hoffman, "How Anti-Vaccine Sentiment Took Hold in the United States," *New York Times*, September 23, 2019.
11. Jeffrey A. Greene and Brian M. Cartiff, "Think Critically Before Thinking Critically," *Psychology Today*, February 11, 2020, https://www.psychologytoday.

McIntyre, Lee. *The Scientific Attitude: Defending Science from Denial, Fraud, and Pseudoscience*. Cambridge, MA: MIT Press, 2019.（網谷祐一監訳，高崎拓哉訳，2024『「科学的に正しい」とは何か』ニュートンプレス）

Meinhardt, Jörg, and Reinhard Pekrun. "Attentional Resource Allocation to Emotional Events: An ERP Study." *Cognition and Emotion* 17, no. 3 (2003): 477-500.

Morello, Lauren. "Can Zoos Play a Role in Climate Change Education?" *Scientific American*, December 1, 2011.

National Research Council. *Learning Science in Informal Environments: People, Places, and Pursuits*. Washington, DC: National Academies Press, 2009.

Pekrun, Reinhard, Thomas Goetz, Wolfram Titz, and Raymond P. Perry. "Academic Emotions in Students' Self-Regulated Learning and Achievement: A Program of Qualitative and Quantitative Research." *Educational Psychologist* 37, no. 2 (2002): 91-106.

Pekrun, Reinhard, Krista R. Muis, Anne C. Frenzel, and Thomas Götz. *Emotions at School*. New York and London: Routledge, 2017.

Polikoff, Morgan, Q. Tien Le, Robert W. Danielson, Gale M. Sinatra, and Julie A. Marsh. "The Impact of Speedometry on Student Knowledge, Interest, and Emotions." *Journal of Research on Educational Effectiveness* 11, no. 2 (2018): 217-39.

Raved, L., and O. B. Z. Assaraf. "Attitudes Towards Science Learning Among 10th Grade Students: A Qualitative Look." *International Journal of Science Education* 33, no. 9 (2011): 1219-43.

Shereen, Muhammad Adnan, Suliman Khan, Abeer Kazmi, Nadia Bashir, and Rabeea Siddique. "COVID-19 Infection: Origin, Transmission, and Characteristics of Human Coronaviruses." *Journal of Advanced Research* 24 (2020): 91-98.

Sinatra, Gale M., Ananya Mukhopadhyay, Taylor N. Allbright, Julie A. Marsh, and Morgan S. Polikoff. "Speedometry: A Vehicle for Promoting Interest and Engagement Through Integrated STEM Instruction." *Journal of Educational Research* 110, no. 3 (2017): 308-16.

Tyson, Neil deGrasse. *The Pluto Files: The Rise and Fall of America's Favorite Planet*. New York: WW Norton, 2009.（吉田三知世訳，『かくして冥王星は降格され

Eagly, Alice H., and Shelly Chaiken. *The Psychology of Attitudes*. Fort Worth, TX: Harcourt Brace, 1993.

EarthSky. "How Did Pluto Become a Dwarf Planet?" *Human World* (blog), August 24, 2019. https://earthsky.org/human-world/pluto-dwarf-planet-august-24-2006.

Gould, Stephen Jay. *Hen's Teeth ond Horse's Toes: Further Reflections in Natural History*. WW Norton, 2010.（渡辺政隆・三中信宏訳，1997『ニワトリの歯――進化論の新地平』上下，早川書房）

Harper, Craig A., Liam P. Satchell, Dean Fido, and Robert D. Latzman. "Functional Fear Predicts Public Health Compliance in the COVID-19 Pandemic." *International Journal of Mental Health and Addiction*. Published ahead of print April 27, 2020. doi: 10.1007/s11469-020-00281-5.

Heddy, Benjamin C., Robert W. Danielson, Gale M. Sinatra, and Jesse Graham. "Modifying Knowledge, Emotions, and Attitudes Regarding Genetically Modified Foods." *Journal of Experimental Education* 85, no. 3 (2017): 513-33.

Immordino-Yang, Mary Helen. *Emotions, Learning, and the Brain: Exploring the Educational Implications of Affective Neuroscience*. Norton Series on the Social Neuroscience of Education. New York: WW Norton, 2015.

Immordino-Yang, Mary Helen, and Antonio Damasio. "We Feel, Therefore We Learn: The Relevance of Affective and Social Neuroscience to Education." *Mind, Brain, and Education* 1, no. 1 (2007): 3-10.

Immordino-Yang, Mary Helen, and Xiao-Fei Yang. "Cultural Differences in the Neural Correlates of Social-Emotional Feelings: An Interdisciplinary, Developmental Perspective." *Current Opinion in Psychology* 17 (2017): 34-40.

Ketcham, Christopher. "The Future Is the Car-Free National Park." *The New Republic*, April 10, 2018.

Kim, Ann Y., Gale M. Sinatra, and Viviane Seyranian. "Developing a Stem Identity Among Young Women: A Social Identity Perspective." *Review of Educational Research* 88, no. 4 (2018): 589-625.

Lombardi, Doug, and Gale M. Sinatra. "Emotions When Teaching About Human-Induced Climate Change." *International Journal of Science Education* 35 (2013): 167-91.

Barrett, Lisa Feldman. *How Emotions Are Made: The Secret Life of the Brain*. New York: Houghton Miffiin Harcourt, 2017.（高橋洋訳，2019『情動はこうしてつくられる――脳の隠れた働きと構成主義的情動理論』紀伊國屋書店）

Blustein, David L., and Susan D. Phillips. "Relation Between Ego Identity Statuses and Decision-Making Styles." *Journal of Counseling Psychology* 37, no. 2 (1990): 160-68.

Brotman, Jennie S., and Felicia M. Moore. "Girls and Science: A Review of Four Themes in the Science Education Literature." *Journal of Research in Science Teaching* 45, no. 9 (2008): 971-1002.

Broughton, Suzanne H. "The Pluto Debate: Influence of Emotions on Belie, Attitude, and Knowledge Change." PhD diss., University of Nevada, Las Vegas, 2008.

Broughton, Suzanne H., and Louis S. Nadelson. "Food for Thought: Pre-Service Teachers' Knowledge, Emotions, and Attitudes Toward Genetically Modified Foods." Paper presented at the annual meeting of the American Educational Research Association, Vancouver, Canada, 2012.

Broughton, Suzanne H., Gale M. Sinatra, and E. Michael Nussbaum. "'Pluto Has Been a Planet My Whole Life!' Emotions, Attitudes, and Conceptual Change in Elementary Students' Learning About Pluto's Reclassification." *Research in Science Education* 43 (2013): 529-50.

Brown, Peter C., Henry L. Roediger III, and Mark A. McDaniel *Make It Stick*. Cambridge, MA: Harvard University Press, 2014.

Carroll, Aaron E. "Relax, You Don't Need to 'Eat Clean.'" *New York Times*, November 4, 2017. https://www.nytimes.com/2017/11/04/opinion/sunday/relax-you-dont-need-to-eat-clean.html?_r=0.

Clayton, Susan, Jerry Luebke, Carol Saunders, Jennifer Matiasek, and Alejandro Grajal. "Connecting to Nature at the Zoo: Implications for Responding to Climate Change." *Environmental Education Research* 20, no. 4 (2014): 460-75.

D'Mello, Sidney, Blair Lehman, Reinhard Pekrun, and Art Graesser. "Confusion Can Be Beneficial for Learning." *Learning and Instruction* 29 (2014): 153-70.

Doherty, Thomas J., and Susan Clayton. "The Psychological Impacts of Global Climate Change." *American Psychologist* 66, no. 4 (2011): 265-76.

ing to Climate Change," *Environmental Education Research* 20, no. 4 (2014).

34. Lauren Morello, "Can Zoos Play a Role in Climate Change Education?," *Scientific American*, December 1, 2011.

35. Clayton et al., "Connecting to Nature at the Zoo."

36. Immordino-Yang, *Emotions, Learning, and the Brain*.

37. Reinhard Pekrun et al., "Academic Emotions in Students' Self-Regulated Learning and Achievement: A Program of Qualitative and Quantitative Research," *Educational Psychologist* 37, no. 2 (2002).

38. Jörg Meinhardt and Reinhard Pekrun, "Attentional Resource Allocation to Emotional Events: An ERP Study," *Cognition and Emotion* 17, no. 3 (2003).

39. Suzanne H. Broughton and Louis S. Nadelson, "Food for Thought: Pre-Service Teachers' Knowledge, Emotions, and Attitudes Toward Genetically Modified Foods" (paper presented at the annual meeting of the American Educational Research Association, National Conference, Vancouver, Canada 2012).

40. Broughton, Sinatra, and Nussbaum, "'Pluto Has Been a Planet My Whole Life!'"

41. Reinhard Pekrun et al., *Emotions at School* (New York and London: Routledge, 2017).

42. D'Mello et al., "Confusion Can Be Beneficial for Learning."

43. Heddy et al., "Modifying Knowledge, Emotions, and Attitudes Regarding Genetically Modified Foods."

44. David L. Blustein and Susan D. Phillips, "Relation Between Ego Identity Statuses and Decision-Making Styles," *Journal of Counseling Psychology* 37, no. 2 (1990).

45. Aaron E. Carroll, "Relax, You Don't Need to 'Eat Clean,'" *New York Times*, November 4, 2017, https://www.nytimes.com/2017/11/04/opinion/sunday/relax-you-dont-need-to-eat-clean.html?_r=0.

46. Stephen Jay Gould, *Hen's Teeth and Horse's Toes: Further Reflections in Natural History* (New York: WW Norton, 2010), 42-43.

文献

Bandura, Albert, and Lynne Cherry. "Enlisting the Power of Youth for Climate Change." *American Psychologist* 75, no. 7 (2020): 945-51.

Climate Change," *American Psychologist* 66, no. 4 (2011).

22. Albert Bandura and Lynne Cherry, "Enlisting the Power of Youth for Climate Change," *American Psychologist* 75, no. 7 (2020).

23. Alice H. Eagly and Shelly Chaiken, *The Psychology of Attitudes* (Fort Worth, TX: Harcourt Brace, 1993).

24. Doug Lombardi and Gale M. Sinatra, "Emotions When Teaching About Human-Induced Climate Change," *International Journal of Science Education* 35 (2013).

25. Lee McIntyre, *The Scientific Attitude: Defending Science from Denial, Fraud, and Pseudoscience* (Cambridge, MA: MIT Press, 2019).

26. McIntyre, *The Scientific Attitude*, 48.

27. Benjamin C. Heddy et al., "Modifying Knowledge, Emotions, and Attitudes Regarding Genetically Modified Foods," *Journal of Experimental Education* 85, no. 3 (2017).

28. R. Tytler and J. Osborne, "Student Attitudes and Aspirations Towards Science," in *Second International Handbook of Science Education*, ed. Barry J. Fraser, Kenneth G. Tobin, and Campbell J. McRobbie (Dordrecht, The Netherlands: Springer, 2012).

29. Jennie S. Brotman and Felicia M. Moore, "Girls and Science: A Review of Four Themes in the Science Education Literature," *Journal of Research in Science Teaching* 45, no. 9 (2008); L. Raved and O. B. Z. Assaraf, "Attitudes Towards Science Learning Among 10th Grade Students: A Qualitative Look," *International Journal of Science Education* 33, no. 9 (2011); Brotman and Moore, "Girls and Science."

30. Ann Y. Kim, Gale M. Sinatra, and Viviane Seyranian, "Developing a Stem Identity Among Young Women: A Social Identity Perspective," *Review of Educational Research* 88, no. 4 (2018).

31. Christopher Ketcham, "The Future Is the Car-Free National Park," *The New Republic*, April 10, 2018.

32. National Research Council, *Learning Science in Informal Environments: People, Places, and Pursuits* (Washington, DC: National Academies Press, 2009).

33. Susan Clayton et al., "Connecting to Nature at the Zoo: Implications for Respond-

7. Broughton, "The Pluto Debate."

8. Broughton, "The Pluto Debate."

9. Broughton, "The Pluto Debate."

10. Sidney D'Mello et al., "Confusion Can Be Beneficial for Learning," *Learning and Instruction* 29 (2014).

11. Suzanne H. Broughton, Gale M. Sinatra, and E. Michael Nussbaum, "'Pluto Has Been a Planet My Whole Life!' Emotions, Attitudes, and Conceptual Change in Elementary Students' Learning About Pluto's Reclassification," *Research in Science Education* 43 (2013).

12. Muhammad Adnan Shereen et al., "COVID-19 Infection: Origin, Transmission, and Characteristics of Human Coronaviruses," *Journal of Advanced Research* 24 (2020).

13. Lisa Feldman Barrett, *How Emotions Are Made: The Secret Life of the Brain* (New York: Houghton Mifflin Harcourt, 2017).

14. Mary Helen Immordino-Yang and Antonio Damasio, "We Feel, Therefore We Learn: The Relevance of Affective and Social Neuroscience to Education," *Mind, Brain, and Education* 1, no. 1 (2007).

15. Barrett, *How Emotions Are Made.*

16. Immordino-Yang and Damasio, "We Feel, Therefore We Learn," 3.

17. Mary Helen Immordino-Yang and Xiao-Fei Yang, "Cultural Differences in the Neural Correlates of Social-Emotional Feelings: An Interdisciplinary, Developmental Perspective," *Current Opinion in Psychology* 17 (2017).

18. Mary Helen Immordino-Yang, *Emotions, Learning, and the Brain: Exploring the Educational Implications of Affective Neuroscience,* Norton Series on the Social Neuroscience of Education (New York: WW Norton, 2015).

19. Craig A. Harper et al., "Functional Fear Predicts Public Health Compliance in the Covid-19 Pandemic," *International Journal of Mental Health and Addiction,* published ahead of print April 27, 2020, doi: 10.1007/s11469-020-00281-5.

20. Peter C. Brown, Henry L. Roediger III, and Mark A. McDaniel, *Make It Stick* (Cambridge, MA: Harvard University Press, 2014).

21. Thomas J. Doherty and Susan Clayton, "The Psychological Impacts of Global

analysis-blue-dots-texas-red-political-sea/.

Seyranian, Viviane. "Social Identity Framing Communication Strategies for Mobilizing Social Change." *Leadership Quarterly* 25, no. 3 (2014): 468-86.

Seyranian, Viviane. "Public Interest Communication: A Social Psychological Perspective." *Journal of Public Interest Communication* 1 (2017): 57-77.

Seyranian, V., Sinatra, G. M., and Polikoff, M. "Comparing Communication Strategies for Reducing Residential Water Consumption," *Journal of Environmental Psychology* 41 (2015): 81-90.

Sinatra, Gale M., and Doug Lombardi. "Evaluating Sources of Scientific Evidence and Claims in the Post-Truth Era May Require Reappraising Plausibility Judgments." *Educational Psychologist* 55, no. 3 (2020): 120-31.

Stanovich, Keith E. *Who Is Rational? Studies of Individual Differences in Reasoning.* Mahwah, NJ: Lawrence Erlbaum Associates, 1999.

Taber, Charles S., and Milton Lodge. "Motivated Skepticism in the Evaluation of Political Beliefs." *American Journal of Political Science* 50, no. 3 (2006): 755-69.

Tajfel, H., and John C. Turner. "Dimensions of Majority and Minority Groups." In *Psychology of Intergroup Relations*, edited by S. Worchel and W. G. Austin, 7-24. Chicago: Nelson-Hall, 1986.

第7章

注

1. Neil deGrasse Tyson, *The Pluto Files: The Rise and Fall of America's Favorite Planet* (New York: WW Norton, 2009).
2. EarthSky, "How Did Pluto Become a Dwarf Planet?," *Human World* (blog), August 24, 2019, https://earthsky.org/human-world/pluto-dwarf-planet-august-24-2006.
3. Tyson, *The Pluto*.
4. 現在はスザンヌ・ブロートン・ジョーンズ博士。
5. Suzanne H. Broughton, "The Pluto Debate: Influence of Emotions on Belief, Attitude, and Knowledge Change" (PhD diss., University of Nevada, Las Vegas, 2008).
6. Broughton, "The Pluto Debate."

warming-is-real.

Kunda, Ziva. "The Case for Motivated Reasoning." *Psychological Bulletin* 108, no. 3 (1990): 480-98.

Lewandowsky, Stephan, and Klaus Oberauer. "Motivated Rejection of Science." *Current Directions in Psychological Science* 25, no. 4 (2016): 217-22.

Lombardi, Doug, Viviane Seyranian, and Gale M. Sinatra. "Source Effects and Plausibility Judgments When Reading About Climate Change." *Discourse Processes* 51, no. 1-2 (2014): 75-92.

Lord, Charles G., Lee Ross, and Mark R. Lepper. "Biased Assimilation and Attitude Polarization: The Effects of Prior Theories on Subsequently Considered Evidence." *Journal of Personality and Social Psychology* 37 (1979): 2098-109.

Mackie, Diane M., Leila T. Worth, and Arlene G. Asuncion. "Processing of Persuasive In-Group Messages." *Journal of Personality and Social Psychology* 58, no. 5 (1990): 812.

Murphy, P. Karen, and Patricia A. Alexander. "A Motivated Exploration of Motivation Terminology." *Contemporary Educational Psychology* 25, no. 1 (2000): 3-53.

Neergaard, Lauran, and Hannah Fingerhut. "AP-NORC Poll: Half of Americans Would Get a COVID-19 Vaccine." Associated Press, May 27, 2020. https://apnews.com/dacdc8bc428dd4df6511bfa259cfec44.

Nuñez, Christina. "Jimmy Kimmel: Parents Are More Afraid of Gluten Than Smallpox." Global Citizen, February 27, 2015. https://www.globalcitizen.org/en/content/jimmy-kimmel-parents-are-more-afraid-of-gluten-tha/.

Nussbaum, E. Michael, and Gale M. Sinatra. "Argument and Conceptual Engagement." *Contemporary Educational Psychology* 28, no. 3 (2003): 384-95.

Oreskes, Naomi, and Homer E. LeGrand. *Plate Tectonics: An Insider's History of the Modern Theory of the Earth*. Boulder, CO: Westview Press, 2001.

Plumer, Brad, Henry Fountain, and Livia Albeck-Ripka. "Environmentalists and Nuclear Power? It's Complicated." *New York Times*, April 18, 2018. https://www.nytimes.com/2018/04/18/climate/climate-fwd-green-nuclear.html.

Ramsey, Ross. "Analysis: The Blue Dots in Texas' Red Political Sea." *Texas Tribune*, November 11, 2016. https://www.texastribune.org/2016/11/11/

Forbes, May 5, 2020. https://www.forbes.com/sites/jackbrewster/2020/05/05/87-of-the-states-that-have-reopened-voted-for-trump-in-2016/#290b25cd2426.

Burnett, Amy L. "Internet Related to Suicide." *International Journal of Child Health and Human Development* 10, no. 4 (2017): 335-38.

Centers for Disease Control and Prevention. "Preparing for Questions Parents May Ask About Vaccines." April 11, 2018. https://www.cdc.gov/vaccines/hcp/conversations/preparing-for-parent-vaccine-questions.html.

Crano, W. D. *The Rules of Influence: Winning When You're in the Minority*. New York: St. Martin's Press, 2012.

Erikson, Erik H. *Identity: Youth and Crisis*. New York: WW Norton, 1968.（中島由恵訳，2017『アイデンティティ ―― 青年と危機』新曜社）

Frenkel, Sheera, Ben Decker, and Davey Alba. "How the 'Plandemic' Movie and Its Falsehoods Spread Widely Online." *New York Times*, May 21, 2020. https://www.nytimes.com/2020/05/20/technology/plandemic-movie-youtube-facebook-coronavirus.html.

Goldenberg, Maya J. "Public Misunderstanding of Science? Reframing the Problem of Vaccine Hesitancy." *Perspectives on Science* 24, no. 5 (2016): 552-81.

Hogg, Michael A. "Social Identity Theory." In *Contemporaly Social Psychological Theories*, edited by Peter J. Burke, 111-36. Stanford, CA: Stanford University Press, 2006.

Kahan, Dan M. "Ideology, Motivated Reasoning, and Cognitive Reflection: An Experimental Study." *Judgment and Decision Making* 8 (2012): 407-24.

Kahan, Dan M., Ellen Peters, Erica Cantrell Dawson, and Paul Slovic. "Motivated Numeracy and Enlightened Self-Government." *Behavioural Public Policy* 1, no. 1 (2017): 54-86.

Kim, Ann Y., Gale M. Sinatra, and Viviane Seyranian. "Developing a Stem Identity Among Young Women: A Social Identity Perspective." *Review of Educational Research* 88, no. 4 (2018): 589-625.

KQED News. "UC Berkeley, Lawrence Lab Climate-Change Skeptic Now Says Global Warming Is Real." October 31, 2011. https://www.kqed.org/news/45249/uc-berkeley-lawrence-berkeley-lab-climate-change-skeptic-now-says-global-

33. Sinatra and Lombardi, "Evaluating Sources of Scientific Evidence."

34. E. Michael Nussbaum and Gale M. Sinatra, "Argument and Conceptual Engagement," *Contemporary Educational Psychology* 28, no. 3 (2003).

35. KQED News, "UC Berkeley, Lawrence Lab Climate-Change Skeptic Now Says Global Warming Is Real," October 31, 2011, https://www.kqed.org/news/45249/uc-berkeley-lawrence-berkeley-lab-climate-change-skeptic-now-says-global-warming-is-real.

36. Viviane Seyranian, "Public Interest Communication: A Social Psychological Perspective," *Journal of Public Interest Communication* 1 (2017).

37. Seyranian, V., Sinatra, G. M., and Polikoff, M. "Comparing Communication Strategies for Reducing Residential Water Consumption," *Journal of Environmental Psychology* 41 (2015), 81-90.

38. Viviane Seyranian, "Social Identity Framing Communication Strategies for Mobilizing Social Change," *Leadership Quarterly* 25, no. 3 (2014).

文献

Abrams, Dominic, and Michael A. Hogg. "Collective Identity: Group Membership and Self-Conception." In *Blackwell Handbook of Social Psychology: Group Processes*, edited by Michael A. Hogg and R. Scott Tindale, 425-60. Oxford and Malden, MA: Blackwell, 2001.

Armor, D. A. "The Illusion of Objectivity: A Bias in the Perception of Freedom from Bias." *Dissertation Abstracts International: Section B: The Sciences and Engineering* 59, no. 9-B (1999): 5163.

Bargh, John A., and Tanya L. Chartrand. "The Unbearable Automaticity of Being." *American Psychologist* 54, no. 7 (1999): 462-79.

Barnes, M. Elizabeth, and Sara E. Brownell. "Experiences and Practices of Evolution Instructors at Christian Universities That Can Inform Culturally Competent Evolution Education." *Science Education* 102, no. 1 (2018): 36-59.

Bishop, Bill. *The Big Sort: Why the Clustering of Like-Minded America Is Tearing Us Apart*. New York: Houghton Mifflin Harcourt, 2009.

Brewster, Jack. "87% of the States That Have Reopened Voted for Trump in 2016."

in *Psychology of Intergroup Relations*, ed. S. Worchel and W. G. Austin (Chicago: Nelson-Hall, 1986).

22. Erik H. Erikson, *Identity: Youth and Crisis* (New York: WW Norton, 1968).

23. Bill Bishop, *The Big Sort: Why the Clustering of Like-Minded America Is Tearing Us Apart* (New York: Houghton Mifflin Harcourt, 2009).

24. Ross Ramsey, "Analysis: The Blue Dots in Texas' Red Political Sea," *Texas Tribune*, November 11, 2016, https://www.texastribune.org/2016/11/11/analysis-blue-dots-texas-red-political-sea/.

25. Dominic Abrams and Michael A. Hogg, "Collective Identity: Group Membership and Self-Conception," in *Blackwell Handbook of Social Psychology: Group Processes*, ed. Michael A. Hogg and R. Scott Tindale (Oxford and Malden, MA: Blackwell, 2001).

26. Ann Y. Kim, Gale M. Sinatra, and Viviane Seyranian, "Developing a Stem Identity Among Young Women: A Social Identity Perspective," *Review of Educational Research* 88, no. 4 (2018), 593.

27. Amy L. Burnett, "Internet Related to Suicide," *International Journal of Child Health and Human Development* 10, no. 4 (2017).

28. Diane M. Mackie, Leila T. Worth, and Arlene G. Asuncion, "Processing of Persuasive in-Group Messages," *Journal of Personality and Social Psychology* 58, no. 5 (1990).

29. Christina Nuñez, "Jimmy Kimmel: Parents Are More Afraid of Gluten Than Smallpox," Global Citizen, February 27, 2015, https://www.globalcitizen.org/en/content/jimmy-kimmel-parents-are-more-afraid-of-gluten-tha/.

30. M. Elizabeth Barnes and Sara E. Brownell, "Experiences and Practices of Evolution Instructors at Christian Universities That Can Inform Culturally Competent Evolution Education," *Science Education* 102, no. 1 (2018).

31. Doug Lombardi, Viviane Seyranian, and Gale M. Sinatra, "Source Effects and Plausibility Judgments When Reading About Climate Change," *Discourse Processes* 51, no. 1-2 (2014).

32. W. D. Crano, *The Rules of Influence: Winning When You're in the Minority* (New York: St. Martin's Press, 2012).

nytimes.com/2018/04/18/climate/climate-fwd-green-nuclear.html.

9. Keith E. Stanovich, *Who Is Rational? Studies of Individual Differences in Reasoning* (Mahwah, NJ: Lawrence Erlbaum Associates, 1999).

10. John A. Bargh and Tanya L. Chartrand, "The Unbearable Automaticity of Being," *American Psychologist* 54, no. 7 (1999).

11. Ziva Kunda, "The Case for Motivated Reasoning," *Psychological Bulletin* 108, no. 3 (1990).

12. Charles G. Lord, Lee Ross, and Mark R. Lepper, "Biased Assimilation and Attitude Polarization: The Effects of Prior Theories on Subsequently Considered Evidence," *Journal of Personality and Social Psychology* 37 (1979).

13. Charles S. Taber and Milton Lodge, "Motivated Skepticism in the Evaluation of Political Beliefs," *American Journal of Political Science* 50, no. 3 (2006).

14. Gale M. Sinatra and Doug Lombardi, "Evaluating Sources of Scientific Evidence and Claims in the Post-Truth Era May Require Reappraising Plausibility Judgments," *Educational Psychologist* 55, no. 3 (2020).

15. Centers for Disease Control and Prevention, "Preparing for Questions Parents May Ask About Vaccines," April 11, 2018, https://www.cdc.gov/vaccines/hcp/conversations/preparing-for-parent-vaccine-questions.html.

16. Maya J. Goldenberg, "Public Misunderstanding of Science? Reframing the Problem of Vaccine Hesitancy," *Perspectives on Science* 24, no. 5 (2016).

17. D. A. Armor, "The Illusion of Objectivity: A Bias in the Perception of Freedom from Bias," *Dissertation Abstracts International: Section B: The Sciences and Engineering* 59, no. 9-B (1999).

18. Naomi Oreskes and Homer E. LeGrand, *Plate Tectonics: An Insider's History of the Modern Theory of the Earth* (Boulder, CO: Westview Press, 2001).

19. Sinatra, G. M., and Lombardi, D. "Evaluating Sources of Scientific Evidence and Claims in the Post-Truth Era May Require Reappraising Plausibility Judgments," *Educational Psychologist* 55(3) (2020): 120-131.

20. Michael A. Hogg, "Social Identity Theory," in *Contemporaly Social Psychological Theories*, ed. Peter J. Burke (Stanford, CA: Stanford University Press, 2006).

21. H. Tajfel and John C. Turner, "Dimensions of Majority and Minority Groups,"

Educational Implications." *Policy Insights from the Behavioral and Brain Sciences* 3, no. 2 (2016): 245-53.

Stocking, S. Holly, and Lisa W. Holsteing. "Manufacturing Doubt: Journalists' Roles and the Construction of Ignorance in Scientific Controversy." *Public Understanding of Science* 18 (2009): 23-42.

Stoknes, Per Espen. *What We Think About When We Try Not to Think About Global Warming: Toward a New Psychology of Climate Action*. White River Junction, VT: Chelsea Green Publishing, 2015.

第6章

注

1. Sheera Frenkel, Ben Decker, and Davey Alba, "How the 'Plandemic' Movie and Its Falsehoods Spread Widely Online," *New York Times*, May 21, 2020, https://www.nytimes.com/2020/05/20/technology/plandemic-movie-youtube-facebook-coronavirus.html.
2. P. Karen Murphy and Patricia A. Alexander, "A Motivated Exploration of Motivation Terminology," *Contemporary Educational Psychology* 25, no. 1 (2000).
3. Stephan Lewandowsky and Klaus Oberauer, "Motivated Rejection of Science," *Current Directions in Psychological Science* 25, no. 4 (2016).
4. Lauran Neergaard and Hannah Fingerhut, "AP-NORC Poll: Half of Americans Would Get a COVID-19 Vaccine," Associated Press, May 27, 2020, https://apnews.com/dacdc8bc428dd4df6511bfa259cfec44.
5. Dan M. Kahan, "Ideology, Motivated Reasoning, and Cognitive Reflection: An Experimental Study," *Judgment and Decision Making* 8 (2012).
6. Dan M. Kahan et al., "Motivated Numeracy and Enlightened Self-Government," *Behavioural Public Policy* 1, no. 1 (2017).
7. Jack Brewster, "87% of the States That Have Reopened Voted for Trump in 2016," *Forbes*, May 5, 2020, https://www.forbes.com/sites/jackbrewster/2020/05/05/87-of-the-states-that-have-reopened-voted-for-trump-in-2016/#290b25cd2426.
8. Brad Plumer, Henry Fountain, and Livia Albeck-Ripka, "Environmentalists and Nuclear Power? It's Complicated," *New York Times*, April 18, 2018, https://www.

McIntyre, Lee. *Post-Truth*. Cambridge, MA: MIT Press, 2018.（大橋完太郎監訳，居村匠・大﨑智史・西橋卓也訳，2020『ポストトゥルース』人文書院）

McIntyre, Lee. *The Scientific Attitude: Defending Science from Denial, Fraud, and Pseudoscience*. Cambridge, MA: MIT Press, 2019.（網谷祐一監訳，高崎拓哉訳，2024『「科学的に正しい」とは何か』ニュートンプレス）

NASA. "What Is Climate Change?" https://climate.nasa.gov.

National Research Council. *A Framework for K-12 Science Education: Practices, Crosscutting Concepts, and Core Ideas*. Washington, DC: National Academies Press, 2012.

NGSS Lead States. *Next Generation Science Standards: For States, by States*. Washington, DC: National Academies Press, 2013.

Nichols, Tom. *The Death of Expertise: The Campaign Against Established Knowledge and Why It Matters*. New York: Oxford University Press, 2017.（高里ひろ訳，2019『専門知は，もういらないのか――無知礼賛と民主主義』みすず書房）

Oreskes, Naomi. *Why Trust Science?* Princeton, NJ: Princeton University Press, 2019.

Oreskes, Naomi, and Erik M. Conway. *Merchants of Doubt: How a Handful of Scientists Obscured the Truth on Issues from Tobacco Smoke to Global Warming*. New York: Bloomsbury Publishing, 2010.（福岡洋一訳，2011『世界を騙しつづける科学者たち』上下，楽工社）

Orr, Daniela, and Ayelet Baram-Tsabari. "Science and Politics in the Polio Vaccination Debate on Facebook: A Mixed-Methods Approach to Public Engagement in a Science-Based Dialogue." *Journal of Microbiology and Biology Education* 19 (2018): 1-8.

Rabin, R. C., and E. Gabler. "Two Huge Covid-19 Studies Are Retracted After Scientists Sound Alarms." *New York Times*, June 4, 2020.

"Retraction: Study on Chloroquine and Hydroxychloroquine in COVID-19 Patients." *The Lancet* May 22, 2020.

Shapiro, Jeremy P. "The Thinking Error at the Root of Science Denial." The Conversation, May 8, 2018. https://theconversation.com/the-thinking-error-at-the-root-of-science-denial-96099.

Sinatra, Gale M., and Barbara K. Hofer. "Public Understanding of Science: Policy and

Specificity and Domain Generality: A Response to Muis, Bendixen, and Haerle (2006)." *Educational Psychology Review* 18, no. 1 (2006): 67-76.

Hofer, Barbara K. "Epistemic Cognition as a Psychological Construct: Advancements and Challenges." In *Handbook of Epistemic Cognition*, edited by Jeffrey Alan Greene, William A. Sandoval and Ivar Bråten, 19-38. New York: Routledge, 2016.

Hofer, Barbara K., C. F. Lam, and A. DeLisi. "Understanding Evolutionary Theory: The Role of Epistemological Development and Beliefs." In *Epistemology and Science Education: Understanding the Evolution vs. Intelligent Design Controversy*, edited by R. Taylor and M. Ferrari, 95-110. New York: Routledge, 2011.

Hofer, Barbara K., and Paul R. Pintrich. "The Development of Epistemological Theories: Beliefs About Knowledge and Knowing and Their Relation to Learning." *Review of Educational Research* 67, no. 1 (1997): 88-140.

Kimmerle, Joachim, Danny Flemming, Insa Feinkohl, and Ulrike Cress. "How Laypeople Understand the Tentativeness of Medical Research News in the Media: An Experimental Study on the Perception of Information About Deep Brain Stimulation." *Science Communication* 37, no. 2 (2015): 173-89.

Koehler, Derek J. "Can Journalistic 'False Balance' Distort Public Perception of Consensus in Expert Opinion?" *Journal of Experimental Psychology: Applied* 22 (2016a): 24-38.

Koehler, Derek J. "Why People Are Confused About What Experts Really Think." *New York Times*, February 14, 2016b.

Kuhn, Deanna, Richard Cheney, and Michael Weinstock. "The Development of Epistemological Understanding." *Cognitive Development* 15, no. 3 (2000): 309-28.

Kuhn, Deanna, and Seung-Ho Park. "Epistemological Understanding and the Development of Intellectual Values." *International Journal of Educational Research* 43 (2005): 111-24.

Liu, Katherine A., and Natalie A. D. Mager. "Women's Involvement in Clinical Trials: Historical Perspective and Future Implications." *Pharmacy Practice* 14 (2016): 708.

Lombardi, Doug. "Thinking Scientifically in a Changing World." American Psychological Association, January 2019. https://www.apa.org/science/about/psa/2019/01/changing-world.aspx.

Bramoullé, Yann, and Caroline Orset. "Manufacturing Doubt." *Journal of Environmental Economics and Management* 90 (2018): 119-33.

Bromme, Rainer, and Susan R. Goldman. "The Public's Bounded Understanding of Science." *Educational Psychologist* 49, no. 2 (2014): 59-69.

Burdick, Alan. "Looking for Life on a Flat Earth: What a Burgeoning Movement Says About Science, Solace, and How a Theory Becomes Truth." *The New Yorker*, May 30, 2018.

Centers for Disease Control and Prevention. "Opioid Overdose: Understanding the Epidemic." https://www.cdc.gov/drugoverdose/epidemic/index.html.

CNN. "19 States See Rise in Covid-19 Cases Amid Reopening and Protests." June 12, 2020.

Duncan, Ravit G., Clark A. Chinn, and Sarit Barzilai. "Grasp of Evidence: Problematizing and Expanding Next Generation Science Standards' Conceptualization of Evidence." *Journal of Research in Science Teaching* 55 (2018): 905-37.

Evans, John H., and Eszter Hargittai. "Why Would Anyone Distrust Anthony Fauci?" *Scientific American*, June 7, 2020. https://blogs.scientificamerican.com/observations/why-would-anyone-distrust-anthony-fauci/.

Felton, Mark K., and Deanna Kuhn. "'How Do I Know?' the Epistemological Roots of Critical Thinking.'" *Journal of Museum Education* 32 (2007): 101-10.

Funk, Cary, Meg Hefferon, Brian Kennedy, and Courtney Johnson. "Trust and Mistrust in Americans' Views of Scientific Experts." Pew Research Center, August 2, 2019. https://www.pewresearch.org/science/2019/08/02/trust-and-mistrust-in-americans-views-of-scientific-experts/.

Grasswick, Heidi E. "Scientific and Lay Communities: Earning Epistemic Trust Through Knowledge Sharing." *Synthese* 177, no. 3 (2010): 387-409.

Hendriks, Friederike, Dorothe Kienhues, and Rainer Bromme. "Trust in Science and the Science of Trust." In *Trust and Communication in a Digitized World*, edited by Bernd Blöbaum, 143-59. Cham, Switzerland: Springer, 2016.

Hofer, Barbara K. "Personal Epistemology Research: Implications for Learning and Teaching." *Educational Psychology Review* 13 (2001): 353-83.

Hofer, Barbara K. "Beliefs About Knowledge and Knowing: Integrating Domain

(2016).

49. Friederike Hendriks, Dorothe Kienhues, and Rainer Bromme, "Trust in Science and the Science of Trust," in *Trust and Communication in a Digitized World*, ed. Bernd Blöbaum (Cham, Switzerland: Springer, 2016).

50. Heidi E. Grasswick, "Scientific and Lay Communities: Earning Epistemic Trust through Knowledge Sharing," *Synthese* 177, no. 3 (2010).

51. Bromme and Goldman, "The Public's Bounded Understanding of Science."

52. Hendriks, Kienhues, and Bromme, "Trust in Science and the Science of Trust."

53. Oreskes and Conway, *Merchants of Doubt*.

54. Deanna Kuhn and Seung-Ho Park, "Epistemological Understanding and the Development of Intellectual Values," *International Journal of Educational Research* 43 (2005).

55. Barzilai and Chinn, "On the Goals of Epistemic Education."

56. Jason Baehr, "Educating for Intellectual Virtues: From Theory to Practice," *Journal of Philosophy of Education* 47, no. 2 (2013).

57. NASA, "What Is Climate Change?" https://climate.nasa.gov.

文献

Baehr, Jason. "Educating for Intellectual Virtues: From Theory to Practice." *Journal of Philosophy of Education* 47, no. 2 (2013): 248-61.

Barzilai, Sarit, and Clark A. Chinn. "On the Goals of Epistemic Education: Promoting Apt Epistemic Performance." *Journal of the Learning Sciences* 27 (2018): 353-89.

BBC Trust. "Review of Impartiality and Accuracy of the BBC's Coverage of Science." https://www.bbc.co.uk/bbctrust/our_work/editorial_standards/impartiality/science_impartiality.html.

Beach, Josh M. *How Do You Know? The Epistemological Foundations of 21st Century Literacy*. New York: Routledge, 2018.

Boseley, Sarah. "How Disgraced Anti-Vaxxer Andrew Wakefield Was Embraced by Trump's America." *The Guardian*, July 18, 2018.

Boykoff, Maxwell T., and Jules M. Boykoff "Balance as Bias: Global Warming and the US Prestige Press." *Global Environmental Change* 14, no. 2 (2004): 125-36.

tion Debate on Facebook: A Mixed-Methods Approach to Public Engagement in a Science-Based Dialogue," *Journal of Microbiology and Biology Education* 19 (2018).

36. Joachim Kimmerle et al., "How Laypeople Understand the Tentativeness of Medical Research News in the Media an Experimental Study on the Perception of Information About Deep Brain Stimulation," *Science Communication* 37, no. 2 (2015).

37. Burdick, "Looking for Life on a Flat Earth," 11.

38. CNN, "19 States See Rise in Covid-19 Cases Amid Reopening and Protests," June 12, 2020.

39. Rainer Bromme and Susan R. Goldman, "The Public's Bounded Understanding of Science," *Educational Psychologist* 49, no. 2 (2014).

40. Cary Funk et al., "Trust and Mistrust in Americans' Views of Scientific Experts," Pew Research Center, August 2, 2019, https://www.pewresearch.org/science/2019/08/02/trust-and-mistrust-in-americans-views-of-scientific-experts/.

41. John H. Evans and Eszter Hargittai, "Why Would Anyone Distrust Anthony Fauci?" *Scientific American*, June 7, 2020, https://blogs.scientificamerican.com/observations/why-would-anyone-distrust-anthony-fauci/.

42. Funk et al., "Trust and Mistrust in Americans' Views of Scientific Experts."

43. Sarah Boseley, "How Disgraced Anti-Vaxxer Andrew Wakefield Was Embraced by Trump's America," *The Guardian*, July 18, 2018.

44. "Retraction: Study on Chloroquine and Hydroxychloroquine in COVID-19 Patients," *The Lancet* (May 22, 2020).

45. Centers for Disease Control and Prevention, "Opioid Overdose: Understanding the Epidemic," https://www.cdc.gov/drugoverdose/epidemic/index.html.

46. Ralph V. Katz, Stefanie L. Russell, and Cristina Claudio. The Tuskeekee Legacy Project: Willingness of Minorities to Participate in Biomedical Research. *Journal of Health Care for the Poor and Underserved* 17(4) (2006): 698-715.

47. "Stop blaming Tuskegee, Critics Say. It's not an 'excuse' for current medical racism." National Public Radio, March 23, 2021.

48. Katherine A. Liu and Natalie A. D. Mager, "Women's Involvement in Clinical Trials: Historical Perspective and Future Implications," *Pharmacy Practice* 14

Global Warming: Toward a New Psychology of Climate Action (White River Junction, VT: Chelsea Green Publishing, 2015).

22. Derek J. Koehler, "Why People Are Confused About What Experts Really Think," *New York Times* February 14, 2016b.
23. Gale M. Sinatra and Barbara K. Hofer, "Public Understanding of Science: Policy and Educational Implications," *Policy Insights from the Behavioral and Brain Sciences* 3, no. 2 (2016).
24. Doug Lombardi, "Thinking Scientifically in a Changing World," American Psychological Association, January 2019, https://www.apa.org/science/about/psa/2019/01/changing-world.aspx.
25. National Research Council, *A Framework for K-12 Science Education: Practices, Crosscutting Concepts, and Core Ideas* (Washington, DC: National Academies Press, 2012).
26. NGSS Lead States, *Next Generation Science Standards: For States, by States* (Washington, DC: National Academies Press, 2013).
27. 証拠《エビデンス》の意味のさらなる説明については，Ravit G. Duncan, Clark A. Chinn, and Sarit Barzilai, "Grasp of Evidence: Problematizing and Expanding Next Generation Science Standards' Conceptualization of Evidence," *Journal of Research in Science Teaching* 55 (2018) を参照。
28. Naomi Oreskes, *Why Trust Science?* (Princeton, NJ: Princeton University Press, 2019).
29. Oreskes and Conway, *Merchants of Doubt*, 154.
30. R. C. Rabin and E. Gabler, "Two Huge Covid-19 Studies Are Retracted After Scientists Sound Alarms," *New York Times* June 4, 2020.
31. Lee McIntyre, *The Scientific Attitude: Defending Science from Denial, Fraud, and Pseudoscience* (Cambridge, MA: MIT Press, 2019).
32. Hofer, Lam, and Delisi, "Understanding Evolutionary Theory."
33. McIntyre, *The Scientific Attitude.*
34. Stoknes, *What We Think About When We Try Not to Think About Globa Warming*, 9.
35. Daniela Orr and Ayelet Baram-Tsabari, "Science and Politics in the Polio Vaccina-

Science Education: Understanding the Evolution vs. Intelligent Design Controversy, ed. R. Taylor and M. Ferrari (New York: Routledge, 2011).

9. Mark K. Felton and Deanna Kuhn, "'How Do I Know?' The Epistemological Roots of Critical Thinking," *Journal of Museum Education* 32 (2007).
10. Barbara K. Hofer and Paul R. Pintrich, "The Development of Epistemological Theories: Beliefs About Knowledge and Knowing and Their Relation to Learning," *Review of Educational Research* 67, no. 1 (1997).
11. Lee McIntyre, *Post-Truth* (Cambridge, MA: MIT Press, 2018).
12. Alan Burdick, "Looking for Life on a Flat Earth: What a Burgeoning Movement Says About Science, Solace, and How a Theory Becomes Truth," *The New Yorker*, May 30, 2018.
13. McIntyre, *Post-Truth*.
14. Tom Nichols, *The Death of Expertise: The Campaign Against Established Knowledge and Why It Matters* (New York: Oxford University Press, 2017).
15. BBC Trust, "Review of Impartiality and Accuracy of the BBC's Coverage of Science," https://www.bbc.co.uk/bbctrust/our_work/editorial_standards/impartiality/science_impartiality.html.
16. Maxwell T. Boykoff and Jules M. Boykoff, "Balance as Bias: Global Warrning and the US Prestige Press," *Global Environmental Change* 14, no. 2 (2004).
17. Yann Bramoullé and Caroline Orset, "Manufacturing Doubt," *Journal of Environmental Economics and Management* 90 (2018).
18. Naomi Oreskes and Erik M. Conway, *Merchants of Doubt: How a Handful of Scientists Obscured the Truth on Issues from Tobacco Smoke to Global Warming* (New York: Bloomsbury Publishing, 2010).
19. S. Holly Stocking and Lisa W. Holsteing, "Manufacturing Doubt: Journalists' Roles and the Construction of Ignorance in Scientific Controversy," *Public Understanding of Science* 18 (2009).
20. Derek J. Koehler, "Can Journalistic 'False Balance' Distort Public Perception of Consensus in Expert Opinion?" *Journal of Experimental Psychology: Applied* 22 (2016a).
21. Per Espen Stoknes, *What We Think About When We Try Not to Think About*

Stanovich, Keith E., and Richard F. West. "Reasoning Independently of Prior Belief and Individual Differences in Actively Open-Minded Thinking." *Journal of Educational Psychology* 89 (1997): 342-57.

Tippet, Krista. "Interview with Daniel Kahneman." *On Being*, October 7, 2017.

White, Peter A. "The Impetus Theory of Judgments About Object Motion: A New Perspective." *Psychonomic Bulletin and Review* 19 (2012): 1007-28.

第5章

注

1. Barbara K. Hofer, "Epistemic Cognition as a Psychological Construct: Advancements and Challenges," in *Handbook of Epistemic Cognition*, ed. Jeffrey Alan Greene, William A. Sandoval, and Ivar Bråten (New York: Routledge, 2016).
2. Barbara K. Hofer, "Beliefs About Knowledge and Knowing: Integrating Domain Specificity and Domain Generality: A Response to Muis, Bendixen, and Haerle (2006)," *Educational Psychology Review* 18, no. 1 (2006).
3. Josh M. Beach, *How Do You Know? The Epistemological Foundations of 21st Century Literacy* (New York: Routledge, 2018), 6.
4. Deanna Kuhn, Richard Cheney, and Michael Weinstock, "The Development of Epistemological Understanding," *Cognitive Development* 15, no. 3 (2000).
5. この発達的な枠組みは，知識や何かを知るということについての世界観を直感的に理解するためのヒューリスティックであり，正確な発達の枠組みではないことに留意されたい。この点に関する論評については，Sarit Barzilai and Clark A. Chinn, "On the Goals of Epistemic Education: Promoting Apt Epistemic Performance," *Journal of the Learning Sciences* 27 (2018) を参照。
6. Barbara K. Hofer, "Personal Epistemology Research: Implications for Learning and Teaching," *Educational Psychology Review* 13 (2001).
7. Jeremy P. Shapiro, "The Thinking Error at the Root of Science Denial," The Conversation, May 8, 2018, https://theconversation.com/the-thinking-error-at-the-root-of-science-denial-96099.
8. Barbara K. Hofer, C. F. Lam, and A. DeLisi, "Understanding Evolutionary Theory: The Role of Epistemological Development and Beliefs," in *Epistemology and*

Information Can Transform Attitudes." *Topics in Cognitive Science* 8 (2016): 49-75.

Ranney, Michael A., Daniel Reinholz, and Lloyd Goldwasser. "How Does Climate Change ('Global Warming') Work? The Mechanism of Global Warming, an Extra Greenhouse Effect." http://www.HowGlobalWarmingWorks.org.

Rogowsky, Beth A., Barbara M. Calhoun, and Paula Tallal. "Matching Learning Style to Instructional Method: Effects on Comprehension." *Journal of Educational Psychology* 107 (2014): 64-78.

Rosenblit, Leonid, and Frank Keil. "The Misunderstood Limits of Folk Science: An Illusion of Explanatory Depth." *Cognitive Science* 26 (2002): 521-62.

Shah, Priti, Audrey Michal, Amira Ibrahim, Rebecca Rhodes, and Fernando Rodriguez. "What Makes Everyday Scientific Reasoning So Challenging?" In *Psychology of Learning and Motivation*, edited by B. Ross, 251-99. Cambridge, MA: Academic Press, 2017.

Shtulman, Andrew. *Scienceblind: Why Our Intuitive Theories About the World Are So Often Wrong*. New York: Basic Books, 2017.

Shtulman, Andrew, and Kelsey Harrington. "Tensions Between Science and Intuition Across the Lifespan." *Topics in Cognitive Science* 8 (2016): 118-37.

Shtulman, Andrew, and Joshua Valcarcel. "Scientific Knowledge Suppresses but Does Not Supplant Earlier Intuitions." *Cognition* 124 (2012): 209-15.

Sinatra, Gale M., and Suzanne H. Broughton. "Bridging Reading Comprehension and Conceptual Change in Science: The Promise of Refutation Text." *Reading Research Quarterly* 46, no. 4 (2011): 374-93.

Sloman, Steven A., and Phillip Fernbach. *The Knowledge Illusion: Why We Never Think Alone*. New York: Riverhead, 2017.（土方奈美訳，2018『知ってるつもり――無知の科学』早川書房）

Slovic, Paul, Melissa L. Finucane, Ellen Peters, and Donald G. MacGregor. "The Affect Heuristic." *European Journal of Operational Research* 177, no. 3 (2007): 1333-52.

Stanovich, Keith E. "Rationality, Intelligence, and Levels of Analysis in Cognitive Science." In *Why Smart People Can Be So Stupid*, edited by R. J. Sternberg, 124-58. New Haven: Yale University Press, 2002.

Heddy, Benjamin C., Robert W. Danielson, Gale M. Sinatra, and Jesse Graham. "Modifying Knowledge, Emotions, and Attitudes About Genetically Modified Foods." *Journal of Experimental Education* 85 (2017): 513-33.

Hofer, Barbara K. "Shaping the Epistemology of Teacher Practice Through Reflection and Reflexivity." *Educational Psychologist* 52 (2017): 299-306.

Hofer, Barbara K. "Epistemic Cognition: Why It Matters for an Educated Citizenry and What Instructors Can Do." *New Directions for Teaching and Learning* 164 (2020): 85-94.

Inhofe, James. *The Greatest Hoax: How the Global Warming Conspiracy Threatens Your Future*. Hawthorne, NV: WND Books, 2012.

Kahneman, Daniel. *Thinking, Fast and Slow*. New York: Farrar, Straus and Giroux, 2011.（村井章子訳，2014『ファスト＆スロー――あなたの意思はどのように決まるか？』上下，早川書房）

McPhetres, Jonathon, Bastiaan Rutjens, Netta Weinstein, and Jennifer Brisson. "Modifying Attitudes About Modified Foods: Increased Knowledge Leads to More Positive Attitudes." *Journal of Environmental Psychology* 64 (2019): 21-29.

Melnikoff, David E., and John A. Bargh. "The Mythical Number Two." *Trends in Cognitive Science* 22 (2018): 280-93.

Mercier, Hugo. "Confirmation Bias—Myside Bias'" In *Cognitive Illusions: Intriguing Phenomena in Judgement, Thinking and Memory*, edited by R. F. Pohl, 99-114. New York and London: Routledge, 2014.

Mercier, Hugo, and Dan Sperber. *The Enigma of Reason*. Cambridge, MA: Harvard University Press, 2017.

Minahan, Jillian, and Karen L. Siedlecki. "Individual Differences in Need for Cognition Influence the Evaluation of Circular Scientific Explanations." *Personality and Individual Differences* 99 (2016): 113-17.

National Science Foundation. *Science and Engineering Indicators 2018*. Alexandria, VA: National Science Foundation, 2018.

Nickerson, Raymond S. "Confirmation Bias: A Ubiquitous Phenomenon in Many Guises." *Review of General Psychology* 2 (1998): 175-220.

Ranney, Michael A., and Dav Clark. "Climate Change Conceptual Change: Scientific

37. Kahneman, *Thinking, Fast and Slow.*

38. Jonathon McPhetres et al., "Modifying Attitudes About Modified Foods: Increased Knowledge Leads to More Positive Attitudes," *Journal of Environmental Psychology* (2019).

39. Benjamin C. Heddy et al., "Modifying Knowledge, Emotions, and Attitudes About Genetically Modified Foods," *Journal of Experimental Education* 85 (2017).

40. Shtulman, *Scienceblind.*

文献

Amsel, Eric, Paul A. Klaczynski, Adam Johnston, Shane Bench, Jason Close, Eric Sadler, and Rick Walker. "A Dual-Process Account of the Development of Scientific Reasoning: The Nature and Development of Metacognitive Intercession Skills." *Cognitive Development* 23 (2008): 452-71.

Anglemyer, Andrew, Tara Horvath, and George Rutherford. "The Accessibility of Firearms and Risk for Suicide and Homicide Victimization Among Household Members: A Systematic Review and Meta-Analysis." *Annals of Internal Medicine* 160 (2014): 101-10.

Ariely, Dan. *Predictably Irrational: The Hidden Forces That Shape Our Decisions.* New York: Harper Perennial, 2008.（熊谷淳子訳，2013『予想どおりに不合理——行動経済学が明かす「あなたがそれを選ぶわけ」』早川書房）

Cacioppo, John T., and Richard E. Petty. "The Need for Cognition." *Journal of Personality and Social Psychology* 42 (1982): 116-31.

Carr, Nicholas G. *The Shallows: What the Internet Is Doing to Our Brains.* New York: Norton, 2010.（篠儀直子訳，2010『ネット・バカ——インターネットがわたしたちの脳にしていること』青土社）

Cuevas, Joshua. "Is Learning Styles-Based Instruction Effective? A Comprehensive Analysis of Recent Research on Learning Styles." *Theory and Research in Education* 13 (2015): 308-33.

Fiske, Susan T., and Shelley E. Taylor. *Social Cognition.* New York: McGraw-Hill, 1984.（宮本聡介・唐沢穣・小林知博・原奈津子編訳，2013『社会的認知研究——脳から文化まで』北大路書房，第 3 版の翻訳）

24. Steven A. Sloman and Phillip Fernbach, *The Knowledge Illusion: Why We Never Think Alone* (New York: Riverhead, 2017).
25. Ranney and Clark, "Climate Change Conceptual Change."
26. Nicholas G. Carr, *The Shallows: What the Internet Is Doing to Our Brains* (New York: Norton, 2010).
27. Raymond S. Nickerson, "Confirmation Bias: A Ubiquitous Phenomenon in Many Guises," *Review of General Psychology* 2 (1998).
28. Hugo Mercier, "Confirmation Bias—Myside Bias," in *Cognitive Illusions: Intriguing Phenomena in Judgement, Thinking and Memory*, ed. R. F. Pohl (New York: Routledge, 2014).
29. Hugo Mercier and Dan Sperber, *The Enigma of Reason* (Cambridge, MA: Harvard University Press, 2017).
30. Paul Slovic et al., "The Affect Heuristic," *European Journal of Operational Research* 177, no. 3 (2007).
31. Andrew Anglemyer, Tara Horvath, and George Rutherford, "The Accessibility of Firearms and Risk for Suicide and Homicide Victimization Among Household Members: A Systematic Review and Meta-Analysis," *Annals of Internal Medicine* 160 (2014).
32. Keith E. Stanovich, "Rationality, Intelligence, and Levels of Analysis in Cognitive Science," in *Why Smart People Can Be So Stupid*, ed. R. J. Sternberg (New Haven: Yale University Press, 2002).
33. Keith E. Stanovich and Richard F. West, "Reasoning Independently of Prior Belief and Individual Differences in Actively Open-Minded Thinking," *Journal of Educational Psychology* 89 (1997).
34. Priti Shah et al., "What Makes Everyday Scientific Reasoning So Challenging?" in *Psychology of Learning and Motivation* (Academic Press, 2017).
35. John T. Cacioppo and Richard E. Petty, "The Need for Cognition," *Journal of Personality and Social Psychology* 42 (1982).
36. Jillian Minahan and Karen L. Siedlecki, "Individual Differences in Need for Cognition Influence the Evaluation of Circular Scientific Explanations," *Personality and Individual Differences* 99 (2016).

dria, VA: National Science Foundation, 2018).

12. Andrew Shtulman and Kelsey Harrington, "Tensions Between Science and Intuition Across the Lifespan," *Topics in Cognitive Science* 8 (2016).

13. Beth A. Rogowsky, Barbara M. Calhoun, and Paula Tallal, "Matching Learning Style to Instructional Method: Effects on Comprehension," *Journal of Educational Psychology* 107 (2014). Joshua Cuevas, "Is Learning Styles-Based Instruction Effective? A Comprehensive Analysis of Recent Research on Learning Styles," *Theory and Research in Education* 13 (2015).

14. Gale M. Sinatra and Suzanne H. Broughton, "Bridging Reading Comprehension and Conceptual Change in Science: The Promise of Refutation Text," *Reading Research Quarterly* 46, no. 4 (2011).

15. Barbara K. Hofer, "Epistemic Cognition: Why It Matters for an Educated Citizenry and What Instructors Can Do," New Directions for Teaching and Learning (2019). "Shaping the Epistemology of Teacher Practice Through Reflection and Reflexivity," *Educational Psychologist* 52 (2017).

16. Andrew Shtulman, *Scienceblind: Why Our Intuitive Theories About the World Are So Often Wrong* (New York: Basic Books, 2017).

17. Andrew Shtulman and Joshua Valcarcel, "Scientific Knowledge Suppresses but Does Not Supplant Earlier Intuitions," *Cognition* 124 (2012).

18. Michael A. Ranney and Dav Clark, "Climate Change Conceptual Change: Scientific Information Can Transform Attitudes," *Topics in Cognitive Science* 8 (2016).

19. Michael A. Ranney, Daniel Reinholz, and Lloyd Goldwasser, "How Does Climate Change ('Global Warming') Work? The Mechanism of Global Warming, an Extra Greenhouse Effect," http://www.HowGlobalWarmingWorks.org.

20. Leonid Rosenblit and Frank Keil, "The Misunderstood Limits of Folk Science: An Illusion of Explanatory Depth," *Cognitive Science* 26 (2002).

21. Ranney and Clark, "Climate Change Conceptual Change."

22. Ranney, Reinholz, and Goldwasser, "How Does Climate Change ('Global Warming') Work?"

23. Ranney and Clark, "Climate Change Conceptual Change."

Torney-Purta, Judith, and Jo-Ann Amadeo. "International Large-Scale Assessments: Challenges in Reporting and Potentials for Secondary Analysis." *Research in Comparative and International Education* 8, no. 3 (2013): 248-58.

Vosniadou, S., ed. *International Handbook of Conceptual Change*. New York: Routledge, 2008.

Vosniadou, S., and W. F. Brewer. "Mental Models of the Earth: A Study of Conceptual Change in Childhood." *Cognitive Psychology* 24 (1992): 535-85.

World Health Organization. "Food, Genetically Modified," 2020. https://www.who.int/health-topics/food-genetically-modified/#tab=tab_1.

第4章

注

1. Dan Ariely, *Predictably Irrational: The Hidden Forces That Shape Our Decisions* (New York: Harper Perennial, 2008).
2. Eric Amsel et al., "A Dual-Process Account of the Development of Scientific Reasoning: The Nature and Development of Metacognitive Intercession Skills," *Cognitive Development* 23 (2008).
3. Daniel Kahneman, *Thinking, Fast and Slow* (New York: Farrar, Straus and Giroux, 2011).
4. Krista Tippet, "Interview with Daniel Kahneman," *On Being*, October 7, 2017.
5. David E. Melnikoff and John A. Bargh, "The Mythical Number Two," *Trends in Cognitive Science* 22 (2018).
6. Susan T. Fiske and Shelley E. Taylor, *Social Cognition* (New York: McGraw-Hill, 1984).
7. Kahneman, *Thinking, Fast and Slow*, p. 204.
8. Kahneman, *Thinking, Fast and Slow*, p. 204.
9. James Inhofe, *The Greatest Hoax: How the Global Warming Conspiracy Threatens Your Future* (Hawthorne, NV: WND Books, 2012).
10. Peter A. White, "The Impetus Theory of Judgments About Object Motion: A New Perspective," *Psychonomic Bulletin and Review* 19 (2012).
11. National Science Foundation, *Science and Engineering Indicators 2018* (Alexan-

"The Role of Schooling in Perpetuating Educational Inequality: An International Perspective." *Educational Researcher* 44, no. 7 (2015): 371-86.

Sinatra, Gale M., and Suzanne H. Broughton. "Bridging Reading Comprehension and Conceptual Change in Science: The Promise of Refutation Text." *Reading Research Quarterly* 46, no. 4 (2011): 374-93.

Sinatra, Gale M., and Robert W. Danielson. "Adapting Evolution Education to a Warming Climate of Teaching and Learning." In *Evolutionary Perspectives on Child Development and Education*, edited by David C. Geary and Daniel B. Berch, 271-90. Cham, Switzerland: Springer, 2016.

Sinatra, Gale M., and Doug Lombardi. "Evaluating Sources of Scientific Evidence and Claims in the Post-Truth Era May Require Reappraising Plausibility Judgments." *Educational Psychologist* 55, no. 3 (2020): 120-31.

Sinatra, Gale M., Ananya Mukhopadhyay, Taylor N. Allbright, Julie A. Marsh, and Morgan S. Polikoff. "Speedometry: A Vehicle for Promoting Interest and Engagement through Integrated Stem Instruction." *Journal of Educational Research* 110, no. 3 (2017): 308-16.

Sinatra, Gale M., Sherry A. Southerland, Frances McConaughy, and James W. Demastes. "Intentions and Beliefs in Students' Understanding and Acceptance of Biological Evolution." *Journal of Research in Science Teaching* 40, no. 5 (2003): 510-28.

Smithsonian Science Education Center. "The STEM Imperative," 2020. https://ssec.si.edu/stem-imperative.

Speedometry. "Math and Science Curriculum: STEM Lesson Plans & Activities," 2020. http://origin2.hotwheels.mattel.com/en-us/explore/speedometry/index.html.

Suldovsky, Brianne. "In Science Communication, Why Does the Idea of the Public Deficit Always Return? Exploring Key Influences." *Public Understanding of Science* 25 (2016): 415-26.

Thacker, Ian, Gale M. Sinatra, Krista R. Muis, Robert W. Danielson, Reinhard Pekrun, Philip H. Winne, and Marianne Chevrier. "Using Persuasive Refutation Texts to Prompt Attitudinal and Conceptual Change." *Journal of Educational Psychology* 112, no. 6 (2020): 1085-99.

Pseudoscience. Cambridge, MA: MIT Press, 2019.（網谷祐一監訳，高崎拓哉訳，2024『「科学的に正しい」とは何か』ニュートンプレス）

Mitchell, Fiona. "Vitamin-D and Covid-19: Do Deficient Risk a Poorer Outcome?" *Lancet Diabetes & Endocrinology* 8, no. 7 (2020): 570.

National Academies of Sciences, Engineering, and Medicine. *Science literacy: Concepts, contexts, and consequences*. Washington, DC: National Academies Press, 2016.

National Council on Teacher Quality. "Content Knowledge: Elementary Teacher Preparation Policy," May 2019a. https://www.nctq.org/yearbook/national/Content-Knowledge-75.

National Council on Teacher Quality. "Secondary Content Knowledge: Secondary Teacher Preparation Policy," April 2019b. https://www.nctq.org/yearbook/national/Secondary-Content-Knowledge-84.

National Research Council. *Learning Science in Informal Environments: People, Places, and Pursuits*. Washington, DC: National Academies Press, 2009.

National Science Foundation. "Science & Engineering Indicators 2018," 2018. https://www.nsf.gov/statistics/2018/nsb20181/.

National Science Teaching Association. "About the Next Generation Science Standards," 2014. https://ngss.nsta.org/About.aspx.

NGSS Lead States. *Next Generation Science Standards: For States, by States*. Washington, DC: National Academies Press, 2013.

Picheta, Rob. "'Missing Link' in Human History Confirmed After Long Debate." CNN, January 19, 2019. https://www.cnn.com/2019/01/19/health/australopithecus-sediba-human-history-scli-intl/index.html.

Polikoff, Morgan, Q. Tien Le, Robert W. Danielson, Gale M. Sinatra, and Julie A. Marsh. "The Impact of Speedometry on Student Knowledge, Interest, and Emotions." *Journal of Research on Educational Effectiveness* 11, no. 2 (2018): 217-39.

Rudolph, John L. *How We Teach Science—What's Changed, and Why It Matters*. Cambridge, MA: Harvard University Press, 2019.

Schmidt, William H., Nathan A. Burroughs, Pablo Zoido, and Richard T. Houang.

fast-tracking-a-coronavirus-vaccine-but-bypassing-safety-standards-may-not-be-worth-the-cost-134041.

Krieger, Diane. "Breaking Down the Emotional Barriers to Science Learning: Professor Gale Sinatra Brings a Real-World Approach to the Public Understanding of Science." *Rossier Magazine*, 2018. https://rossier.usc.edu/magazine/ss2018/breaking-emotional-barriers-science-learning/.

Lombardi, Doug. "Beyond the Controversy: Instructional Scaffolds to Promote." *The Earth Scientist* 32, no. 2 (2016): 5-10.

Lombardi, Doug, Shipley, T. F., Astronomy Team (Bailey, J. M., Bretones, P. S., Prather, E. E.), Biology Team (Ballen, C. J., Knight, J. K., Smith, M. K.), Chemistry Team (Stowe, R. L., Cooper, M. M.), Engineering Team (Prince, M.), Geography Team (Atit, K., Uttal, D. H.). "The Curious Construct of Active Learning." *Psychological Science in the Public Interest* 22 (1) (in press). https://doi.org/10.1177/1529100620973974.

Lombardi, Doug, and Gale M. Sinatra. "College Students' Perceptions About the Plausibility of Human-Induced Climate Change." *Research in Science Education* 42, no. 2 (2012): 201-17.

Loria, Kevin. "These 18 Accidental and Unintended Scientific Discoveries Changed the World." Science Alert, April 4, 2018. https://www.sciencealert.com/these-eighteen-accidental-scientific-discoveries-changed-the-world.

Loveless, T. *Brown Center Report on American Education: How Well Are American Students Learning? Part III: A Progress Report on the Common Core*. Washington, DC: Brookings Institution, 2014.

Mann, Michael E. *The Hockey Stick and the Climate Wars: Dispatches from the Front Lines*. New York: Columbia University Press, 2013.（藤倉良・桂井太郎訳，2014『地球温暖化論争――標的にされたホッケースティック曲線』化学同人）

Matewos, Ananya M., Julie A. Marsh, Susan McKibben, Gale M. Sinatra, Q. Tien Le, and Morgan S. Polikoff. "Teacher Learning from Supplementary Curricular Materials: Shifting Instructional Roles." *Teaching and Teacher Education* 83 (2019): 212-24.

McIntyre, Lee. *The Scientific Attitude: Defending Science from Denial, Fraud, and*

Evolutionary Psychology 13, no. 1 (2015): 67-88.

Heddy, Benjamin C., R. W. Danielson, G. M. Sinatra, and J. Graham. "Modifying Knowledge, Emotions, and Attitudes About Genetically Modified Foods." *Journal of Experimental Education* 85, no. 3 (2017): 513-33.

Hellsten, Iina. "Focus on Metaphors: The Case of 'Frankenfood' on the Web." *Journal of Computer-Mediated Communication* 8, no. 4 (2003): JCMC841.

Hofer, Barbara K., C. F. Lam, and A. DeLisi. "Understanding Evolutionary Theory: The Role of Epistemological Development and Beliefs." In *Epistemology and Science Education: Understanding the Evolution vs. Intelligent Design Controversy*, edited by R. Taylor and M. Ferrari, 95-110. New York: Routledge, 2011.

Kahan, Dan M., Ellen Peters, Maggie Wittlin, Paul Slovic, Lisa Larrimore Ouellette, Donald Braman, and Gregory Mandel. "The Polarizing Impact of Science Literacy and Numeracy on Perceived Climate Change Risks." *Nature Climate Change* 2, no. 10 (2012): 732-35.

Kennedy, Alana U., Neil Jacobson, Ian Thacker, Gale M. Sinatra, X. Lu, J. H. Sohn, David Nelson, E. S. Rosenberg, and Ben D. Nye. *Re-Living Paleontology: Using Augmented Reality to Promote Engagement and Learning*. San Francisco, CA: American Psychological Association, 2018.

Kennedy, Brian, and Meg Hefferon. "What Americans Know About Science." Pew Research Center, March 28, 2019. https://www.pewresearch.org/science/2019/03/28/what-americans-know-about-science/.

Kessler, Erica D., Jason L. G. Braasch, and Carolanne M. Kardash. "Individual Differences in Revising (and Maintaining) Accurate and Inaccurate Beliefs About Childhood Vaccinations." *Discourse Processes* 56, no. 5-6 (2019): 415-28.

Koebler, Jason. "Many Stem Teachers Don't Hold Certifications: Shortages Force Educators to Teach Subjects Outside of Their Specialty Areas." *U.S. News & World Report*, June 8, 2011. https://www.usnews.com/education/blogs/high-school-notes/2011/06/08/many-stem-teachers-dont-hold-certifications.

Komesaroff, Paul K., Ian Kerridge, and Lyn Gilbert. "The US Is Fast-Tracking a Coronavirus Vaccine, but Bypassing Safety Standards May Not Be Worth the Cost." *The Conversation*, March 20, 2020. https://theconversation.com/the-us-is-

Broughton, Suzanne H., Gale M. Sinatra, and E. Michael Nussbaum. "'Pluto Has Been a Planet My Whole Life!' Emotions, Attitudes, and Conceptual Change in Elementary Students' Learning About Pluto's Reclassification." *Research in Science Education* 43 (2013): 529-50.

Bruno, Christopher C., and Benjamin L. Campbell. "Students' Willingness to Pay for More Local, Organic, Non-GMO and General Food Options." *Journal of Food Distribution Research* 47, no. 3 (2016): 32-48.

Campbell, Sheila, and Chad Shirley. "Estimating the Long-Term Effects of Federal R&D Spending: CBO's Current Approach and Research Needs." Congressional Budget Office, June 21, 2019. https://www.cbo.gov/publication/54089.

Cordova, J., Gale M. Sinatra, S. H. Broughton, G. Taasoobshirazi, and Doug Lombardi. "Self-Efficacy, Confidence in Prior Knowledge, and Conceptual Change." *Contemporary Educational Psychology* 39 (2014): 164-74.

Danielson, Robert W., Gale M. Sinatra, and Panayiota Kendeou. "Augmenting the Refutation Text Effect with Analogies and Graphics." *Discourse Processes* 53, no. 5-6 (2016): 392-414.

Danielson, Robert W., Gale M. Sinatra, Ian Thacker, and Neil Jacobson. "When Strategic Graphical Interpretation Fails: The Influence of Prior Belief and Political Identity." Poster presented to the European Association for Research on Learning and Instruction, Tampere, Finland, August 2017.

Driver, R., and J. Easley. "Pupils and Paradigms: A Review of Literature Related to Concept Development in Adolescent Science Students." *Studies in Science Education* 5 (1978): 61-84.

Goldstein, Dana. "'It Just Isn't Working': PISA Test Scores Cast Doubt on U.S. Education Efforts." *New York Times*, December 5, 2019. https://www.nytimes.com/2019/12/03/us/us-students-international-test-scores.html.

Haag, Susan, and Colleen Megowan. "Next Generation Science Standards: A National Mixed-Methods Study on Teacher Readiness." *School Science and Mathematics* 115, no. 8 (2015): 416-26.

Hawley, Patricia H., and Stephen D. Short. "The Effects of Evolution Education: Examining Attitudes Towards and Knowledge of Evolution in College Courses."

Weather Event Increases Concerns About Climate Change," *Frontiers in Psychology* 10 (2019).

63. Dan M. Kahan et al., "The Polarizing Impact of Science Literacy and Numeracy on Perceived Climate Change Risks," *Nature Climate Change* 2, no. 10 (2012).

64. Robert W. Danielson et al., "When Strategic Graphical Interpretation Fails: The Influence of Prior Belief and Political Identity" (poster presented to the European Association for Research on Learning and Instruction, Tampere, Finland, August, 2017).

65. Michael E. Mann, *The Hockey Stick and the Climate Wars: Dispatches from the Front Lines* (New York: Columbia University Press, 2013).

66. Danielson et al., "When Strategic Graphical Interpretation Fails."

67. Michael Joseph Blaha, "5 Vaping Facts You Need to Know," Johns Hopkins Medicine, 2020, https://www.hopkinsmedicine.org/health/wellness-and-prevention/5-truths-you-need-to-know-about-vaping.

68. Sheila Campbell and Chad Shirley, "Estimating the Long-Term Effects of Federal R&D Spending: CBO's Current Approach and Research Needs," Congressional Budget Office, June 21, 2019, https://www.cbo.gov/publication/54089.

文献

Allum, Nick, Patrick Sturgis, Dimitra Tabourazi, and Ian Brunton-Smith. "Science Knowledge and Attitudes Across Cultures: A Meta-Analysis." *Public Understanding of Science* 17, no. 1 (2008): 35-54.

Barshay, Jill. "What 2018 PISA International Rankings Tell Us About U.S. School." The Hechinger Report, December 16, 2019. https://hechingerreport.org/what-2018-pisa-international-rankings-tell-us-about-u-s-schools/.

Bergquist, Magnus, Andreas Nilsson, and Wesley Schultz. "Experiencing a Severe Weather Event Increases Concerns About Climate Change." *Frontiers in Psychology* 10 (2019): 220.

Blaha, Michael Joseph. "5 Vaping Facts You Need to Know." Johns Hopkins Medicine, 2020. https://www.hopkinsmedicine.org/health/wellness-and-prevention/5-truths-you-need-to-know-about-vaping.

Research Quarterly 46, no. 4 (2011).

49. Erica D. Kessler, Jason L. G. Braasch, and Carolanne M. Kardash, "Individual Differences in Revising (and Maintaining) Accurate and Inaccurate Beliefs About Childhood Vaccinations," *Discourse Processes* 56, no. 5-6 (2019).
50. Robert W. Danielson, Gale M. Sinatra, and Panayiota Kendeou, "Augmenting the Refutation Text Effect with Analogies and Graphics," *Discourse Processes* 53, no. 5-6 (2016).
51. Heddy et al., "Modifying Knowledge, Emotions, and Attitudes."
52. J. Cordova et al., "Self-Efficacy, Confidence in Prior Knowledge, and Conceptual Change," *Contemporary Educational Psychology* 39 (2014).
53. Sinatra and Broughton, "Bridging Reading Comprehension and Conceptual Change."
54. Heddy et al., "Modifying Knowledge, Emotions, and Attitudes."
55. Christopher C. Bruno and Benjamin L. Campbell, "Students' Willingness to Pay for More Local, Organic, Non-GMO and General Food Options," *Journal of Food Distribution Research* 47, no. 3 (2016).
56. Fiona Mitchell, "Vitamin-D and Covid-19: Do Deficient Risk a Poorer Outcome?," *Lancet Diabetes & Endocrinology* 8, no. 7 (2020).
57. Gale M. Sinatra and Doug Lombardi, "Evaluating Sources of Scientific Evidence and Claims in the Post-Truth Era May Require Reappraising Plausibility Judgments," *Educational Psychologist* 55, no. 3 (2020).
58. Patricia H. Hawley and Stephen D. Short, "The Effects of Evolution Education: Examining Attitudes Towards and Knowledge of Evolution in College Courses," *Evolutionary Psychology* 13, no. 1 (2015).
59. Thacker et al., "Using Persuasive Refutation Texts."
60. Kessler, Braasch, and Kardash, "Individual Differences in Revising."
61. Suzanne H. Broughton, Gale M. Sinatra, and E. Michael Nussbaum, "'Pluto Has Been a Planet My Whole Life!' Emotions, Attitudes, and Conceptual Change in Elementary Students' Learning About Pluto's Reclassification," *Research in Science Education* 43 (2013).
62. Magnus Bergquist, Andreas Nilsson, and Wesley Schultz, "Experiencing a Severe

36. Ananya M. Matewos et al., "Teacher Learning from Supplementary Curricular Materials: Shifting Instructional Roles," *Teaching and Teacher Education* 83 (2019).

37. Doug Lombardi and Gale M. Sinatra, "College Students' Perceptions About the Plausibility of Human-Induced Climate Change," *Research in Science Education* 42, no. 2 (2012).

38. Doug Lombardi, "Beyond the Controversy: Instructional Scaffolds to Promote," *The Earth Scientist* 32, no. 2 (2016).

39. National Research Council, *Learning Science in Informal Environments: People, Places, and Pursuits* (Washington, DC: National Academies Press, 2009).

40. Diane Krieger, "Breaking Down the Emotional Barriers to Science Learning: Professor Gale Sinatra Brings a Real-World Approach to the Public Understanding of Science," *Rossier Magazine*, 2018, https://rossier.usc.edu/magazine/ss2018/breaking-emotional-barriers-science-learning/.

41. Alana U. Kennedy et al., *Re-Living Paleontology: Using Augmented Reality to Promote Engagement and Lean1ing* (San Francisco, CA: American Psychological Association, 2018).

42. S. Vosniadou, ed. *International Handbook of Conceptual Change* (New York: Routledge, 2008).

43. S. Vosniadou and W. F. Brewer, "Mental Models of the Earth: A Study of Conceptual Change in Childhood," *Cognitive Psychology* 24 (1992).

44. World Health Organization, "Food, Genetically Modified," 2020, https://www.who.int/health-topics/food-genetically-modified/#tab=tab_1.

45. Iina Hellsten, "Focus on Metaphors: The Case of 'Frankenfood' on the Web," *Journal of Computer-Mediated Communication* 8, no. 4 (2003).

46. Benjamin C. Heddy et al., "Modifying Knowledge, Emotions, and Attitudes About Genetically Modified Foods," *Journal of Experimental Education* 85, no. 3 (2016).

47. Ian Thacker et al., "Using Persuasive Refutation Texts to Prompt Attitudinal and Conceptual Change," *Journal of Educational Psychology* 112, no. 6 (2020).

48. Gale M. Sinatra and Suzanne H. Broughton, "Bridging Reading Comprehension and Conceptual Change in Science: The Promise of Refutation Text," *Reading*

24. R. Driver and J. Easley, "Pupils and Paradigms: A Review of Literature Related to Concept Development in Adolescent Science Students," *Studies in Science Education* 5 (1978).

25. Rudolph, *How We Teach Science*.

26. Lee McIntyre, *The Scientific Attitude: Defending Science from Denial, Fraud, and Pseudoscience* (Cambridge, MA: MIT Press, 2019).

27. Rob Picheta, " 'Missing link' in Human History Confirmed After Long Debate," CNN, January 19, 2019, https://www.cnn.com/2019/01/19/health/australopithecus-sediba-human-history-scli-intl/index.html.

28. Kevin Loria, "These 18 Accidental and Unintended Scientific Discoveries Changed the World," *Science Alert*, April 4, 2018, https://www.sciencealert.com/these-eighteen-accidental-scientific-discoveries-changed-the-world.

29. Paul K. Komesaroff, Ian Kerridge, and Lyn Gilbert, "The US Is Fast-Tracking a Coronavirus Vaccine, but Bypassing Safety Standards May Not Be Worth the Cost," *The Conversation*, March 20, 2020, https://theconversation.com/the-us-is-fast-tracking-a-coronavirus-vaccine-but-bypassing-safety-standards-may-not-be-worth-the-cost-134041.

30. NGSS Lead States, *Next Generation Science Standards: For States, by States* (Washington, DC: National Academies Press, 2013).

31. National Science Teaching Association, "About the Next Generation Science Standards," 2014, https://ngss.nsta.org/About.aspx.

32. Speedometry, "Math and Science Curriculum: Stem Lesson Plans & Activities," 2020, http://origin2.hotwheels.mattel.com/en-us/explore/speedometry/index.html.

33. Morgan Polikoff et al., "The Impact of Speedometry on Student Knowledge, Interest, and Emotions," *Journal of Research on Educational Effectiveness* 11, no. 2 (2018).

34. Gale M. Sinatra et al., "Speedometry: A Vehicle for Promoting Interest and Engagement through Integrated Stem Instruction," *Journal of Educational Research* 110, no. 3 (2017).

35. Doug Lombardi, "The Curious Construct of Active Learning," *Psychological Science in the Public Interest* (in press).

Content-Knowledge-75.
11. National Council on Teacher Quality, "Secondary Content Knowledge: Secondary Teacher Preparation Policy," April 2019b, https://www.nctq.org/yearbook/national/Secondary-Content-Knowledge-84.
12. Koebler, "Many Stem Teachers Don't Hold Certifications."
13. William H. Schmidt et al., "The Role of Schooling in Perpetuating Educational Inequality: An International Perspective," *Educational Researcher* 44, no. 7 (2015).
14. National Science Foundation, "Science & Engineering Indicators 2018," 2018, https://www.nsf.gov/statistics/2018/nsb20181/.
15. Susan Haag and Colleen Megowan, "Next Generation Science Standards: A National Mixed-Methods Study on Teacher Readiness," *School Science and Mathematics* 115, no. 8 (2015).
16. Smithsonian Science Education Center, "The STEM Imperative," 2020, https://ssec.si.edu/stem-imperative.
17. Gale M. Sinatra and Robert W. Danielson, "Adapting Evolution Education to a Wanning Climate of Teaching and Learning," in *Evolutionary Perspectives on Child Development and Education* (Cham, Switzerland: Springer, 2016).
18. Barbara K. Hofer, C. F. Lam, and A. DeLisi, "Understanding Evolutionary Theory: The Role of Epistemological Development and Beliefs," in *Epistemology and Science Education: Understanding the Evolution vs. Intelligent Design Controversy*, ed. R. Taylor and M. Ferrari (New York: Routledge, 2011).
19. Gale M. Sinatra et al., "Intentions and Beliefs in Students' Understanding and Acceptance of Biological Evolution," *Journal of Research in Science Teaching* 40, no. 5 (2003).
20. Sinatra et al., "Intentions and Beliefs in Students' Understanding."
21. Nick Allum et al., "Science Knowledge and Attitudes Across Cultures: A Meta-Analysis," *Public Understanding of Science* 17, no. 1 (2008).
22. Brianne Suldovsky, "In Science Communication, Why Does the Idea of the Public Deficit Always Return? Exploring Key Influences," *Public Understanding of Science* 25 (2016).
23. Rudolph, *How We Teach Science*.

Repository, 2016. https://purl.stanford.edu/fv751yt5934.

第3章

注

1. Brian Kennedy and Meg Hefferon, "What American Know About Science," Pew Research Center, March 28, 2019, https://www.pewresearch.org/science/2019/03/28/what-americans-know-about-science/.
2. National Academies of Sciences, Engineering, and Medicine. *Science literacy: Concepts, contexts, and consequences*. Washington, DC: National Academies Press, 2016.
3. John L. Rudolph, *How We Teach Science—What's Changed, and Why It Matters* (Cambridge, MA: Harvard University Press, 2019).
4. Jill Barshay, "What 2018 Pisa International Rankings Tell Us About U.S. Schools," The Hechinger Report, December 16, 2019, https://hechingerreport.org/what-2018-pisa-international-rankings-tell-us-about-u-s-schools/.
5. Dana Goldstein, "'It Just Isn't Working': Pisa Test Scores Cast Doubt on U.S. Education Efforts," *New York Times*, December 5, 2019, https://www.nytimes.com/2019/12/03/us/us-students-international-test-scores.html.
6. T. Loveless, *Brown Center Report on American Education: How Well Are American Students Learning? Part III: A Progress Report on the Common Core* (Washington, DC: Brookings Institution, 2014).
7. Judith Torney-Purta and Jo-Ann Amadeo, "International Large-Scale Assessments: Challenges in Reporting and Potentials for Secondary Analysis," *Research in Comparative and International Education* 8, no. 3 (2013).
8. Torney-Purta and Amadeo, "International Large-Scale Assessments."
9. Jason Koebler, "Many Stem Teachers Don't Hold Certifications: Shortages Force Educators to Teach Subjects Outside of Their Specialty Areas," *U.S. News & World Report*, June 8, 2011, https://www.usnews.com/education/blogs/high-school-notes/2011/06/08/many-stem-teachers-dont-hold-certifications.
10. National Council on Teacher Quality, "Content Knowledge: Elementary Teacher Preparation Policy," May 2019a, https://www.nctq.org/yearbook/national/

pewresearch.org/internet/fact-sheet/internet-broadband/.

Pew Research Center. "Mobile Fact Sheet." June 12, 2019b. https://www.pewresearch.org/internet/fact-sheet/mobile/.

Pew Research Center. "Social Media Fact Sheet." June 12, 2019c. https://www.pewresearch.org/internet/fact-sheet/social-media/.

Rainie, Lee, and Janna Anderson. "Code-Dependent: Pros and Cons of the Algorithm Age." Pew Research Center, February 8, 2017, https://www.pewresearch.org/internet/2017 /02/08/code-dependent-pros-and-cons-of- the-algorithm-age/.

Scharrer, Lisa, Yvonne Rupieper, Marc Stadtler, and Rainer Bromme. "When Science Becomes Too Easy: Science Popularization Inclines Laypeople to Underrate Their Reliance on Experts." *Public Understanding of Science* 26 (2017): 1003-18. https://doi.org/10.1177/0963662516680311.

Schumacher, Shannon, and Nicholas Kent. "8 Charts on Internet Use Around the World as Countries Grapple with COVID-19." Pew Research Center, April 2, 2020. https://www.pewresearch.org/fact-tank/2020/04/02/8-charts-on-internet-use-around-the-world-as-countries-grapple-with-covid-19/.

Sinatra, Gale M., and Doug Lombardi. "Evaluating Sources of Scientific Evidence and Claims in the Post-Truth Era May Require Reappraising Plausibility Judgments." *Educational Psychologist* 55, no. 3 (2020): 120-131. https://doi.org/10.1080/00461520.2020.1730181.

Wardle, Claire, and Hossein Derakhshan. "Thinking About 'Information Disorder': Formats of Misinformation, Disinformation, and Mal-Information." In *Journalism, 'Fake News' & Disinformation*, edited by Cherilyn Ireton and Julie Posetti, 43-54. Paris: UNESCO, 2018.

Weingart, Peter, and Lars Guenther. "Science Communication and the Issue of Trust." *Journal of Science Communication* 15, no. 5 (2016): C01.

Wineburg, Sam, and Sarah McGrew. "Lateral Reading: Reading Less and Learning More When Evaluating Digital Information." Working paper 2017-A1. Stanford University, Stanford, CA, October 6, 2017. https://ssrn.com/abstract=3048994.

Wineburg, Sam, Sarah McGrew, Joel Breakstone, and Teresa Ortega. "Evaluating Information: The Cornerstone of Civic Online Reasoning." Stanford Digital org/fact-tank/2016/10/18/most-americans-trust-the-military-and-scientists-to-act-in-the-publics-interest/.

Lombardi, Doug, Gale M. Sinatra, and E. Michael Nussbaum. "Plausibility Reappraisals and Shifts in Middle School Students' Climate Change Conceptions." *Learning and Instruction* 27 (2013): 50-62.

Lynch, Michael P. *The Internet of Us: Knowing More and Understanding Less in the Age of Big Data*. New York: WW Norton, 2016.

McGrew, Sarah, Mark Smith, Joel Breakstone, Teresa Ortega, and Samual S. Wineburg. "Improving University Students' Web Savvy: An Intervention Study." *British Journal of Educational Psychology* 89, no. 3 (2019): 485-500. https://doi.org/10.1111/bjep.12279.

Mull, Amanda. "Georgia's Experiment in Human Sacrifice." *The Atlantic*, April 29, 2020. https://www.theatlantic.com/health/archive/2020/04/why-georgia-reopening-coronavirus-pandemic/610882/.

Nichols, Tom. *The Death of Expertise: The Campaign Against Established Knowledge and Why It Matters*. New York: Oxford University Press, 2017.（高里ひろ訳, 2019『専門知は，もういらないのか ― 無知礼賛と民主主義』みすず書房）

Nisbett, Richard, and Lee Ross. *Human Inference: Strategies and Shortcomings of Social Judgment*. Englewood-Cliffs, NJ: Prentice-Hall, 1980.

O'Conner, Cailin, and James Owen Weatherall. *The Misinformation Age: How False Beliefs Spread*. New Haven, CT: Yale University Press, 2018.

Oremus, Will. "Who Controls Your Facebook Feed." *Slate*, January 3, 2016. http://www.slate.com/articles/technology/cover_story/2016/01/how_facebook_s_news_feed_algorithm_works.html.

Ozoma, Ifeoma. "Bringing Authoritative Vaccine Results to Pinterest Search." Pinterest, August 28, 2019, https://newsroom.pinterest.com/en/post/bringing-authoritative-vaccine-resuits-to-pinterest-search.

Pariser, Eli. *The Filter Bubble: How the New Personalized Web Is Changing What We Read and How We Think*. New York: Penguin, 2011.（井口耕二訳，2016『フィルターバブル ― インターネットが隠していること』早川書房）

Pew Research Center. "Internet/Broadband Fact Sheet." June 12, 2019a. https://www.

Centers for Disease Control and Prevention. "Recommendations Regarding the Use of Cloth Face Coverings, Especially in Areas of Significant Community-Based Transmission." April 3, 2020. https://stacks.cdc.gov/view/cdc/86440.

Cheever, Nancy A., and Jeffrey Rokkum. "Internet Credibility and Digital Media Literacy." In *The Wiley Handbaok of Psychology, Technology, and Society*, edited by Larry D. Rosen, Nancy Cheever, and L. Mark Carrier, 56-73. Chichester, England: John Wiley & Sons, 2015.

Cillizza, Chris. "Here's What You Think of Coronavirus If You Watch Fox News." CNN, April 3, 2020. https://www.cnn.com/2020/04/02/politics/coronavirus-fox-news-poll/index.html.

Domonoske, Camila. "50 Years Ago, Sugar Industry Quietly Paid Scientists to Point Blame at Fat." NPR, September 13, 2016. https://www.npr.org/sections/thetwo-way/2016/09/13/493739074/50-years-ago-sugar-industry-quietly-paid-scientists-to-point-blame-at-fat.

Greene, Jeffrey Alan, B. Yu Seung, and Dana Z. Copeland. "Measuring Critical Components of Digital Literacy and Their Relationships with Learning." *Computers & Education* 76 (2014): 55-69.

Hendriks, Friederike, Dorothe Kienhues, and Rainer Bromme. "Trust in Science and the Science of Trust." In *Trust and Communication in a Digitized World*, edited by Bernd Blöbaum, 143-59. Cham, Switzerland: Springer, 2016.

Hofer, Barbara K. "Epistemological Understanding as a Metacognitive Process: Thinking Aloud During Online Searching." *Educational Psychologist* 39 (2004): 43-55. https://doi.org/10.1207/s15326985ep3901_5.

Jamison, Peter. "Anti-Vaccination Leaders Seize on Coronavirus to Push Resistance to Inoculation." *Washington Post*, May 5, 2020. https://www.washingtonpost.com/dc-md-va/2020/05/05/anti-vaxxers-wakefield-coronavirus-vaccine/.

Kahneman, Daniel. *Thinking, Fast and Slow*. New York: Farrar, Straus and Giroux, 2011.（村井章子訳，2014『ファスト&スロー——あなたの意思はどのように決まるか？』上下，早川書房）

Kennedy, Brian. "Most Americans Trust the Military and Scientists to Act in the Public's Interest." Pew Research Center, October 18, 2016. https://www.pewresearch.

1520.2020.1730181.
42. Sarah McGrew et al., "Improving University Students' Web Savvy: An Intervention Study," *British Journal of Educational Psychology* 89, no. 3 (2019), https://doi.org/10.1111/bjep.12279.
43. Rainer Bromme et al., "Effects of Information Comprehensibility and Argument Type on Lay Recipients' Readiness to Defer to Experts When Deciding About Scientific Knowledge Claims" (paper presented at the Annual Meeting of the Cognitive Science Society, 2011).
44. Lisa Scharrer et al., "When Science Becomes Too Easy: Science Popularization Inclines Laypeople to Underrate Their Reliance on Experts," *Public Understanding of Science* 26 (2017), https://doi.org/10.1177/0963662516680311.
45. Ifeoma Ozoma, "Bringing Authoritative Vaccine Results to Pinterest Search," Pinterest, August 28, 2019, https://newsroom.pinterest.com/en/post/bringing-authoritative-vaccine-results-to-pinterest-search.

文献

American Library Association. "Information Literacy." https://literacy.ala.org/information-literacy/.

Anderson, Ashley A., Dominique Brossard, Dietram A. Scheufele, Michael A. Xenos, and Peter Ladwig. "The 'Nasty Effect': Online Incivility and Risk Perceptions of Emerging Technologies." *Journal of Computer-Mediated Communication* 19, no. 3 (2014): 373-87.

Bromme, Rainer, and Susan R. Goldman. "The Public's Bounded Understanding of Science." *Educational Psychologist* 49, no. 2 (2014): 59-69.

Bromme, Rainer, Lisa Scharrer, M. Anne Britt, and Marc Stadtler. "Effects of Information Comprehensibility and Argument Type on Lay Recipients' Readiness to Defer to Experts When Deciding About Scientific Knowledge Claims." Paper presented at the Annual Meeting of the Cognitive Science Society, 2011.

Carr, Nicholas G. *The Shallows: What the Internet Is Doing to Our Brains*. New York: WW Norton, 2010.（篠儀直子訳，2010『ネット・バカ ── インターネットがわたしたちの脳にしていること』青土社）

27. Nicholas G. Carr, *The Shallows: What the Internet Is Doing to Our Brains* (New York: WW Norton, 2010).
28. Lynch, *The Internet of Us*.
29. Sinatra and Lombardi (2020).
30. Nancy A. Cheever and Jeffrey Rokkum, "Internet Credibility and Digital Media Literacy," in *The Wiley Handbook of Psychology, Technology, and Society*, ed. Larry D. Rosen, Nancy Cheever, and L. Mark Carrier (Chichester, England: John Wiley & Sons, 2015).
31. Jeffrey Alan Greene, B. Yu Seung, and Dana Z. Copeland, "Measuring Critical Components of Digital Literacy and Their Relationships with Learning," *Computers & Education* 76 (2014).
32. Hofer, "Epistemological Understanding as a Metacognitive Process."
33. Sam Wineburg et al., "Evaluating Information: The Cornerstone of Civic Online Reasoning," Stanford Digital Repository, 2016, https://purl.stanford.edu/fv751yt5934.
34. Cailin O'Conner and James Owen Weatherall, *The Misinformation Age: How False Beliefs Spread* (New Haven, CT: Yale University Press, 2018).
35. Peter Jamison, "Anti-Vaccination Leaders Seize on Coronavirus to Push Resistance to Inoculation," *Washington Post*, May 5, 2020, https://www.washingtonpost.com/dc-md-va/2020/05/05/anti-vaxxers-wakefield-coronavirus-vaccine/.
36. American Library Association, "Information Literacy," https://literacy.ala.org/information-literacy/.
37. Sam Wineburg and Sarah McGrew, "Lateral Reading: Reading Less and Learning More When Evaluating Digital Information" (working paper 2017-A1, Stanford University, Stanford, CA, October 6, 2017), https://ssrn.com/abstract=3048994.
38. Lombardi and Sinatra (2020).
39. Rainie and Anderson, "Code-Dependent."
40. Rainie and Anderson, "Code-Dependent."
41. Gale M. Sinatra and Doug Lombardi, "Evaluating Sources of Scientific Evidence and Claims in the Post-Truth Era May Require Reappraising Plausibility Judgments," *Educational Psychologist* 55, no. 3 (2020), https://doi.org/10.1080/0046

Learning and Instruction 27 (2013).
15. Bromme and Goldman, "The Public's Bounded Understanding of Science."
16. Tom Nichols, *The Death of Expertise: The Campaign Against Established Knowledge and Why It Matters* (New York: Oxford University Press, 2017).
17. Nichols, *The Death of Expertise*, p. 5.
18. Amanda Mull, "Georgia's Experiment in Human Sacrifice," *The Atlantic*, April 29, 2020, https://www.theatlantic.com/health/archive/2020/04/why-georgia-reopening-coronavirus-pandemic/610882/.
19. Brian Kennedy, "Most Americans Trust the Military and Scientists to Act in the Public's Interest," Pew Research Center, October 18, 2016, https://www.pewresearch.org/fact-tank/2016/10/18/most-americans-trust-the-military-and-scientists-to-act-in-the-publics-interest/.
20. Camila Domonoske, "50 Years Ago, Sugar Industry Quietly Paid Scientists to Point Blame at Fat," NPR, September 13, 2016, https://www.npr.org/sections/thetwo-way/2016/09/13/493739074/50-years-ago-sugar-industry-quietly-paid-scientists-to-point-blame-at-fat.
21. Richard Nisbett and Lee Ross, *Human Inference: Strategies and Shortcomings of Social Judgment* (Englewood-Cliffs, NJ: Prentice-Hall, 1980).
22. Michael P. Lynch, *The Internet of Us: Knowing More and Understanding Less in the Age of Big Data* (New York: WW Norton, 2016).
23. Eli Pariser, *The Filter Bubble: How the New Personalized Web Is Changing What We Read and How We Think* (New York: Penguin, 2011).
24. Chris Cillizza, "Here's What You Think of Coronavirus If You Watch Fox News," CNN, April 3, 2020, https://www.cnn.com/2020/04/02/politics/coronavirus-fox-news-poll/index.html.
25. Will Oremus, "Who Controls Your Facebook Feed," Slate, January 3 2016, http://www.slate.com/articles/technology/cover_story/2016/01/how_facebook_s_news_feed_algorithm_works.html.
26. Lee Rainie and Janna Anderson, "Code-Dependent: Pros and Cons of the Algorithm Age," Pew Research Center, February 8, 2017, https://www.pewresearch.org/internet/2017/02/08/code-dependent-pros-and-cons-of-the-algorithm-age/.

3. Pew Research Center, "Social Media Fact Sheet," June 12, 2019c, https://www.pewresearch.org/internet/fact-sheet/social-media/.
4. Ashley A. Anderson et al., "The 'Nasty Effect': Online Incivility and Risk Perceptions of Emerging Technologies," *Journal of Computer-Mediated Communication* 19, no. 3 (2014).
5. Shannon Schumacher and Nicholas Kent, "8 Charts on Internet Use Around the World as Countries Grapple with COVID-19," Pew Research Center, April 2, 2020, https://www.pewresearch.org/fact-tank/2020/04/02/8-charts-on-internet-use-around-the-world-as-countries-grapple-with-covid-19/.
6. Claire Wardle and Hossein Derakhshan, "Thinking About 'Information Disorder': Formats of Misinformation, Disinformation, and Mal-Information," in *Journalism, 'Fake News' & Disinformation*, ed. Cherilyn Ireton and Julie Posetti (Paris: UNESCO, 2018).
7. Rainer Bromme and Susan R. Goldman, "The Public's Bounded Understanding of Science," *Educational Psychologist* 49, no. 2 (2014).
8. Barbara K. Hofer, "Epistemological Understanding as a Metacognitive Process: Thinking Aloud During Online Searching," *Educational Psychologist* 39 (2004), https://doi.org/10.1207/s15326985ep3901_5.
9. Daniel Kahneman, *Thinking, Fast and Slow* (New York: Farrar, Straus and Giroux, 2011).
10. Centers for Disease Control and Prevention, "Recommendations Regarding the Use of Cloth Face Coverings, Especially in Areas of Significant Community-Based Transmission," April 3, 2020, https://stacks.cdc.gov/view/cdc/86440.
11. Peter Weingart and Lars Guenther, "Science Communication and the Issue of Trust," *Journal of Science Communication* 15, no. 5 (2016).
12. Hofer, "Epistemological Understanding as a Metacognitive Process."
13. Friederike Hendriks, Dorothe Kienhues, and Rainer Bromme, "Trust in Science and the Science of Trust," in *Trust and Communication in a Digitized World*, ed. Bernd Blöbaum (Cham, Switzerland: Springer, 2016).
14. Doug Lombardi, Gale M. Sinatra, and E. Michael Nussbaum, "Plausibility Reappraisals and Shifts in Middle School Students' Climate Change Conceptions,"

Oreskes, Naomi, and Erik M. Conway. "Global Warming Deniers and Their Proven Strategy of Doubt." *Yale Environment 360*, June 10, 2010a. https://e360.yale.edu/features/global_warming_deniers_and_their_proven_strategy_of_doubt.

Oreskes, Naomi, and Erik M. Conway. *Merchants of Doubt: How a Handful of Scientists Obscured the Truth on Issues from Tobacco Smoke to Global Warming*. New York: Bloomsbury Press, 2010b.（福岡洋一訳，2011『世界を騙しつづける科学者たち』上下，楽工社）

Pinker, Steven. *Enlightenment Now: The Case for Reason, Science, Humanism, and Progress*. New York: Penguin, 2018.（橘明美・坂田雪子訳，2019『21 世紀の啓蒙 ── 理性，科学，ヒューマニズム，進歩』上下，草思社）

Posselt, Julie R. *Equity in Science: Representation, Culture, and the Dynamics of Change in Graduate Education*. Stanford, CA: Stanford University Press, 2020.

Schmid, Philipp, and Cornelia Betsch. "Effective Strategies for Rebutting Science Denialism in Public Discussions." *Nature: Human Behavior* 3, no. 9 (2019): 931-39.

Shtulman, Andrew. *Scienceblind: Why Our Intuitive Theories About the World Are So Often Wrong*. New York: Basic Books, 2017.

Stoknes, Per Espen. *What We Think About When We Try Not to Think About Global Warming: Toward a New Psychology of Climate Action*. White River Junction, VT: Chelsea Green Publishing, 2015.

Sturgis, Patrick, and Nick Allum. "Science in Society: Re-Evaluating the Deficit Model of Public Attitudes." *Public Understanding of Science* 13 (2004): 55-74.

Suldovsky, Brianne. "In Science Communication, Why Does the Idea of the Public Deficit Always Return? Exploring Key Influences." *Public Understanding of Science* 25 (2016): 415-26.

第 2 章

注

1. Pew Research Center, "Internet/Broadband Fact Sheet," June 12, 2019a, https://www.pewresearch.org/internet/fact-sheet/internet-broadband/.
2. Pew Research Center, "Mobile Fact Sheet," June 12, 2019b, https://www.pewresearch.org/internet/fact-sheet/mobile/.

Can Actually Change Their Mind Based on Facts.'" September 19, 2019, https://stateimpact.npr.org/pennsylvania/2019/09/19/a-philosopher-of-science-on-climate-change-deniers-people-can-actually-change-their-mind-based-on-facts/.

Howell, Elizabeth A. "Reducing Disparities in Severe Maternal Morbidity and Mortality." *Clinical Obstetrics and Gynecology* 61, no. 2 (2018): 387-99.

Jackson, John P., and Nadine M. Weidman. *Race, Racism, and Science: Social Impact and Interaction*. Santa Barbara, CA: ABC-CLIO, 2004.

Leiserowitz, Anthony, Edward Maibach, Seth Rosenthal, John Kotcher, Matthew Ballew, Matthew Goldberg, and Abel Gustafson. *Climate Change in the American Mind*. New Haven, CT: Yale Program on Climate Change Communication, 2018. https://climatecommunication.yale.edu/wp-content/uploads/2019/01/Climate-Change-American-Mind-December-2018.pdf.

Mann, Michael E., and Tom Toles. *The Madhouse Effect: How Climate Change Denial Is Threatening Our Planet, Destroying Our Politics, and Driving Us Crazy*. New York: Columbia University Press, 2016.

Marlon, Jennifer, Peter Howe, Matto Mildenberger, Anthony Leiserowitz, and Xinran Wang, "Yale Climate Opinion Maps 2018." Yale Program on Climate Change Communication, August 7, 2018. https://climatecommunication.yale.edu/visualizations-data/ycom-us-2018/?est=happening&type=value&geo=county.

Mayr, Ernst. "The Ideological Resistance to Darwin's Theory of Natural Selection." *Proceedings of the American Philosophical Society* 135 (1991): 125-39.

McIntyre, Lee. *Post-Truth*. Cambridge, MA: MIT Press, 2018.（大橋完太郎監訳，居村匠・大﨑智史・西橋卓也訳，2020『ポストトゥルース』人文書院）

McIntyre, Lee. *The Scientific Attitude: Defending Science from Denial, Fraud, and Pseudoscience*. Cambridge, MA: MIT Press, 2019.（網谷祐一監訳，高崎拓哉訳，2024『「科学的に正しい」とは何か』ニュートンプレス）

McKibben, Bill. *Falter: Has the Human Game Begun to Play Itself Out?* New York: Henry Holt and Company, 2019.

Michaels, David. *Doubt Is Their Product: How Industry's Assault on Science Threatens Your Health*. New York: Oxford University Press, 2008.

Oreskes, Naomi. *Why Trust Science?* Princeton, NJ: Princeton University Press, 2019.

Proven Strategy of Doubt," *Yale Environment 360*, June 10, 2010a, https://e360.yale.edu/features/global_warming_deniers_and_their_proven_strategy_of_doubt.

34. Mann and Toles, *The Madhouse Effect*.

35. Oreskes and Conway, *Merchants of Doubt*.

36. Bill McKibben, *Falter: Has the Human Game Begun to Play Itself Out?* (New York: Henry Holt and Company, 2019).

37. McKibben, *Falter*, 75.

38. McKibben, *Falter*.

39. Anthony Leiserowitz, Edward Maibach, Seth Rosenthal, John Kotcher, Matthew Ballew, Matthew Goldberg, and Abel Gustafson, *Climate Change in the American Mind* (New Haven, CT: Yale Program on Climate Change Communication, 2018), https://climatecommunication.yale.edu/wp-content/uploads/2019/01/Climate-Change-American-Mind-December-2018.pdf.

40. Lee McIntyre, *Post-Truth* (Cambridge, MA: MIT Press, 2018).

41. 陰謀論的な思考や科学否定に対する政治的・宗教的な影響については，他で詳細に取り上げられているため，本書では焦点をあてない。

42. Andrew Shtulman, *Scienceblind: Why Our Intuitive Theories About the World Are So Often Wrong* (New York: Basic Books, 2017).

文献

Barber, Barnard. "Resistance by Scientists to Scientific Discovery." *Science* 134 (1961): 596-602.

Dean, Cornelia. *Making Sense of Science: Separating Substance from Spin*. Cambridge, MA: Harvard University Press, 2017.

Finocchiaro, Maurice A. *Defending Copernicus and Galileo: Critical Reasoning in the Two Affairs*. Boston Studies in the Philosophy of Science 280. Dordrecht, The Netherlands: Springer, 2010.

Gould, Stephen Jay. *The Mismeasure of Man*. New York: WW Norton, 1981.（鈴木善次・森脇靖子訳，2008『人間の測りまちがい――差別の科学史』上下，河出書房新社）

Holsopple, Kara. "A 'Philosopher of Science' on Climate Change Deniers: 'People

15. John P. Jackson and Nadine M. Weidman, *Race, Racism, and Science: Social Impact and Interaction* (Santa Barbara, CA: ABC-CLIO, 2004).
16. Stephen Jay Gould, *The Mismeasure of Man* (New York: WW Norton, 1981).
17. Julie R. Posselt, *Equity in Science: Representation, Culture, and the Dynamics of Change in Graduate Education* (Stanford, CA: Stanford University Press, 2020).
18. Pinker, *Enlightenment Now*.
19. McIntyre, *The Scientific Attitude*, 202.
20. Stoknes, *What We Think About*.
21. Stoknes, *What We Think About*.
22. Kara Holsopple, "A 'Philosopher of Science' on Climate Change Deniers: 'People Can Actually Change Their Mind Based on Facts,'" September 19, 2019, https://stateimpact.npr.org/pennsylvania/2019/09/19/a-philosopher-of-science-on-climate-change-deniers-people-can-actually-change-their-mind-based-on-facts/.
23. Philipp Schmid and Cornelia Betsch, "Effective Strategies for Rebutting Science Denialism in Public Discussions," *Nature: Human Behavior* 1 (2019).
24. Schmid and Betsch, "Effective Strategies for Rebutting Science Denialism."
25. Naomi Oreskes and Erik M. Conway, *Merchants of Doubt: How a Handful of Scientists Obscured the Truth on Issues from Tobacco Smoke to Global Warming* (New York: Bloomsbury Press, 2010b).
26. Maurice A. Finocchiaro, *Defending Copernicus and Galileo: Critical Reasoning in the Two Affairs* (Dordrecht, The Netherlands: Springer, 2010).
27. Ernst Mayr, "The Ideological Resistance to Darwin's Theory of Natural Selection," *Proceedings of the American Philosophical Society* 135 (1991).
28. Mayr, "The Ideological Resistance to Darwin's Theory," 133.
29. Barnard Barber, "Resistance by Scientists to Scientific Discovery," *Science* 134 (1961).
30. Mayr, "The Ideological Resistance to Darwin's Theory."
31. David Michaels, *Doubt Is Their Product: How Industry's Assault on Science Threatens Your Health* (New York: Oxford University Press, 2008).
32. Oreskes and Conway, *Merchants of Doubt*.
33. Naomi Oreskes and Erik M. Conway, "Global Warming Deniers and Their

注

1. Naomi Oreskes, *Why Trust Science?* (Princeton, NJ: Princeton University Press, 2019), 56.
2. Jennifer Marlon, Peter Howe, Matto Mildenberger, Anthony Leiserowitz, and Xinran Wang, "Yale Climate Opinion Maps 2018," Yale Program on Climate Change Communication, August 7, 2018, https://climatecommunication.yale.edu/visualizations-data/ycom-us-2018/?est=happening&type=value&geo=county.
3. Brianne Suldovsky, "In Science Communication, Why Does the Idea of the Public Deficit Always Return? Exploring Key Influences," *Public Understanding of Science* 25 (2016).
4. Patrick Sturgis and Nick Allum, "Science in Society: Re-evaluating the Deficit Model of Public Attitudes," *Public Understanding of Science* 13 (2004).
5. Oreskes, *Why Trust Science?*
6. Steven Pinker, *Enlightenment Now: The Case for Reason, Science, Humanism, and Progress* (New York: Penguin, 2018), 385-86.
7. Lee Mclntyre, *The Scientific Attitude: Defending Science from Denial, Fraud, and Pseudoscience* (Cambridge, MA: MIT Press, 2019).
8. Oreskes, *Why Trust Science?*, 57.
9. Oreskes, *Why Trust Science?*, 57.
10. Oreskes, *Why Trust Science?*.
11. Michael E. Mann and Tom Toles, *The Madhouse Effect: How Climate Change Denial Is Threatening Our Planet, Destroying Our Politics, ond Driving Us Crazy* (New York: Columbia University Press, 2016), 3.
12. Per Espen Stoknes, *What We Think About When We Try Not To Think About Global Warming: Toward a New Psychology of Climate Action* (White River Junction, VT: Chelsea Green Publishing, 2015), 26.
13. Elizabeth A. Howell, "Reducing Disparities in Severe Maternal Morbidity and Mortality," *Clinical Obstetrics and Gynecology* 61, no. 2 (2018).
14. Cornelia Dean, *Making Sense of Science: Separating Substance from Spin* (Cambridge, MA: Harvard University Press, 2017).

注・文献

序文

注

1. Michelle L. Holshue et al., "First Case of 2019 Novel Coronavirus in the United States," *New England Journal of Medicine* (January 31, 2020), https://www.nejm.org/doi/10.1056/NEJMoa2001191.
2. Tiffany Ford, Sarah Reber, and Richard V. Reeves, "Race Gaps in COVID-19 Deaths Are Even Bigger Than They Appear" (Brookings Institute, June 16, 2020), https://www.brookings.edu/blog/up-front/2020/06/16/race-gaps-in-covid-19-deaths-are-even-bigger-than-they-appear/.
3. Gale M. Sinatra and Barbara K. Hofer, "Public Understanding of Science: Policy and Educational Implications," *Policy Insights from the Behavioral and Brain Sciences* 3, no. 2 (2016).

文献

Ford, Tiffany, Sarah Reber, and Richard V. Reeves. "Race Gaps in COVID-19 Deaths Are Even Bigger Than They Appear." *Brookings Institute*, June 16, 2020. https://www.brookings.edu/blog/up-front/2020/06/16/race-gaps-in-covid-19-deaths-are-even-bigger-than-they-appear/.

Holshue, Michelle L., Chas DeBolt, Scott Lindquist, Kathy H. Lofy, John Wiesman, Hollianne Bruce, Christopher Spitters et al. "First Case of 2019 Novel Coronavirus in the United States." *New England Journal of Medicine*, January 31, 2020. https://www.nejm.org/doi/10.1056/NEJMoa2001191.

Sinatra, Gale M., and Barbara K. Hofer. "Public Understanding of Science: Policy and Educational Implications." *Policy Insights from the Behavioral and Brain Sciences* 3, no. 2 (2016): 245-53.

な行

は行

ま行

ら行

わ行

人名索引

は行

ら行

事項索引

著　者

ゲイル・M. シナトラ（Gale M. Sinatra）

南カリフォルニア大学ロスイヤー教育学校教育学・心理学スティーブン・H. クロッカー教授，モチベーテッド・チェンジ・リサーチ研究所長。マサチューセッツ大学アマースト校にて心理学の学士，修士，博士号を取得。研究上のキャリアの功績から，アメリカ教育学会シルヴィア・スクリブナー賞を受賞。カリフォルニア州アルタデナ在住。

バーバラ・K. ホファー（Barbara K. Hofer）

ミドルベリー大学名誉心理学教授，アメリカ心理学会フェロー会員。ミシガン大学で心理学・教育学の博士号，ハーバード大学で人間発達学の教育学修士を取得。アメリカ教育学会およびアメリカ心理学会にて，研究と教育に関する国内賞を受賞。バーモント州ミドルベリー在住。

訳　者

榊原 良太（さかきばら りょうた）

2016 年，東京大学大学院教育学研究科博士課程単位取得満期退学。現在，昭和女子大学人間社会学部心理学科准教授，博士（教育学）。主要著作に，『感情のコントロールと心の健康』（晃洋書房，2017 年），『感情制御ハンドブック ── 基礎から応用そして実践へ』（北大路書房，2022 年，共編），『感情心理学ハンドブック』（北大路書房，2019 年，共編）など。

科学を否定する人たち
なぜ否定するのか？　我々はいかに向き合うべきか？

2025年3月10日　第1刷発行

著　者　ゲイル・M. シナトラ
　　　　バーバラ・K. ホファー
訳　者　榊原良太
発行者　櫻井堂雄
発行所　株式会社ちとせプレス
〒157-0062
東京都世田谷区南烏山5-20-9-203
電話　03-4285-0214
https://chitosepress.com
装　幀　野田和浩
印刷・製本　大日本法令印刷株式会社

ISBN 978-4-908736-39-1　C1011